社会教育経営実践論

佐藤晴雄・佐々木英和

社会教育経営実践論（'22）

©2022　佐藤晴雄・佐々木英和

装丁・ブックデザイン：畑中　猛

s-77

まえがき

　本書のタイトルは，「社会教育経営実践論」です。社会教育をめぐる諸課題を経営的視点から解説することによって，様々な学びの場と機会の在り方について理論的かつ実践的な理解を深めることを，本書の目的としています。

　立ち入った言い方をすれば，「多様な主体と連携・協働を図りながら，学習成果を地域課題解決や地域学校協働活動等につなげていくための知識および技能の習得を図る」ことを目的とし，「社会教育行政と地域活性化」「社会教育行政の経営戦略」「学習課題の把握と広報戦略」「社会教育における地域人材の育成」「学習成果の評価と活用の実際」「社会教育を推進する地域ネットワークの形成」「社会教育施設の経営戦略」などが，本書で扱う内容となります。本書では，これらの内容を着実に押さえつつ，さらに具体化する形で章を構成してあります。

　ところで，社会教育経営に関する書籍は，これまで 1979（昭和 54）年に刊行された『社会教育の経営』を除いてほとんどありませんでした。同書は，社会教育分野で「経営」を前面に打ち出した最初の出版物であると記しています。学校経営に比べて社会教育においては「経営」の概念が一般的に用いられていなかったのですが，同書の刊行時期からは「社会教育実践も，学校における授業実践と同様，専門性に裏打ちされたとりくみを目ざす機運が高まってきた」というのです。

　しかしながら，その後も「社会教育経営」という概念は前面に現れることがほとんどなく，社会教育計画に包含されたままでした。日本教育経営学会において社会教育経営に関する論考や発表が極めて少ないことからも，そうした実情が見いだされます。

　そして，同書の「第一章　社会教育経営の理論」では，「①目標設定，②計画立案，③計画実践，④自己評価の４つのステップ」を社会教育経営の内実だと捉えています。近年，学校教育ではPDCAのマネジメントサイクルが重視されるようになりましたが，前記①から④までのステップは，このサイクルに沿うものだと言えます。

　そこで，本書では，社会教育経営の意義と目的を述べた上で（第1章），社会教育行政の経営戦略（第2章），地域活性化（第3章）など，行政と経営の関係を解説し，社会教育施設（第4章）や社会教育計画（第5章）ならびに社会教育事業（第6章～第8章）と社会教育広報（第9章）などの実践に関わる課題に触れ，さらに評価とその活用法（第10章）を取り上げています。これら一連のステップを踏まえた上で，今日的な課題である地域人材活用（第11章），職員の新たな役割（第12章），地域協働活動（第13章），NPO・企業との連携の在り方（第14章）について解説し，最後のまとめとして今後の展望（第15章）を述べていくこととしました。そして，各章で取り上げたテーマをPDCAサイクルに即して論じることによって，社会教育経営の在り方を解説すると共に考察するよう努めています。

　社会教育とは，多岐にわたって細分化し具体化できる実践であるとともに，時代の変化とともに新たな課題を抱え込む宿世を避けられない理念でもあります。そのため，社会教育は，広範囲にわたり多種多様化する一方で，何がポイントかが漠然としたまま曖昧な概念となります。

　そのような社会教育を経営論的視点から捉え直すとき，「何を，何のために行うのか？」という根源的な問いが浮かび上がってきます。そうした問いに対しての解答を試みるならば，漫然と拡散しがちな社会教育実践を統括するような，基本的で一貫した「思考の方法論」が必要となるはずです。そこで，本書は，社会教育分野ならではの個別の知識や教

養を学ぶだけにとどめず，経営的な発想法を活用しながら，日常生活を充実させたり職業生活を向上させたりする場面なども含め，何事にも通用しそうな考え方を身につけることを重視し，それらを踏まえた上で社会教育実践へと立ち戻るように構成した章も用意しました。

近年，類書も刊行されるようになりましたが，本書は以上に記したように，「社会教育経営」関連科目に求められる目的と内容を確実に押さえながら，様々な課題を論じているところに特色があると考えています。

本書が，社会教育を学ぶ学生や実践者の参考図書として活用されることを願っています。なお，今回の企画は新たな試みであることから，今後充実させるためにも，読者皆様の忌憚のないご意見・ご助言等を賜れば幸いです。

最後に，本書の編集などにご尽力いただいた橋爪健氏には感謝申し上げます。

2022 年 2 月

佐藤　晴雄・佐々木　英和

6

目次

1 | 社会教育を経営論的に考察する 意義と目的

佐々木　英和

《目標＆ポイント》　社会教育について経営論的角度から考察し実践する際には、「目的」を常に意識することが求められる。「社会教育活動と社会教育行政」「教育と学習」「学校教育と社会教育」といった二項関係を意識しながら、社会教育の意義について、理論面と実践面の双方から論じていく。
《キーワード》　経営、管理、運営、生涯教育、生涯学習、学校教育、家庭教育、社会教育、教育を受ける権利、教育基本法、社会教育法、図書館法、博物館法

1．社会教育における「経営」の位置づけと意味づけ

　本書は、経営論的角度から「社会教育」を理論化したり実践したりすることに資するために編まれたテキストです。原点に当たる問いとして、なぜ社会教育を「経営」という切り口で論ずるべきなのか、その意義を考えざるをえません。

(1)「経営」の多彩な側面

　たとえば企業経営・会社経営・国家経営というような言い方があり、「経営」は、誰もが普通に用いる一般化した日常語です。他方で、「経営学」という学問分野が存在するように、それは、専門的に追究されている主題でもあり、極めて高度で複雑なものです。

　経営を構成する諸要素は，カタカナ英語で言えば，マネジメント・ア
カウンティング・ファイナンス・マーケティング・オペレーション・プ
ロモーション・コンプライアンス・アカウンタビリティーなどが挙げら
れます。そこには，資材・製品や施設など，様々な物的要素を管理する
という側面が含まれます。金銭・費用・経費に関わる項目としては財務・
会計や資金調達，顧客を意識した項目としては営業や市場調査や広報・
PR活動が含まれます。また，人的な文脈では，人事・組織・人材育成
についても考えることになり，リーダーやリーダーシップというような
観点が必要となる所以です。さらに，未来を見すえて何に投資するかの
戦略・戦術も重要ですし，法令遵守や説明責任などといった，企業体の
法的・社会的責任に関わるものもあります。

　経営とは，多彩な範疇にまたがる総合的で多面的な営みであり，一言
で言えるほど単純なものではありません。しかしだからこそかえって，
その全体像の鷲づかみを試みて本質を見抜こうと挑む価値があります。

（2）　社会教育行政論的な文脈における「経営」の意味合い

　会社経営などという場合，辞書的な意味での「経営」とは，「事業目
的を達成するために，継続的・計画的に意思決定を行って実行に移し，
事業を管理・遂行すること」（小学館『大辞泉［第2版］』，2012年）と
定義されているように，目的遂行的に進められる「実践（practice）」
であることが，その本質に位置すると言えます。実践とは，人間が何か
を行動によって実行することですが，現場レベルで見ても，学問レベル
で考察しても，「実践なき経営」は理論的に成立しません。では，それは，
どのような性格を持つ実践でしょうか。これと類似する言葉と比較する
形で立体的・多角的に把握してみましょう。

　第1に，経営は，「運営（operation）」の一形態だと言えそうです。

運営とは,「組織・機構などをはたらかせること」(岩波書店『広辞苑［第7版］,2018 年）と定義されることがあるように,単なる個人的な営みではなく,何らかの集団・団体・組織など,複数の人間どうしの関係が成立することが基盤となって進められていく営みです。経営も,仮に一人で行うにしても,社会とのつながりを絶つことができないという意味で,複数の人間関係を基盤として成立します。

　しかし,経営が単なる運営の域にとどまらない概念だとみなせるのは,経営が組織なり事業体なりの明確な目的意識を持って何らかの「業績（achievement)」を出すことが求められるからです。たとえば,公民館に勤務する人が日々のルーティーンワークを漫然と行っていたとしても,特に瑕疵がなければ「施設運営」としては十分に成り立っているとみなせますが,未来展望的要素が必須の「施設経営」という視点から把握すれば,目的意識が希薄だという意味で不十分だという話になります。

　第 2 に,経営という行為では,「管理」が基盤的な位置を占めます。そのことは,日本語の「経営」が"management" と英訳されることが主流とはいえ,"administration" と訳される場合も多く,後者の英単語の一般的な日本語訳が「管理」であることにも象徴的です。管理とは,「組織を取りしきったり,施設をよい状態に維持したりすること」(三省堂『大辞林［第4版］』,2019 年）です。たとえば,「社会教育施設経営」という言い方をした場合,管理的側面は必須です。公民館を経営することは,施設維持や,勤務する職員の出退勤管理などが関わってきます。

　第 3 に,経営の本質として,経済的営みたる「ビジネス（business)」という側面は不可避です。経営は,「規模・方針などを定めて,（経済的にうまくいくように）事業を行なうこと」(三省堂『新明解国語辞典［第8版]』,2020 年）と定義されることがあります。「成功している経営」では,「経済的にうまくいく」が担保されていなければなりません。

　むろん，行政の場合，その目的が「収益・利益・利潤の最大化」ではないので，採算が合うことに躍起になって経済的成功を収める必要はありません。しかし，資金不足に陥ったり赤字になったりする事態を避けるという意味で，経済的に失敗してはなりません。資金調達といった「入るもの」に対して，費用や経費などの「出るもの」が大きくなるといったアンバランスは禁物です。

　他方で，短期的には赤字を出す施策・事業などが，中長期的な未来に対する「投資（investment）」になっているという可能性があります。行政の場合は，「利潤（profit）」としてのリターンではなく，"public interst"や"common good"などと英訳される「公益」の創造につなげていかなければなりません。

2. 社会教育を経営論的角度から論じる意義

　目的意識が高い経営的観点から「社会教育なるもの」を論じたり実践したりする意義とは，何でしょうか。それは，「何を，何のために行うのか？」という厳しく根源的な問いを，関係者に突きつけてきます。

　一方で，「社会教育とは何か？」とか「社会教育をどのように理解すべきか？」といった「経営対象」たる社会教育の明確化が求められます。社会教育関係者の中には，そもそも自分が何を行っているかの十分な自覚がないまま，具体的で実際的な日常的業務に追われている人がいるかもしれません。したがって，漠然としていて曖昧な社会教育概念を根底から問い直し，その存在意義を再確認することが不可欠になります。

　他方で，「何のために社会教育を行うのか？」とか「なぜ行政が社会教育を振興すべきなのか？」といった「経営目的」の明確化も求められます。これまでは，漫然と課題意識もないまま前例踏襲的に施策や事業を進めていた人がいるかもしれません。しかし，何事であれ，以前から

やっているから何となく続けているというのでは，全く説得力がありません。経営論的な姿勢を貫くのであれば，諸々の経験から帰納して実践するだけでは不十分で，目的意識を明確にして個別具体的に目標を設定し，それらから演繹する形で社会教育を再考することが必須になります。

（1）「社会教育」の再定義

日本語の「社会教育」を英語に訳したものが，"social education"です。しかし，欧米諸国では，この英語表現は決して一般的ではありません。インターネット上で"social education"を見かけたとしても，それがそもそもは日本語の「社会教育」の直訳だったと気づくはずです。

そこで，社会教育を，「社会」と「教育」という2つの単語の組み合わせだと考え直して前進してみます。両者の結びつきを多角的に捉えた考察として，社会教育が，①社会が行う教育（＝教育主体としての社会），②社会に対して行う教育（＝教育客体・対象としての社会），③社会について行う教育（＝教育内容としての社会），④社会のために行う教育（＝教育目的としての社会），⑤社会という場で行われる教育（＝教育空間としての社会）の5通りの使い方が混用されているという指摘があります*1)。どの立場を取るにしろ，「社会」や「教育」という日常用語を考察し直さざるをえなくなるはずです。

まずは，後者の「教育」という日本語を再確認してみます。1959（昭和34）年に文部省（当時）が発行した報告書は，教育に対する古い考え方として，「教育といえば，学校教育のことだと思っている」が典型例の一つだと指摘しています*2)。そして，昭和と平成を経て令和時代になった今でも，この状況はほとんど変わっておらず，多くの日本人は，具体的な教育イメージとして，学校の教室で教師が子どもたちに向けて何かを教えている姿を思い浮かべるようです。しかし，「社会教育とし

ての教育」は，この言葉にこびり付いた固定観念をいったん拭い去って，まさに自由に発想することを出発点にして考察されるべきものです。

　そこで，「教育」という日本語が，「教」と「育」といった漢字二文字の組み合わせにより成り立っていることを，思考の手がかりとしてみます。この二字のうち，どちらが大切かを考え，その一文字だけを残すとすれば，どのような選択をしますか。

　以上のように質問すると，多くの人が，「教」を消して「育」を残そうとするようです。というのは，教育の目的が「育てる／育む」ことにあって，その実行・実現のための手段の一つとして「教える」という行為が存在していることに，多くの人が気づくからです。教育とは，「目的－手段」関係を念頭に置けば，「育てること」や「育むこと」が定義の中核に位置します。

　さらに言えば，「人間が育っている」という成果が結果的に得られるのであれば，教育の手段として無理に「教える」を選択する必要すらないことに気づく人もいます。この場合，教育概念として，「教えない教育」が矛盾なく成立するのです。たとえば，「子どもは，親の背中を見て育つ」という格言も，立派な教育形態の一つだと位置づけられます。社会教育について考えるとき，「教育とは，教えることだ」という思い込みから解放されることが不可欠です。社会教育について，教師がいないのに，それが堂々と「教育」を名乗っている場面に遭遇しても，そのことに対する疑問が氷解するかもしれません。

　次に，前者の「社会」とは何でしょうか。それ自体が社会学的にも答えの出ない難題ですが，「生活空間を共有したり，相互に結びついたり，影響を与えあったりしている人々のまとまり」（三省堂『大辞林［第4版]』，2019年）を意味することがあります。いずれにせよ，「社会」には，「人間関係」というニュアンスが含まれることを強調しておきます。

　そこで、あくまでも一つの考え方としてですが、社会教育について、「人間関係を育むこと」という定義を与えてみましょう。すると、社会教育という文脈で頻繁に「コミュニティづくり」や「地域づくり」というキーワードが出てくることにも、合点がいきやすいかもしれません。また、地域社会における孤独対策や孤立化防止などに寄与する活動として、社会教育それ自体の現代的意義を見いだす人もいるでしょう。

　そこで、筆者としては、「個人に教えること」という意味合いも社会教育概念には十分に含まれている可能性を考慮しつつ、社会教育を「社会を育むこと」だと暫定的に定義しておきます。「教」から「育」への視点の移動により、社会教育の目的を考える上で、「どのような社会を育むべきか？」という具体的な内容論へと裾野を広げていきましょう。

（2）「生涯学習体系」の中の「社会教育」

　国の文教政策として、「生涯教育」という日本語を広く知れわたらせたのは、1971（昭和46）年6月に出された中央教育審議会答申「今後における学校教育の総合的な拡充整備のための基本的施策について」です。この答申は、当時の教育関係者の間で、昭和46年に出されたことにちなんで「四六（よんろく）答申」という略称で呼ばれる極めて重要なものです。

　四六答申では、「人間形成」という言葉を取り上げ、「人間が環境とのかかわり合いの中で自分自身を主体的に形作っていく過程」と定義した上で、「教育」のことを「そのような過程において、さまざまな作用を媒介として望ましい学習が行われるようにする活動である」と再定義しています。この答申は、用語レベルで「教育」と「学習」とを慎重に区別しながら、「教育の問題を考えるためには、人間の一生を通じて、さまざまな場面で、意識的または無意識のうちに人間形成に影響を与えて

いるものを考慮に入れなければならない」と断言した上で，「現にわれ
われは，学校のような教育機関以外に，家庭・職場・地域社会における
生活体験を通じて，また，マスコミや政治的・宗教的・文化的な諸活動
の影響のもとに，いろいろなことを学習しつつある」と述べています。

　つまり，教育について考えるのであれば，学校だけに視線を向けてい
るだけでは不十分であり，多方面に視野を広げなければならず，人間の
一生を見すえて，意識的なものはもちろん無意識的な影響までも考慮し，
学校以外の多様なセクターに目配りしなければならないというわけで
す。その上で，この答申は，「近年，いわゆる生涯教育の立場から，教
育体系を総合的に再検討する動きがあるのは，今日および今後の社会に
おいて人間が直面する人間形成上の重要な問題に対応して，いつ，どこ
に，どんな教育の機会を用意すべきかを考えようとするものである」と
述べ，教育概念を構想する際，人生の初期に施されるものだけにとどま
らず，「生涯」にまで広げるという考え方を明示しました。

　この四六答申は，「これまで教育は，家庭教育・学校教育・社会教育
に区分されてきたが，ともすればそれが年齢層による教育対象の区分で
あると誤解され，人間形成に対して相互補完的な役割をもつことが明ら
かにされているとはいえない」という課題意識の下に，「そのような役
割分担を本格的に究明し，教育体系の総合的な再編成を進める」ための
「学問的な調査・研究」の必要性を訴えています。

　そして，日本でも「生涯教育政策」を本格的に導入する試みがなされ
たわけですが，この生涯教育の実質的な実験機会としては「社会教育」
がすでに選択されていたのです。1971（昭和 46）年 4 月に出された社
会教育審議会答申「急激な社会構造の変化に対処する社会教育のあり方
について」では，「生涯教育という考え方」が「生涯にわたる学習の継
続を要求するだけでなく，家庭教育，学校教育，社会教育の三者を有機

的に統合することを要求している」という認識を示しています。しかし他方で、「生涯教育では、生涯にわたる多様な教育的課題に対処する必要があるので、一定期間に限定された学校教育だけではふじゅうぶんとなり、変化する要求や個人や地域の多様な要求に応ずることができる柔軟性に富んだ教育が重要となる」という認識を根拠として、「生涯教育においてとくに社会教育が果たすべき役割はきわめて大きいといわなければならない」と断言し、社会教育に対して大きな期待を寄せるのです。そのようなわけで、「今後の社会教育は、国民の生活のあらゆる機会と場所において行われる各種の学習を教育的に高める活動を総称するものとして、広くとらえるべきである」という結論が示されましたが、社会教育が生涯教育に置き換わったと思われるほどの概念拡張でした。

1981（昭和56）年に出された中央教育審議会答申「生涯教育について」は、「生涯教育」と「生涯学習」とを区別しています。この答申は、両者の相互関連を踏まえつつ、両者の概念的な違いを際立たせています。

まず、「今日、変化の激しい社会にあって、人々は、自己の充実・啓発や生活の向上のため、適切かつ豊かな学習の機会を求めている」けれども、「これらの学習は、各人が自発的意思に基づいて行うことを基本とするものであり、必要に応じ、自己に適した手段・方法は、これを自ら選んで、生涯を通じて行うものである」と認識し、「その意味では、これを生涯学習と呼ぶのがふさわしい」として、行政支援の基本的着眼点となる望ましい生涯学習の在り方について定義しています。次に、「この生涯学習のために、自ら学習する意欲と能力を養い、社会の様々な教育機能を相互の関連性を考慮しつつ総合的に整備・充実しようとするのが生涯教育の考え方である」（傍点は引用者強調）というように、「生涯を通じて行う学習」に対する「条件整備」について「教育」という表現が採用されています。この言い方に従えば、「生涯教育」とは、社会の

多種多様な教育機能の相互の関連性を考慮して導いた総合性を重視した「条件整備」のことです。「生涯教育としての教育」は，「教えること」に単純に還元される方向へは向かわず，自発的に学ぼうとする学習者の活動基盤を支える裏方のような役割を果たす営みなのです。この答申では，「生涯教育とは，国民の一人一人が充実した人生を送ることを目指して生涯にわたって行う学習を助けるために，教育制度全体がその上に打ち立てられるべき基本的な理念である」と結論づけています。

　ところが，1980 年代中頃を境にして，国の文教政策では，表だって「生涯教育」という表記が用いられることはほぼなくなりました。中曽根康弘総理大臣（当時）の直属で総理府（当時）に設置された臨時教育審議会は，1984（昭和 59）年から 1987（昭和 62）年までの 4 次にわたって答申を出しましたが，その特徴は，もっぱら「生涯学習」という言葉が用いられ，「生涯教育」という表記が消えている点にあります。これには，あくまでも学習者の視点に立って提案しているという政策的立場を明確にするため，「生涯学習」という用語に統一したという事情があります。

　とはいえ，個々人が行う生涯学習を行えるための条件整備に相当する概念が新規提案されており，それが「生涯学習体系」です。1987（昭和 62）年 8 月に出された臨時教育審議会「教育改革に関する第 4 次答申」（最終答申）では，「我が国が今後，社会の変化に主体的に対応し，活力ある社会を築いていくためには，学歴社会の弊害を是正するとともに，学習意欲の新たな高まりと多様な教育サービス供給体系の登場，科学技術の進展などに伴う新たな学習需要の高まりにこたえ，学校中心の考え方を改め，生涯学習体系への移行を主軸とする教育体系の総合的再編成を図っていかなければならない」（傍点は引用者強調）と述べています。こうして，学校中心主義を乗り越えようとする反作用で，社会教育が生涯学習体系の扇の要のようなポジションを与えられました。

（3）「社会教育活動」と「社会教育行政」との関係

　一口に「社会教育」という言い方をしても，「活動（activities）」と「行政（administration）」とについてはレベル分けして考える必要があります。「社会教育活動」と「社会教育行政」とを混同してはなりません。

　寺中作雄は，第二次世界大戦後すぐの時期に社会教育法を制定するにあたって，社会教育について「国民の自己教育であり，相互教育であり，自由と機動性を本質とする」と意味づけていました[*3)]。社会教育活動の主体は，国民・市民・住民です。これは，学校教育の主体が基本的に教師であり，児童・生徒・学生が教師から教わりながら教育されていく形態が基本となっているのとは極めて対照的です。

　複数の個人が集団的・組織的に活動を行う際には，社会教育法の第10条で「法人であると否とを問わず，公の支配に属しない団体で社会教育に関する事業を行うことを主たる目的とするもの」と定義される「社会教育関係団体」としての社会教育活動を行っているとみなされることがあります。たとえばボランティア団体やNPOなどが社会教育の文脈で語られるのも，そのためです。この社会教育関係団体と行政との法的な関係を確認してみましょう。

　まず，社会教育法の第12条には，「国及び地方公共団体は，社会教育関係団体に対し，いかなる方法によっても，不当に統制的支配を及ぼし，又はその事業に干渉を加えてはならない」と書かれています。社会教育行政が民間団体の活動の自発性や自律性を尊重する姿勢が明らかです。また，「文部科学大臣及び教育委員会」は，社会教育関係団体に対して，「専門的技術的指導又は助言を与えることができる」（第11条）とか「社会教育に関する事業に必要な物資の確保につき援助を行う」（第11条の2）と規定されていますが，どちらの場合においても「社会教育関係団体の求めに応じ，これに対し」という条件が提示されています。このよ

うに，社会教育行政は，「求めに応じる原則」に従って構築されています。社会教育行政が「助長行政」と呼ばれることがあるのは，「不必要な力添えをして，かえって害する」という意味でのマイナス方向の「助長」ではなく，控えめな教育的働きかけこそがまさに「教育的」に有効であるという肯定的意味合いをアピールしているからです。

3.　社会教育行政がめざすべき社会像を考えるヒント

　社会教育活動を行う国民・市民・住民も，そうした活動を支援し振興する行政も，ともに「社会を育む」という営みを行える主体です。ただし，行政は，「社会教育を，何のために，どのような方法・形態で行うのか？」という目的遂行的な問いに対して，施策や事業について法的根拠がある場合には，それらを踏まえて回答しなければなりません。

(1)「育むべき社会像」を考えるヒント

　日本国憲法（1946年11月制定，1947年5月施行）は，自らを「国の最高法規」であると位置づけています（第98条）。たとえば，第13条の前半で「すべて国民は，個人として尊重される」と宣言していることをよりどころとするならば，「すべての国民が個人として尊重される社会」という社会像が，社会教育を手段としてめざすべき「育むべき社会」の有力候補になるはずです。

　また，現行教育基本法にも，「育むべき社会」の方向性を考える大きなヒントがあります。第1条では，「教育は，人格の完成を目指し，平和で民主的な国家及び社会の形成者として必要な資質を備えた心身ともに健康な国民の育成を期して行われなければならない」と明言しています。このことから，「個々人が人格の完成をめざすことができる社会」も，有力候補になるはずです。そもそも，旧教育基本法でも，「教育の目的」

を示した第1条で，「教育は，人格の完成をめざし，平和的な国家及び社会の形成者として，真理と正義を愛し，個人の価値をたっとび，勤労と責任を重んじ，自主的精神に充ちた心身ともに健康な国民の育成を期して行われなければならない」（傍点は引用者強調）と宣言しており，日本国憲法第13条から導かれる社会像とも齟齬（そご）は生じません。

（2）　日本国憲法における「教育を受ける権利」

　社会教育行政を経営論的に考察する際には，日本国憲法における「教育を受ける権利」を常に念頭に置く必要があります。日本国憲法の第26条の第1項は，「すべて国民は，法律の定めるところにより，その能力に応じて，ひとしく教育を受ける権利を有する」と宣言しています。

　ここで，「すべて国民」と明記されているように，子どもだけでなく大人も含めて「教育を受ける権利」を有していることが忘れられてはなりません。衆議院憲法調査会は，「教育を受ける権利」という文脈における「教育」が，「学校教育に限られず，社会教育をも含む」ことを確認した上で，「教育を受ける権利」については「年齢上の制限はない」と明言しています*4)。

　なるほど，一般に，「教育」といえば，あたかも子どもだけが対象であるかのような社会通念は強力です。憲法第26条第2項で，「すべて国民は，法律の定めるところにより，その保護する子女に普通教育を受けさせる義務を負ふ」と明記され，「義務教育は，これを無償とする」と付記されているように，「国民の保護する子女」に対する「教育を受けさせる義務」が目立っています。しかし，「教育を受ける権利」という視点からは，子どもだけでなく成人もクローズアップします。教育といえば，子どもだけが対象になるという理解は，誤解の域に入ります。子どもはもちろん大人も，正規の学校教育によらずとも「教育を受ける機

会」が確保されなければなりません。したがって，学校教育を既に終え
ている成人にとっては，社会教育はいっそう重要な意味を持つはずです。
　ここで注意しなければならない区別は，「教育されること」と「教育
を受けること」とを混同しないことです。現憲法下においては，行政が
「生涯教育」という言い方を用いた場合には，国民に対して「教育され
る義務」が課されていることを意味するのではなく，国民の「教育を受
ける権利」を生涯にわたり保障しようとする考え方を示していることに
なります。そこで求められる社会像は，「学校教育を受け直す可能性を
担保しつつ，正規の学校教育によらずとも，国民が生涯にわたって何ら
かの教育を受けることが可能な社会」という話になるでしょう。

（3）　教育基本法における「生涯学習の理念」

　1947（昭和22）年に制定された教育基本法では，第2条の「教育の
方針」として，「教育の目的は，あらゆる機会に，あらゆる場所におい
て実現されなければならない」と宣言されており，以前から「生涯教育」
に通じる考え方を読み取ることが可能でした。とはいえ，この条文によ
る限りでは，個々人が学習することの位置づけや意味づけは曖昧で見え
にくいままだと言わざるをえません。
　平成18（2006）年12月に改正・公布・施行された教育基本法では，
第3条で「生涯学習の理念」という項目が新設され，「国民一人一人が，
自己の人格を磨き，豊かな人生を送ることができるよう，その生涯にわ
たって，あらゆる機会に，あらゆる場所において学習することができ，
その成果を適切に生かすことのできる社会の実現が図られなければなら
ない」（傍点は引用者強調）と明記されました。この条文は，生涯学習
振興や社会教育によって実現すべき社会像を直に述べています。
　まず，生涯にわたって多様な形で「学習する」ことができるような豊

かな社会を実現しようとする姿勢が明確に打ち出されました。そこでは，必ずしも「教育を受ける」という形で進める学習方法に限定されずに，多種多様な学習機会が社会的に生まれてくることが期待されています。

　次に，この条文では，その実現が求められる社会像として，「国民一人一人が学習できる」のみならず，「国民一人一人が学習成果を生かすことができる」という要件が示されています。よって，日本で生涯学習が盛んに行われるべきだという理念は，「学習したら学習成果を生かす」と「適切に成果を生かしていけるように改めて学習を行う」との循環構造を基軸にして構築される社会の実現をめざしています。つまり，学習して得た成果を私的な範囲にとどめて宝の持ち腐れにせずに，社会との関わりの中で十全に発揮するというような形で，一人ひとりの国民が活躍していけるような状況が望ましい姿だというわけです。

　なお，平成2（1990）年に「生涯学習」に関して初めて制定・施行された「生涯学習の振興のための施策の推進体制等の整備に関する法律」（2002年最近改正）の第2条では，「国及び地方公共団体は，この法律に規定する生涯学習の振興のための施策を実施するに当たっては，学習に関する国民の自発的意思を尊重するよう配慮するとともに，職業能力の開発及び向上，社会福祉等に関し生涯学習に資するための別に講じられる施策と相まって，効果的にこれを行うよう努めるものとする」と書かれています。生涯学習振興は，社会教育行政だけが行うものではなく，様々なセクターの連携・協力を要するものです。

（4）「生涯学習振興の要」としての社会教育の法的位置づけ

　社会教育が「生涯学習振興の要」としての役割を担うことが多いという既成事実は重要です。それを横にらみしつつ，法律論を展開します。

　そもそも旧教育基本法（1947年制定）では，第7条に「社会教育」

という項目を設け，「家庭教育及び勤労の場所その他社会において行われる教育は，国及び地方公共団体によって奨励されなければならない」と明記されていました。ここでの社会教育概念は，「家庭教育及び勤労の場所その他社会において行われる教育」と説明され，国民が教育を受けたり教育されたりする空間概念として「社会」が理解されていました。現行の教育基本法では，第12条で「社会教育」という項目を設け，「個人の要望や社会の要請にこたえ，社会において行われる教育は，国及び地方公共団体によって奨励されなければならない」と書かれており，「社会において行われる教育」が「個人の要望」や「社会の要請」に対する応答である場合に，その目的を達成するために，その奨励が特に必要となるという意味合いを込めて定義し直されました。

　また，同法第12条の第2項では，「国及び地方公共団体は，図書館，博物館，公民館その他の社会教育施設の設置，学校の施設の利用，学習の機会及び情報の提供その他の適当な方法によって社会教育の振興に努めなければならない」としています。国および地方公共団体によって奨励されなければならないとされる社会教育は，その振興方法として，「図書館，博物館，公民館」をはじめとした「社会教育施設」を設置する以外にも，「学校の施設」を利用するという選択肢も提案されています。

　他方で，社会教育法（1949年制定，2020年最近改正）は，「社会教育」について，その範囲を具体化する方向で定義しています。同法第2条では，「この法律において『社会教育』とは，学校教育法（昭和22年法律第26号）又は就学前の子どもに関する教育，保育等の総合的な提供の推進に関する法律（平成18年法律第77号）に基づき，学校の教育課程として行われる教育活動を除き，主として青少年及び成人に対して行われる組織的な教育活動（体育及びレクリエーションの活動を含む。）をいう」と示されています。つまり，「社会教育法にいう社会教育」とは，

基本的に「学校の教育課程として行われる教育活動」以外という主流除外的な概念規定によっているとともに,「体育」や「レクリエーション」の活動も含めて,「主として青少年及び成人に対して行われる組織的な教育活動」といった広範囲にわたり,スポーツ振興なども視野に入ってくるものです。

こうした活動を奨励することは,国や地方公共団体の責務として明確に法的に位置づけられています。社会教育法の第3条では,「国及び地方公共団体の任務」という項目を設け,「国及び地方公共団体は,この法律及び他の法令の定めるところにより,社会教育の奨励に必要な施設の設置及び運営,集会の開催,資料の作製,頒布その他の方法により,すべての国民があらゆる機会,あらゆる場所を利用して,自ら実際生活に即する文化的教養を高め得るような環境を醸成するように努めなければならない」と明記しています。また,第3条第2項に「国及び地方公共団体は,前項の任務を行うに当たっては,国民の学習に対する多様な需要を踏まえ,これに適切に対応するために必要な学習の機会の提供及びその奨励を行うことにより,生涯学習の振興に寄与することとなるよう努めるものとする」(傍点は引用者強調)と書かれているように,生涯学習振興における重要な役割を社会教育行政に託しています。

(5) 子どもにとっての「生涯にわたり学習する基盤」の法的位置づけ

教育基本法が平成18(2006)年に改正されてからは,学習や人格形成はもちろん,教育も人生の初期だけで完了するものではないという基本認識が前面に打ち出されました。「幼児期の教育」と題された第11条では,「幼児期の教育は,生涯にわたる人格形成の基礎を培う重要なものであることにかんがみ,国及び地方公共団体は,幼児の健やかな成長に資する良好な環境の整備その他適当な方法によって,その振興に努め

なければならない」（傍点は引用者強調）と書かれています。

　子どもが小学校・中学校・高等学校に通う時期についても，人生の初期の時期は生涯学習の基礎を培う期間に相当するという認識は共有されています。学校教育法（1947 年制定，2020 年最近改正）の第 29 条で「心身の発達に応じて，義務教育として行われる普通教育のうち基礎的なものを施すことを目的とする」とされた「小学校における教育」（第 30 条）では，第 30 条第 2 項で書かれているように，「生涯にわたり学習する基盤が培われるよう，基礎的な知識及び技能を習得させる」ことが重視されています。この学校教育法第 30 条第 2 項で示された規定は，中学校（第 49 条）や高等学校（第 62 条）でも準用されるものです。「生涯にわたり学習する基盤」は，学校教育における目的に位置するキーワードです。

　また，同法第 31 条では，教育目標を十分に達成するための教育的手段として，体験的な学習活動を充実させることを求めています。その際，小学校においては「教育指導を行うに当たり，児童の体験的な学習活動，特にボランティア活動など社会奉仕体験活動，自然体験活動その他の体験活動の充実に努めるものとする」と書かれていますが，「この場合において，社会教育関係団体その他の関係団体及び関係機関との連携に十分配慮しなければならない」と付記するように，学校教育と社会教育との連携の必要性を示唆しています。なお，学校教育法第 31 条で示された規定は，中学校（第 49 条）や高等学校（第 62 条）でも準用されます。

（6）「家庭・学校・地域社会の連携」を促す生涯学習

　21 世紀になって以降，「社会総がかりの教育」という視点が前面に打ち出され，それを実質化するための教育実践が求められるようになりました。現行の教育基本法第 13 条は，「学校，家庭及び地域住民等の相互の連携協力」という項目の中で，「学校，家庭及び地域住民その他の関

係者は，教育におけるそれぞれの役割と責任を自覚するとともに，相互の連携及び協力に努めるものとする」と述べています。

　また，社会教育法（1949 年制定，2020 年最近改正）も，生涯学習振興につながる文脈で，社会教育が学校教育や家庭教育との連携を図ることが必要だと強調しています。同法の第 3 条第 3 項は，国および地方公共団体に対して，「社会教育が学校教育及び家庭教育との密接な関連性を有することに鑑み，学校教育との連携の確保に努め，及び家庭教育の向上に資することとなるよう必要な配慮をするとともに，学校，家庭及び地域住民その他の関係者相互間の連携及び協力の促進に資することとなるよう努めるものとする」と任務遂行を求めています。

　さらに，2006（平成 18）年改正後の教育基本法の第 10 条第 2 項で「家庭教育」という項目が新設され，「国及び地方公共団体は，家庭教育の自主性を尊重しつつ，保護者に対する学習の機会及び情報の提供その他の家庭教育を支援するために必要な施策を講ずるよう努めなければならない」と書かれていることにも注目しましょう。つまり，「家庭教育支援」が，行政の努力義務として法的に明確化されたのです。そして，これに関する施策・事業は，主に社会教育行政が担当するのが実態です。

　もちろん，家庭教育はあくまでも個々の家庭の私事的な営みであるため，行政は「家庭教育を支援すること」以上に立ち入ることはできません。しかし，教育基本法第 10 条で「父母その他の保護者は，子の教育について第一義的責任を有するものであって，生活のために必要な習慣を身に付けさせるとともに，自立心を育成し，心身の調和のとれた発達を図るよう努めるものとする」（傍点は引用者強調）と打ち出された基本理念の実行・実現が心理的にも実際的にも過重な負担になる家庭もあることを鑑みれば，家庭・学校・地域社会などが連携するとともに，子どもたちの教育についての役割分担を丁寧に進めていくべき必然性があ

ると言えるでしょう。

（7）「社会教育施設」としての公民館・図書館・博物館

　法律論的には，公民館・図書館・博物館に対する目配りが必須です。これらは，社会教育のための施設たる「社会教育施設」なのです。

　社会教育法の第5章は「公民館」と題され，第20条から第42条にわたり，公民館の目的や事業などについて，詳細に規定されています。第20条では，「公民館は，市町村その他一定区域内の住民のために，実際生活に即する教育，学術及び文化に関する各種の事業を行い，もつて住民の教養の向上，健康の増進，情操の純化を図り，生活文化の振興，社会福祉の増進に寄与することを目的とする」と明記されています。第22条では，その事業として，「①定期講座を開設すること，②討論会・講習会・講演会・実習会・展示会等を開催すること，③図書・記録・模型・資料等を備え，その利用を図ること，④体育・レクリエーション等に関する集会を開催すること，⑤各種の団体・機関等の連絡を図ること，⑥その施設を住民の集会その他の公共的利用に供すること」を列挙しています。

　さらに，社会教育法の第9条では，「図書館及び博物館」という項目が設けられており，「図書館及び博物館は，社会教育のための機関とする」と明記されています。1950（昭和25）年に制定された図書館法の第1条も，1951（昭和26）年に制定された博物館法の第1条も，社会教育法の精神に基づき，当該施設の設置および運営に関して必要な事項を定めるとしています。近くの図書館で本を借りたり，博物館で貴重な古文書を直に見たり，美術館で絵画鑑賞したりできるのも，国民の教育・学術・文化の発展に寄与するといった社会教育的発想が根底に流れているからなのです。

〉〉註

＊1） 福原匡彦『改訂 社会教育法解説』，全日本社会教育連合会，1989年，pp.9-15。

＊2） 文部省『わが国の社会教育―社会教育法施行十周年記念―（広報資料13）』，1959年，p.3。

＊3） 寺中作雄『社会教育法解説』，社会教育図書株式会社，1949年，p.1。なお，旧字体は新字体に直した。

＊4） 基本的人権の保障に関する調査小委員会「教育を受ける権利に関する基礎的資料」，衆憲資第15号（平成15年2月13日の参考資料），衆議院憲法調査会事務局，2003年，p.1。

参考文献

佐藤功（1996）『日本国憲法概説［全訂第五版］』学陽書房

野村一夫（1998）『社会学感覚［増補版］』文化書房出版社

福原匡彦・大崎仁（1964）『概説社会教育行政』第一法規

三谷宏治（2019）『すべての働く人のための新しい経営学』ディスカヴァー・トゥエンティワン

学習課題

　社会教育を振興する意義について，あなたなりの自由な価値観に基づいて目的を設定し，そこを基点にして自由に意見を述べてください。

2 | 社会教育行政の経営戦略

佐々木　英和

《**目標＆ポイント**》　戦略的発想と戦術的発想との違いを意識しながら，社会教育振興の在り方について，計画化・実行・評価していくための基礎となる思考法を身につける。また，具体的な戦略などについても触れつつ，社会教育を実践していく可能性を考察する。

《**キーワード**》　経営理念，フォアキャスティング，バックキャスティング，戦略，戦術，ロジスティクス，経営効果，経営効率，クラウドファンディング

1．「経営理念」の重要性

　本章では，何事にも通用する汎用的な考え方を展開します。それを踏み台にして，社会教育経営に応用できる思考法を身につけましょう。

(1)「これまで」と「これから」との分別

　これまで問題がなかったからといって，これからも問題が起きないとは限りません。また，これまでうまくいっていなかったからといって，これからもうまくいかないとも限りません。

　あまりに当たり前ですが，過去は変えられないけれども，未来は変わりうるし変えうるものです。何かを語るとき，「これまで（＝過去から現在まで）」と「これから（＝現在から未来へ）」とを分けて考えましょう。

　ところで，「これ」という空間的比喩で示された時間たる「現在」に

ついて，「現状」という言葉で置き換えても差し支えありません。「現状」がどうなっているかを冷静に捉えることは，簡単にはできませんが，常に心がけたいことです。「現在の現実」を直視すべきなのです。

（2）「現実」と「理想」

　実践的思考では，現実水準と理想水準とを分けて考えるということが，基本中の基本となります。自分が語っていることが，現実なのか理想なのかを自覚的に分けて考え，しっかりと対比することが不可欠です。

　一方で，実践対象たる現実を明らかにする必要があります。いわゆる「エビデンス（evidence）」は，それを実践する証拠や根拠になります。これは，冷徹に現実を直視するという姿勢で臨む際に生かせます。

　他方で，現実水準とは異なる理想水準に位置するものとして，「理念（philosophy）」を措定しなければなりません。理念とは，「今はまだ実現していない理想」である場合もあれば，「すでに実現しているけれども，それを維持・発展させることが常に求められる状態」であることもあります。会社経営であれNPO活動であれ教育実践であれ，「理念なき経営」は，漫然とした活動の繰り返しに堕してしまいがちです。

　そのようなわけで，「経営理念」が不可欠になります。社会教育経営で言えば，たとえば「市民を誰一人取り残さない生涯学習環境づくり」などといった言葉に結晶化させることが大切です。むろん，そうした理念の中には，空疎なスローガンで終わりがちなものも多いかもしれません。それでもやはり理想を明確にするという意味でも，理念・目的・目標を設定する必要があります。

（3）「フォアキャスティング」と「バックキャスティング」

　目標設定に関して，未来の捉え方について，発想転換が必要となるこ

とがあります。時間論的な比喩を用いれば，後ろにある「過去」から前にある「未来」を見通そうとする「フォアキャスティング」と，前にある「未来」をイメージしてから後ろにある「現在」に戻る「バックキャスティング」との対比が有効です。

　まず，「過去がああだったから，現在はこうなり，未来はそうなるだろう」というように，未来を「定まっていく」もしくは「すでに決まっている」と仮定できるときには，過去からの流れの延長上で，未来を手堅く理解していくことができるはずです。このようにして，未来に起きそうな「結果」を予測する思考手順が，「フォアキャスティング"Forecasting" 思考」です。

　これに対して，過去からの流れをいったん断ち切って，「決まっていないはずの未来」について，自分で決めるという姿勢を出発点にする思考法があります。「バックキャスティング"Backcasting" 思考」とは，自由に想像した未来の中から「そうありたい未来像」を選択して目標化し，そこから逆算して「いま＝現在」の諸々の行動を決めていくという手はずを取るものです。誰しも，本気で実現したい目標を立てたときなら，「今，何をすべきか？」について丁寧に計画化することでしょう。

　さらに，バックキャスティング思考を徹底するのであれば，過去の常識や固定観念などから完全に自由になって，柔軟に未来イメージを描き出すことが大切です。それどころか，文字通り「浮き世離れ」した空想を巡らすことが望ましいことすらあります。たとえば，20世紀初頭に，人間が鳥のように自力で空を飛んでいる姿を夢想していた発明家は，そんな「想像上の未来」から逆算して，自分たちの思考や仕事の仕方を定めて，それらを多面的に研究し，実際に試していきました。だからこそ，ライト兄弟は，当時においては「妄想」にすぎなかった「目標」を，飛行機という形にして現実化できたのです。同様に，自分の住む地域社会

についても，何らかの未来イメージを描き出さないと成り行き任せになりますが，それなりにイメージできれば，少しでも夢に近づけるかもしれません。

　何事であれ，堅実かつ実際的な発想で着実に歩むことが大切である一方で，ときに自由かつ大胆な発想が必要となることもあります。これまでの行政の実践は，過去踏襲的なフォアキャスティング思考が主流だったからこそ，未来飛躍的なバックキャスティング思考を活用する意義が出てきます。だから，理想とする未来をイメージしながら経営理念を創造することが，何より重要になってくるのです。

（4）「問題対処的手順」と「課題遂行的手順」

　戦略的思考や計画づくりでは，まさにバックキャスティングの発想が出発点になります。つまり，未来的目標を設定し，それに到達するために手段・方法・手だて等を選択するのです。明文化されているか否かは別として，何らかの戦略や計画が立てられ実行されていく筋道は，「問題対処的手順」か「課題遂行的手順」かのどちらかに大別できます。

　問題対処的手順は，何らかの問題が発生しており，それに対処しようとする道筋です。ある医者が患者の病気を治療しようとすることを例に取ってみます。医者は，患者の現在の病状を診断し，そこに至った過去からの原因を探り，病状が今後どのようになっていきそうかの将来的予測を行います。その上で，めざすべき治療目標が完治なのか，それが可能でない場合にどのような治療目標を設定するべきなのかなどについて検討します。そして，すぐにでも外科手術を行うべきか，それとも薬で様子を見るべきかという具合に，その治療目標に到達するための方法・手段としての処方箋が何かを検討することになります。こうして，現状を維持するか，現状を変革するかなどを意識しつつ，治療計画が具体的

に実行されていくわけです。

　これに対して，課題遂行的手順は，真っ先に何らかの目的や目標を設定し，それを達成しようとする筋道です。ある大学受験生が志望校を設定し，合格をめざすことを例に取ってみます。仮に周囲からは「夢を見ている」と揶揄されるような志望校であっても，目標として設定することは可能です。合格するために努力することは，志望校合格という目的にとって，必要不可欠な手段です。むろん，ただ努力すれば，それが報われるとは限らないので，現時点の自分の受験的学力や合格倍率などの現実的状況を把握しようと努めることになります。そして，合格に必要な学力と現在の学力との差を把握し，その差を埋めるための勉強方法を選び出した上で実行することになります。こうして，勉強計画はより洗練されていくというわけです。

2. 経営の方法論的意味づけ

　抽象的な総論が漠然と示されるだけでは，現場はうまく動けず困ってしまうでしょう。現場が動きやすくなるための実際的体系を考える必要があります。そこで，言葉が空疎に終わらず，言葉と現実との隙間を埋めるための経営的発想を身につけていきましょう。

（1）「現実」を「理想」へと近づけるための「方法」

　ことは社会教育に限りませんが，何かを実践する際には，それについての現実水準と，それについて抱きがちな理想水準とについては，両者を冷静に分けて考える習慣にしなければなりません。戦略的思考の大前提は，現実水準と理想水準とを混ぜないことです。

　ここで，実際に事を進める際には，漠然として抽象的なままの理想水準において，「目的」を設定し，可能な限り「目標」として具体化する

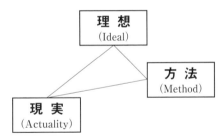

図2-1 「現実-理想-方法」のトライアングル思考

ことが求められます。「理想-現実」の二分法的な対比を,「目的-現実」さらには「目標-現実」という対比に移行させましょう。

その上で,現実を目的に近づける,もしくは現実を目標に到達させるためにはどうするかを構想することになります。この意味で,「現実」を「理想」へと媒介するのが,「方法」なのです。こうした思考手順について,筆者が図式化したのが,図2-1です。「現実-理想-方法」の3項で成り立つ単純な図式を,常に念頭に置いておきましょう。

多様な現実をどのように把握するか。それとは別次元において,理想を設定する。そのための方法を選択する。つまり,適確な現実分析に基づいて,妥当な目標設定を行い,それにふさわしい適切な方法を選択する。これらで成り立つトライアングル思考が,汎用性のある実践的思考法の原型であると,筆者は考えます。

社会教育事業の企画書の作成を例に取った場合,その事業を行うべき事業背景や必然性などの現実を明らかにした上で,「何をめざすべきか?」の目標を明確にすることになります。その上で,現実を理想へと近づけていくための実際的方法として,教育プログラムを提案します。プログラムの基本方針は何か,具体的指針は何かなどを明らかにしながら,様々な方法を運用しつつ,実践を進めていくことになります。

（2）「運用」により生じる「結果」

　実践しようがしまいが，「古びた現実」に対する「結果」として「新しい現実」が生まれ続けます。しかし他方で，「古びた現実」に対して，何らかの「方法」を「運用する（operate）」ことによって，生じる「結果」にこそ焦点を当てるべきです。この運用結果は，広い意味の実践結果に属しますが，方法を運用することによってこそ生まれる「新現実」が存在することを示しています。

　そこで，何かを実践して生じる副産物を，事前想定する必要があります。一方で，「新現実」そのものから「問題（problem）」が発生しうる可能性があります。もう一方で，「新現実」を見すえて「理想」の実現に向けて遂行すべき「課題（task）」を設定し直さなければならない可能性が出てきます。すなわち，事前に「想定される問題・課題」を指摘する必要があります。

（3）　実現段階を踏まえた思考法

　日本国憲法第 13 条では，「すべて国民は，個人として尊重される」という宣言に続いて，「生命，自由及び幸福追求に対する国民の権利については，公共の福祉に反しない限り，立法その他の国政の上で，最大の尊重を必要とする」と述べています。それでは，ここに出てくる「幸福追求」は，戦略的・戦術的にはどのように行われるものでしょうか。そのイメージが浮かびやすいように，筆者なりに工夫してみます。

　ここで，星野哲郎氏が作詞した「三百六十五歩のマーチ」の歌詞の一番で，思考のリハーサルをしてみます。これは，米山正夫氏の作曲，小杉仁三氏の編曲で，1968（昭和 43）年に水前寺清子氏が歌手として歌って，大ヒットした曲です。この歌詞に対する筆者の解釈の全体像を，あらかじめ示すと，**図 2-2** のようになります。

　まず，この曲のテーマは，明示されてはいないですが，「幸せ」だと
みなしてよさそうです。筆者は，この曲を，幸せ獲得をめぐった戦略・
戦術論として読み解いています。

　①幸せは歩いてこない…幸せとは，自分のところにひとりでに歩いて
きてはくれないものです。そのくせ，不幸は，ほとんど前触れもなく，
突然にやってきます。地震や津波や竜巻などの大災害は，大きな爪痕を
残して，走り去って行ってしまいます。また，コロナ禍のように，じわ
じわと私たちの心に傷跡を残し続け，真綿で首を絞め付けるような辛さ
もあります。当然，平凡な日々の中でも，ちょっとした不運が重なって，
不幸せな気持ちに陥ることもあるでしょう。これらの事象は，ある意味
で，相当に厳しいけれども逃れようのない「現実」です。それでもやは
り，私たちは，こうした「現実」の中に生きるほかなく，「現実」を直
視せざるをえない。だからこそ「現実」を的確に把握すべきなのです。

三百六十五歩のマーチ
（抜粋）

作詞：星野哲郎
作曲：米山正夫
編曲：小杉仁三
歌：水前寺清子
1968 年発売

しあわせは　歩いてこない ⟹ 現実の把握 ⟺ 理想の確認…幸せが欲しい！

だから歩いて　いくんだね ⟹ 方法の選択…基本方針

一日一歩 ⟹ 方法の選択…具体的指針

三日で三歩 ⟹ 予測される結果…期待される成果

三歩進んで　二歩さがる ⟹ 予測される結果…想定される問題・課題

人生は　ワン・ツー・パンチ ⟹ 目標の［再］設定…人生かくあるべし

汗かき　べそかき　歩こうよ ⟹ 方法の［再］選択…基本方針

あなたのつけた　足あとにゃ
きれいな花が　咲くでしょう ⟹ ［改めて］予測される結果…期待される成果

腕を振って　足をあげて
休まないで　歩け ⟹ 方法の［再］選択…具体的指針

図2-2　三百六十五歩のマーチ
（JASRAC 出 2105961-101）

　②でも，幸せをつかみたい…これは，歌詞には出ていませんが，筆者の解釈として読み込めるものであり，「求めていく理想」として補える内容でしょう。幸せがなかなか手に入らないという「厳しい現実」と対比する形で，これから向かうべき理念を示しています。幸せの獲得は，目標設定に相当します。

　③だから，歩いて行くんだね…現実を見つめた上で，理想を追いかけるのであれば，「歩いて行くこと」は，三段論法として出てくる必然的な方法になります。「幸せは歩いてこない」という「現実把握」を踏まえた上で，「幸せ獲得」という「目標設定」を行い，その理想の実現に向けて，「幸せをめざして歩いて行く」という「方法選択」を行っているわけです。

　④一日一歩…「歩く」という基本方針について，「一日一歩」という具体的指針が示されています。大きなゴールについての手堅いサブゴールを決めていっていると言えるでしょう。

　⑤三日で三歩…「一日一歩」が順調に行けば，「一歩」が「三回」行われて論理必然的に導き出される成果が，「三日で三歩」です。これは，「歩く」という方法を実際に運用した際の「期待される成果」だと位置づきます。

　⑥三歩進んで二歩下がる…どんな方法であっても，運用段階では，様々な邪魔が入ることが頻繁にあります。これは，実際の現実から生じてくる問題です。しかし，そこには，理想をかなえるためには，遂行すべき課題が隠れて含まれており，この歌詞で言えば，「遅い歩みであっても，幸せに向かって歩き続ける」ということになるでしょう。ここでは，「事前想定される問題・課題」を位置づけることができるはずです。

　⑦人生はワンツーパンチ…実際に運用していくと，様々な問題が生まれ，それと同時に新たな課題設定が必要となってきます。ときに，改め

て大理念を設定し直す必要性すら出てきます。ボクシングでいうと,「ワンツーパンチ」は基本中の基本の動きに相当しますが,「人生はワンツーパンチ」とは,「人生は,基本に戻れ」ということを意味するのかもしれません。幸せをつかみに行こうとするにあたり,理念を再設定していくことが求められます。

　⑧汗かき,べそかき歩こうよ…目標がいっそう洗練されて再設定されることにより,それをめざして進めるべき方法も,より具体的になっていきます。基本方針として,「どんな状態であっても,歩き続ける」という方法を再選択することになります。

　⑨あなたのつけた足跡にゃ,きれいな花が咲くでしょう…一生懸命に実践すれば,何らかの成果が生まれます。試行錯誤が多く,たとえ失敗だらけであっても,次に続く人にとっては意味のある「足跡」が残ります。必死で幸せをつかもうと,もがくような経験は,どんな実践であっても,次の世代などに貢献することが期待される成果なのです。

　⑩腕を振って,足を上げて,休まないで,歩け…「汗をかきながらも,べそをかきながらも歩き続ける」という基本方針に対して,その歩き方の具体的方針として,「腕を振って,足を上げて,休まない」という実際的手順が示されています。「幸せ獲得」という目標が困難だからこそ,その方法を実行することも大変ですが,どうすればよいかの展望は開けてくるわけです。

3.「方略」としての経営戦略・経営戦術

　多くの場合,「戦略」という言い方で,「作戦」や「方略」が語られがちです。とはいえ,「戦略」と「戦術」とを分けて考える必要があります。では,両者の関係はどうであり,どう違うのでしょうか。丁寧に掘り下げれば,その意味が見えてきます。たとえば「総論賛成,各論反対」と

いう表現がよく用いられますが，両者は，この関係に似た様相を呈することもあります。

（1）「戦略的思考」と「戦術的思考」

　用語法として「戦略」と「戦術」とを比較すると，程度差の問題として語れます。まず，「戦略」が大局的で総合的な観点に立って策定されるのに比すれば，「戦術」は局所的で部分的だとみなせます。また，目的・目標レベルについて言えば，「戦略」が「基本方針」や「大方針」を示すのに比して，「戦術」は「具体的指針」に基づいて構成されています。さらに，「戦術」が短期的な方略に終わりがちなことを基準にすれば，「戦略」は長期的展望に立った方略だとみなせます。

　しかし，「戦略」と「戦術」との間には，単なる程度問題にとどまらない質的な違いが明らかにあります。あらかじめ結論を述べれば，「戦略（strategy）」が「大目的を実現するための中心的方略の全体像」であるのに対して，「戦術（tactics）」は「多様な現実に応じた諸々の方略の選択肢の集合体」と定義することができます。「方略的思考」は，「理想追求的な戦略的総論」と「現実対応的な戦術的各論」との対比を内包しています。旅行にたとえれば，「戦略」が「行き先（＝目的）」を決めることが鍵となる価値的概念であるのに対して，「行き方（＝手段）」それ自体を指し示す機能的概念が「戦術」です。

　改めて定義し直せば，「戦略」とは，「最終目的（end）」を基準にして，大局的かつ総合的に構築させた方略の一連のパッケージです。実際的な運用において現実主義的に構成されていても，その中核には理想主義的発想があります。裏を返せば，全体を見すえて「大目的」が意味づけられていない方略は，「戦法」とは呼べても「戦略」とは言いがたく，「戦略まがい」の域を出ません。

したがって,「戦略的思考」は,「目的至上主義」と評せるほど,「目的」や「実現すべき成果」が最優先となった発想です。筋金入りの「戦略家(strategist)」は,「真に求める成果」の実現のために「最も効果的な方法」を追求する人たちです。「目的のためには手段を選ばず」といった冷酷な決断をする覚悟を心に秘めているかもしれません。

さて,集団で旅行する際,目的地を決め,その方向に動き始めたら,行き先をコロコロ変えていては,旅行参加者はてんやわんやになります。「戦略目標」を変更することは,「戦略そのもの」の変更にほかならず,いったん「戦略目標」を決めたら,それを簡単に変えてはいけません。「戦略」にとって,一貫性は必須です。しかも,「戦略」で失敗すれば,その失敗を「戦術」では取り返せません。

だからこそ,原則として固定すべき「戦略目標」には,間違いが許されません。抽象度が高くなりますが,「何のために?」という「目的」の妥当性については,徹底的に厳しく考え抜かれていなければなりません。このように,「戦略決定」が慎重になされるべきなのは,理にかなっています。もちろん,プランAに対するプランB・プランCというように,別の選択肢を用意しておくべきですが,ころころプランを変えてはなりません。ただし,めったに起きないけれども,起きたときには大変に大きな被害が生じることを想定して策定する「緊急時対応計画」,いわゆる「コンティンジェンシープラン(contingency plan)」は,いざという時に備えて実施準備をしておくべきでしょう。

改めて確認するまでもなく,「戦術」も,「戦略」同様に,問題を解決しようとしたり,何らかの課題を遂行しようとしたりする目的論的思考です。しかしながら,「戦略」が「大目的」を基軸にして固定すべき概念であるのと鮮明に対比できることは,「戦術」は「現実的状況」に応じて柔軟に変化させるべき点です。この意味で,「戦略的思考」が理想

主義的であるのに対して，機動的な「戦術的思考」は現実主義的です。

　いわゆる「戦術家（tactician）」は，諸々の方略を「変える（change）」というよりも「換える（exchange）」のにたけています。「一つの作戦（tactic）」に固執せずに，刻々と変わる現実に応じて，複数の方略を柔軟に交換しつつ使い分けます。たとえば，熟練した社会教育実践者は，当日の講座に参加した受講者の顔ぶれ次第で，講話中心で行うか，話しあい中心で行うかといったやり方を柔軟に変更することができます。

　こうした柔軟性は，「現場」における「駆け引き上手」につながります。そのためには，的確な現実認識が何より重要ですが，間違った判断をしてしまったと気づいたら，それに応じた速やかな「戦術変更」はもちろん，「方針変更」すらいといません。何種類かのプログラムを用意しておき，プランに応じて選択するという柔軟性を発揮します。

　ただし，「戦術的な」とか「戦術上の」を意味する形容詞 "tactical" には，「一時しのぎの」という意味もあります。「戦術的たること」は，「場当たり的たること」と紙一重であり，「その場しのぎ」の短期的成功に終わることも多いのです。「戦略なき戦術」の成功を繰り返すばかりでは，「本当の成功」から遠ざかってしまうかもしれません。「策士，策に溺れる」という失態は，こういった場面で起きがちなのです。

　いずれにしても，社会教育経営を論ずる上で，戦略的発想と戦術的発想とを分けておくことは有意義かつ必須です。社会教育についての総合計画が「経営戦略」に相当するのに対して，具体的な学習プログラムなどは「経営戦術」に相当します。

（2）「ロジスティクス」の視点の不可欠性

　社会教育に限ったことではありませんが，優れた技術やノウハウが出来上がっていても，それが実際に活用されなければ，宝の持ち腐れです。

そこで、いわゆる「ヒト・モノ・カネ」の視点が、方略を実際に運用していく上での現実的基盤として必要不可欠です。

第1に、何より最低限の「人的基盤」の充実が重要です。どんなに優れたマニュアルがあったとしても、それを実際に運用するのは、まさに人間だからです。また、必要なスタッフの人数が足りなければ、方略の実施にあたって無理がかかるので、最低限の量的確保が求められます。

第2に、「物的基盤」の充実が大切です。これには、活動に必要な最低限の物資だけでなく、活動場所の確保なども含まれます。社会教育で公民館が重視されるのには、こうした意味合いもあります。

第3に、「財政基盤」の充実が重要です。ヒトやモノの充実のためには、経済的裏付けが求められます。それは、必要かつ重要なスタッフには、それ相応の経済的処遇をするという意味でも、大切な観点です。また、資金調達それ自体は社会教育の仕事と直に関係ないのですが、社会教育を思う存分に実践するための前提条件作りとして仕事の一部になります。「群衆（crowd）」と「資金調達（funding）」とを組み合わせた造語の「クラウドファンディング（crowdfunding）」という資金調達手法など、社会教育においても、インターネットを活用して自らの経済的基盤を確保するための知恵が求められる時代となりました。

ところで、日本語で「兵站学」と訳される「ロジスティクス（logistics）」は、カタカナ英語としても定着しつつあります。この言葉は、「後方支援」とか「物資の総合管理や流通を進めるシステム」を意味します。食糧補給などにより戦略・戦術を実際に遂行する人を支えることが、現実的基盤として絶対に必要であるのは、「腹が減っては戦ができぬ」という諺を思い起こせば十分でしょう。ヒト・モノ・カネなどの効果的・効率的な「流れ」の創造が必要であり、それらと戦略・戦術との現実的なマッチングが大事だというわけです。

　たとえば，学習者の会場までの移動手段はどうなっているかなどといった配慮は，講座そのものには直に関わりませんが，受講候補者が参加するための前提条件として考慮すべきです。また，実際の事業では，ロジスティクスとして，様々な活動を行うための資金調達や予算確保がポイントになります。

　行政や企業などが自主団体に補助金を支給することがありますが，補助金頼みの運営にとどまらないようにすべきです。こうした補助金は，いわば自転車の補助輪のような，外すことが前提となったものであり，活動団体が自立するまでの猶予期間を得たと考えておきましょう。

4.　計画的思考のクローズアップ

　社会教育における「経営」概念を明らかにする上で，いったん回り道をしたいと思います。そこで「経営体」が，戦略的実践として，戦略的プランを創造する手順に着目しましょう。

（1）　構想力・実行力・実現力

　経営は，目的意識の高い社会的営みであり，それを実践の一つの形態であるとみなせば，「経営力」の中核に「実践力」が位置していると考えられます。筆者は，この実践力が，①構想力，②実行力，③実現力といった3つの側面もしくは3段階で成り立っているとみなし，**図2-3**のような図式を提案します。

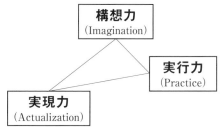

図2-3　「構想力－実行力－実現力」の循環的関係

　ここで，実践の3要素が，「構想」「実行」「実現」だとみなします。すると，実践力は，「構想力」「実行力」「実現力」の3要素で成立していることになります。NPO等の10人程度の小さなチームを例に取って，具体的にイメージしてみましょう。

　まず，何かをしなければならないとき，すぐに行動できる人がそろっているチームは，「実行力が高い」と言えるでしょう。ただ，行動すれば，それが必ずしも望むような結果につながるとは限りません。実行力が高いからといって，「労多くして功少なし」というのでは，優れた結果が出せるチームとは呼べません。

　このようなチームとは対照的に，結局は，優れた結果を出してしまう人がそろえば，「実現力が高い」と言えるはずです。「実現力」とは，一方で，「結果さえ出ていればよい」という「結果オーライ」に対する甘い考えにつながりますが，他方で，「一生懸命やっているから結果は気にしない」という言い訳を許さない厳しい考え方でもあります。

　いずれにせよ，「実行」と「実現」とは分けて考える必要があります。むろん，実行力が高いからこそ，実現力も高くなる可能性が広がります。しかし，実行力が高いのにもかかわらず，実現力が高くないチームも多数存在しています。逆に，実行しているかどうかが見えにくいのに，効率よく効果的な成果を出すような，実現力の高いチームもあります。

　とはいえ，目先の成功ばかり追うだけではダメです。長期的な視点に立たなければ，目先の成功が「後の大きな失敗」にすらつながるといった逆説的事態が生じるかもしれません。だから，「実行－実現」の単純な図式を総合的・俯瞰的にメタ認知できるような意味での「構想力」が不可欠となるのです。こうして，「構想力－実行力－実現力」の3要素が成り立つとみなせます。

　以上を踏まえて，「実践力」を豊かに肉付けた力量を，「経営力」と呼

ぶことにします。翻って，実践力は，経営力の骨格部分に相当します。たとえば，最終的には赤字にならない経営ができるのであれば，財務面の実現力があるということになります。節約を徹底した組織づくりができる人は，経済的に実行力があると言えます。節約のためのアイデアに優れている人は，財務的に構想力があるという話になるでしょう。

（2）「計画化・実施・評価」のサイクル

　戦略や戦術といった「方略」を，より包括的に体系化したものを，「計画」と呼ぶことができます。計画とは，前もって実践をリハーサルするようなものです。それは，「実践の計画化」とも呼べそうです。実際の実践は，計画化した事柄を実施し，それによって生じた一連の流れや結果を評価するという「動き」を見せます。

　いわゆる PDCA サイクルの下敷きは，「Plan（計画化する）−Do（実施する）−See（評価する）」という枠組みの「PDS サイクル」だと推察できます。この PDS サイクルは，計画を立てたら，それを実行し，その過程や結果などについて評価するというものであり，**図2−4**のように示せます。それは，至って単純なメリハリの利いた思考です。

　第1に，PDS サイクルが「計画化」と「実施」と「評価」の3項で成り立っている点が，時間論的に過不足がありません。「計画化−実施−評価」サイクルは，「実践を未来的に先取る〈計画化〉」「まさに現在進行形として展開する〈実施〉」「すでに過去となった事柄を対象化する

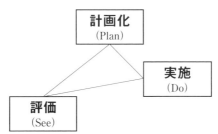

図2−4　「計画化−実施−評価」のトライアングル思考

〈評価〉」というように,「未来−現在−過去」という時間的流れに基づいて,過不足ない諸要素により構築されています*1)。

　第2に,「計画化−実施−評価」サイクルは,筆者が先に「構想−実行−実現」という形態で示した枠組みに呼応します。そのため,「構想を計画すること−実際に実施すること−実現した結果を評価すること」という組み合わせを整合的に提示できます。

　第3に,「計画化−実施−評価」の3項関係は,歴史の厳しい波の中で残り続けてきた思考法に近似しているという点でも理論的に洗練されています。筆者の着眼では,「計画化−実施−評価」は,論理構造として「立法−行政−司法」といった三権分立の考え方の骨組みに呼応する点で同型的であり,おのおのの要素の内容についても類似した面があります。筆者の図式に三権分立論を当てはめて,各要素について抽象度を高めた言い方をするのであれば,「ルール制定により未来の方向性を計画化することの一端を担う〈立法〉」「ルールに基づいて現在進行的に実施する〈行政〉」「過去に生じてしまった諸問題について,ルールに基づいて評価する〈司法〉」といった表現になります。

5. 社会教育行政への戦略・戦術論的応用

　戦略論と戦術論を,社会教育実践に応用してみましょう。そこでは,理論と実践との往還運動が試みられます。

(1)「時間・空間・仲間」という切り口

　学校の放課後の時間帯に公民館に集まってくる子どもたちを対象とした社会教育の関係者の間で,伝聞調で伝わってきたエピソードとして,「最近の子どもたちには,サンマがなくなった」というものがあります。ここでの「サンマ」とは,海で泳ぐ秋刀魚を指すのではなく,「3つの

間」のことを意味します。具体的には，「時間」「空間」「仲間」の3つ
の「間＝あいだ」を指すというわけです。

　1970年代の日本は，高度成長期であり，都会の子どもたちは学歴獲
得競争に駆り立てられていました。彼らが，時間と空間と仲間の3要素
を失ったとみなされたわけです。第1に，塾通いで忙しくなった子ども
たちは，遊ぶ時間を失いました。第2に，マンションなどの建設ラッシ
ュで空き地が少なくなってしまい，子どもたちは自由に遊ぶ空間を失い
つつありました。第3に，部屋に籠もって一人か二人でも遊べるテレビ
ゲームの普及により，空き地などで集団で遊ぶことが少なくなった子ど
もたちは，仲間づくりの機会を失ったと解釈できるわけです。

　しかしながら，こうした否定的な現実認識を，そのままにとどめてお
くだけでは，もったいないでしょう。発想を逆転させて，この「サンマ
＝時間・空間・仲間」をどのように企画し創造するかを，戦略や実践目
標として活用してみましょう。ここでは，便宜的ですが，「仲間」につ
いて「人間関係」という言葉で置き換えます。

　社会教育を進める上で，社会が，時間・空間・人間関係の3要素で立
体化されているとみなします。すると，社会を育むための戦略として，
「時間戦略」「空間戦略」「人間関係戦略」で構成してみるといった考え
方ができます。

　まず，まちづくりに応用してみます。高齢化が著しい地域では，高齢
者がどのように過ごすのが望ましいのかを想像してみましょう。一つの
地域で長い人生を過ごすことを踏まえると，家に籠もって孤立する時間
を過ごす高齢者が外出したほうがよいという話になるかもしれません。
また，外出できた高齢者どうしで仲間作りが進むことが，人間関係戦略
の要諦になるでしょう。とはいえ，実際に面と向かって人が集合する空
間がなければ手の打ちようがないので，新たに公民館を建設して活動場

所を確保しようという話になるかもしれません。

　次に，講座レベルでも，「サンマ戦略」は応用が利きます。受講生がただ話を聞いて帰って行くタイプの講座を実施するか，講座後の時間帯などを活用して仲間作りも促されるような講座を行うかで，リピーターの増加数は変わるでしょう。会場の大きさ次第で，実施可能な講座の規模は変わりますし，実施時間の設定を昼間にするか夜間にするかで，集まってくる学習者の属性は変わるでしょう。

　さらに，リモートでオンラインの交流の形式で行うときにも，「サンマ戦略」は応用できます。このやり方は，学習者が会場に行かなくてもよいため，物理的な意味での空間的制約からは自由になれるので，空間戦略としては可能性が大きく広がっています。また，移動時間が必要ない分だけ，参加できる受講者が増える余地が広がっています。しかしながら，互いに近くにいて互いの顔が見えて，互いの息づかいすら感じられるような体験が難しいぶん，仲間作りには苦労することでしょう。リモート型の講座では，そのための創意工夫が必要とされてくるというわけです。

（2）話題づくり・活気づくり・知恵づくり

　まちづくりと学習をつなげた戦術を考えてみます。メディア活用と生涯学習との連動で，「話題づくり，活気づくり，知恵づくり」の循環関係が生じます。

　まず，話題づくりです。たとえば，近所で何らかの面白いイベントをやり始めたとすれば，話題が盛り上がります。次に，その話題を広げていき，メディアに取り上げられたりすれば，そのことにより地域に活気が出てきます。さらに，活気が出てきたところで，自由に意見交換する雰囲気がある集団なら，知恵がどんどん出しあえます。それは，知恵が

相乗効果で生み出されあうような人間関係です。このとき，「話題づくりにつながる知恵」が出てくれば，改めて新たな話題が出てきやすいというわけです。

　話題を出すための知恵を絞る，話題ができて活気が出てくる，活気あるコミュニティの中で知恵が出る。こうして，PR 活動それ自体が，社会教育や生涯学習まちづくりにつながっていく方略を構成することがあるのです。

〉〉註

*1)　筆者は，こういった整理枠組みを，以下から着想した。真木悠介『人間解放の理論のために』，筑摩書房，1971 年，pp.3-95。

参考文献

伊丹敬之（2020）『直感で発想　論理で検証　哲学で跳躍—経営の知的思考』東洋経済新報社
岡本薫（2011）『なぜ日本人はマネジメントが苦手なのか』中経出版

学習課題

　自分の過去を振り返ってみて，戦略的思考法を身につけていれば，もっと状況を良くできていたのではないかと思える経験を想起し，一般化できる論点を見いだした上で，学校教育も含めた生涯学習振興の在り方について，あなたなりの提言を行ってください。

3 | 社会教育行政と地域活性化

佐々木　英和

《目標＆ポイント》　社会教育の直接の行政目的は，地域活性化ではない。だが，社会教育振興が地域づくりにつながっているという諸々の現実を踏まえ，そのメカニズムを把握し直す。その際，社会教育行政が首長部局などと連携を取りながら，ネットワーク型行政を進めていく実際的意義を論じる。
《キーワード》　生涯学習まちづくり，知の循環型社会，持続可能性，SDGs，ダイバーシティ，エコミュージアム，ネットワーク型行政

1.「生涯学習まちづくり」の歴史的展開

　社会教育といった場合の「社会」には様々な意味合いがありますが，「地域」が主題となる場合には，「物理的な意味で区分された一定の地理的空間」である「エリア（area）」をある程度まで念頭に置いた上で，「諸々の人間により構成された生活空間」を意味する「コミュニティ（community）」すなわち「地域社会」を指すと考えてよいでしょう。つまり，社会教育において，「地域」という表現が用いられたときには，直接的か間接的かはともかく，個人および社会，もしくは人間関係などといった人的要素があらかじめ想定されています。社会教育実践者の中には，本人が明確に自覚していなくても，潜在的には，こうした発想の延長線上で「地域社会を育む」という意味合いの活動を営んでいる人が多いのです。
　ところが，まちづくりや地域づくりとの絡みでは，社会教育よりも生

涯学習という表現を用いて，そうした活動の重要性が広く認識されていったという歴史的事実が指摘できます。むろん，生涯学習は，個人の生涯を基準にして生まれた考え方であるため，もっぱら個人に関わると思われがちです。しかし，「生涯学習まちづくり」という言葉が先行する形で，まちづくりと生涯学習とをつなげて考える発想も広がりました。

（1）　地方自治体の先導的役割

　国レベルで公式に「生涯学習」という言葉が打ち出されたのは，1981（昭和56）年6月に中央教育審議会答申「生涯教育について」で，「生涯教育」と「生涯学習」といった混同されがちな用語を区別した際でした。しかし，国よりも早く「生涯学習」というキーワードを旗印にして地域づくりを推進した地方自治体の存在を忘れてはなりません。それが静岡県掛川市であり，1979（昭和54）年には，全国で初めて「生涯学習都市宣言」を行っています。この極めて先駆的な動き方には，1977（昭和52）年から2005（平成17）年まで掛川市長を務めた榛村純一のリーダーシップが大きく影響しています。

　榛村は，明治以来の教育は富国強兵・殖産興業をめざし，戦後復興の教育も「先進国に追いつき追いこせ」をめざしていた結果，ふるさとを捨てて都会に出て行く「向都離村」の教育であったと考えていました。そこで，榛村は，自分の居住する山や村を「学びの場」として自らを高めて，地元に居残って誇り高く生活し，子どもたちにも自信を持って地元に残るよう言える大人になるとともに，そう言えるまちづくりをしなくてはいけないという選択定住の教育を進める運動を始めたのです。つまり「まちづくりは人づくり，人づくりは生涯学習」であると同時に，子どもたちに尊敬される親や大人にならなければならず，それには常に自分を高める生涯学習が大事，という結論に至ったのです*[1]。

　このように，掛川市の生涯学習運動は，榛村市長の切実な問題意識より開始されました。その源流となる着眼点は，地域再生的です。

（2）　学習環境の醸成としての「生涯学習を進めるまちづくり」の発想

　1980年代後半は，国民が生涯学習を盛んに行うという状態を実現するための手段として，まちづくりに期待が集まった時代でした。中曽根康弘総理大臣（当時）の直属で総理府（当時）に設置された臨時教育審議会が1987（昭和62）年に出した第3次答申では，「生涯学習の基盤整備」の施策の一つとして，「生涯学習を進めるまちづくり」が提示され，「地方が主体性を発揮しながら，まち全体で生涯学習に取り組む体制」を整備することが目標化されました。

　この答申は，環境が人々に及ぼす影響力は強く，特に環境による教育効果は非常に大きいという認識を示した上で，教育・研究・文化・スポーツ施設のインテリジェント化に関して，コンピュータ・ビデオ・光ファイバー・宇宙衛星などを活用した新しいタイプの情報通信機能を備えるとともに，光・緑・水などの自然や地域の文化などを取り入れた快適な空間を確保するという構想を提言していました。この発想は，新たに施設をつくる際はもちろん，既存の施設を有効活用する際にも，ハード面における生涯学習振興の指針にもなっていました。

（3）　ハード面を整備するまちづくり

　1990年代前半は，教育界のみならず，経済・労働などの多領域にわたって通底するキーワードとして，「生涯学習」が注目されていました。「生涯学習の振興のための施策の推進体制等の整備に関する法律」（いわゆる「生涯学習振興法」）が1990（平成2）年6月に公布されたことにより，その重要性は，日本全国の地方自治体にも知れわたりました。そ

の意味で，「生涯学習ブーム」が起きたのです。

　このとき，同年 1 月に出されていた中央教育審議会答申「生涯学習の基盤整備について」の「地域における生涯学習推進の中心機関等について」という項目において，「生涯学習センター」（仮称）が中核的キーワードとして示されていたことに，大きなポイントがあります。この答申は，必ずしも生涯学習振興のハード面だけを強調したものではないのですが，1990 年代前半には，当時の建設ラッシュに便乗する社会的ムードが追い風となり，全国各地の自治体で「生涯学習センター」と銘打った立派な建物が次々と建設されていく起因になったと言えるでしょう。

　そのため，地方の行政関係者の中には，「生涯学習」という看板を伴った建物を造ったり土地利用について考えたりする施策や事業こそが「生涯学習まちづくり」そのものを意味すると取り違えた人が多く出現しました。だから，生涯学習振興という名目で，立派な施設を用いて大きなイベントを開催することそれ自体が目的となっていても，それをきっかけとして住民一人ひとりの生涯学習活動を丁寧に支援するという発想にまでは至らなかった自治体が大半を占めていたのです。

（4）　学習成果を活用するまちづくり

　学校教育であれ社会教育であれ，教育に直に携わっている人は，まちづくりでは「ひとづくり」が不可欠だと考える傾向が強いものです。教育関係者は，ひとづくりが基盤になってこそ「真のまちづくり」が成り立つと考え，事業やプログラムなどのソフト面の充実を必要条件だとみなしがちです。そのため，まちづくり活動を行う人材を育成することを，まちづくりそのものだと解釈することすらあります。

　1990 年代後半以降は，「まちづくりに生涯学習の成果を生かす」という発想が，国策として前面に出てきました。文部省（当時）が 1999（平

成 11）年に出した生涯学習審議会答申「学習の成果を幅広く生かす―生涯学習の成果を生かすための方策について―」では，「生涯学習による地域社会の活性化の推進」という文脈で，「生涯学習のためのまちづくり」から「生涯学習によるまちづくり」への意識の転換が必要であるとともに，学習成果がまちづくりに生かされる仕組みが必要となることも述べています。この答申のポイントは，「生涯学習のためのまちづくり」と「生涯学習によるまちづくり」とを分けて考えていることです。前者では，まちづくりが生涯学習の手段となるのに対して，後者では，まちづくりは生涯学習の目的に位置づくことになります。この答申は，後者の発想を踏まえて，「生涯学習の成果を生かす」ことの意義を強調しています。「地域の再生，地域社会の活性化そのものが問題となっている状況からして，また，生涯学習によってこそ最もよく地域社会の活性化が実現されるとすれば，一歩踏み込んで生涯学習の振興によって，とりわけ人々が生涯学習の成果を生かすことによって，地域社会の活性化，まちづくりを進めることに積極的に取り組む必要がある」と，この答申は述べるのです。

　したがって，まちづくりを目的に位置させる場面では，個々人の生涯学習を手段に位置づける必要があるという話になります。国の文教行政でも，生涯学習は，地域社会の活性化にとって，単なる付け足し的な要素ではなく，有効かつ必要不可欠な手段だと強調され始めたのです。

（5）　人間関係づくりへの着目

　2018（平成 30）年 12 月に出された中央教育審議会答申「人口減少時代の新しい地域づくりに向けた社会教育の振興方策について」（以下，「2018 中教審答申」と略す）では，「地域における社会教育の意義と果たすべき役割」として，「社会教育を基盤とした人づくり・つながりづ

くり・地域づくり」が強調されました。この答申では，「つながりづくりという側面」について，住民相互の関わりという点では，社会教育における学びの場では，住民の学びを通じたつながりの輪の中で，同様の悩みや類似の関心を持つ者どうしの助け合いや，異なる意見を持つ他者との対話や議論が生まれると説明しています。つまり，相互学習を通じて，相互に理解し認め合うことによる自己肯定感や幸福感，つながり意識などが醸成され，住民どうしの絆が強まるなどの効果がもたらされるというわけです。

　人間関係づくりの重要性は，社会教育関係者の間では重々わかっていながらも，これまでは公的には強調される形で明文化されていなかったものです。2010年代後半になってようやく，地域づくりにおいて人間関係を特筆する視点が，政策的に前面に大きく打ち出されたのです。

2. 地域づくりの基本指針

　人々が生きる身近な地域に関して，生活の場，仕事の場，教育の場，文化の場などを生き生きとした姿にすることをめざす営みを，「地域振興」や「地域活性化」と呼ぶことができます。そこには，緊急目標として，衰退が激しく根底から問題を解決したほうがよいと判断される地域社会を蘇らせようとする「地域再生」も含まれます。そして，これらについて，「地域づくり」という言い方でひとくくりにすることができます。

　どのように地域を振興・活性化・再生するかについて，その具体的方向性は様々です。ここでは，生涯学習・社会教育の特質を生かすと，どのような地域社会の実現に寄与できそうかについて，いくつかの例題として示していきます。

（1）「知の循環性」が生きる地域社会

　2008（平成20）年2月に出された中央教育審議会答申「新しい時代を切り拓く生涯学習の振興方策について〜知の循環型社会の構築を目指して〜」では，真の生涯学習社会の実現のためには，各個人が学習したことにより得られる多様な経験や知識等の「知」が社会の中で「循環」し，それがさらなる「創造」を生み出すことにより，社会全体が発展していく持続可能なシステムが社会の中に構築される必要があると提言しています。この「知の循環型社会」では，国民がそれぞれ学ぶことができる機会の充実を図るのみならず，人々の経験や知識等の幅広いあらゆる「知」が社会の中の様々な主体間（たとえば，地域と学校，大学と企業，各家庭間等）や世代間で共有・継承され，それらの学習した成果が活用され，社会に還元される仕組みを形成していくという話になっています。そこで，「知の循環性」理念を実現するヒントを得るために，1990年代後半の国策として，「生涯学習のためのまちづくり」と「生涯学習によるまちづくり」との対比がなされていたことを踏まえて，理論的考察を深めてみましょう。

　まず，「生涯学習のためのまちづくり」については，まちづくりが生涯学習の手段に位置します。ここでのまちづくりとは，個々人の学習の社会的広がりを考慮して，そのまちに在住・在勤する一人ひとりが生涯学習を行えるような環境が十分に醸成された地域社会を創造することです。「生涯学習のためのまちづくり」は，実質的に「生涯学習振興のためのまちづくり」と同義だとみなせます。

　たとえば，公民館・図書館・博物館などの社会教育施設や生涯学習センターなどの施設を整備したり，高等教育機関等との連携を図ったりするなどして，個々の住民が選択しうる学習機会を質・量ともに充実させることができれば，「生涯学習振興のためのまちづくり」の必要条件は

整います。その上で，このようにして整備された社会環境の中で，住民の多くが実際に学習活動に打ち込んでくれる状況に至れば，この「生涯学習振興のためのまちづくり」は十分条件を満たしたことになります。

　実際，生涯学習を生きがいと感じ，いきいきと生きられている高齢者が増えて，まちが全体として活性化する事態が頻繁に起きています。これは，「生涯学習振興によってもたらされたまちづくり」という意味では相当に成功しています。

　これらとは対照的に，「生涯学習によるまちづくり」とは，まちづくりを目的としており，住民が生涯学習を進めることは手段に位置づきます。そして，その名にふさわしい水準の成功のためには，行政や地域住民が単に学習活動を行っていることだけに満足せず，まちづくりに対して，その豊富で多様な学習成果を意図的に生かそうとする姿勢が必要となってきます。ここでは，「学習成果を生かす」ための各種の条件整備が大前提となるので，「学習成果の活用を社会的に振興すること」が必要条件となります。よって，「生涯学習によるまちづくり」とは，実質的には「生涯学習の成果活用の振興によるまちづくり」を指す場面がほとんどです。たとえば，生涯学習講座で養成された人材が，互いの知識や経験を共有して学びあったり，新たに獲得した知識などをハード面の整備に具体的に活用したりするなどといった経路で，その学習成果を，まちづくりの実際的場面で生かしていくことです。

　ここで，「生涯学習のためのまちづくり≒生涯学習振興のためのまちづくり」と「生涯学習によるまちづくり≒生涯学習の成果活用の振興によるまちづくり」との関係は，互いに互いを促しあうような好循環を生み出すことに注目しましょう。住民たちが生涯学習を進められる環境が整えば整うほど，直接的か間接的かはともあれ，その学習成果を，まちづくり活動に対して活用するための必要条件が整います。逆に，まちづ

くり活動についての学習成果の発揮を実質化させるためにこそ，改めて学習や学習活動が可能な条件整備が求められます。そして，両要素を土台から支えるとともに，こうした関係を好循環させる原動力となるのが，住民どうしのつながりや交流なのです。

　ところで，2014（平成26）年9月に，当時の看板政策として前面に打ち出された「地方創生」は，その目的を，東京圏への人口の過度の集中を是正し，それぞれの地域で住みよい環境を確保して，将来にわたって活力ある日本社会を維持することだと明示しています。これは，全国的な地域の疲弊を挽回しようとする政策です。

　とはいえ，全国的な概況を鑑みるに，この地方創生に関して，生涯学習や社会教育の視点が十分に生かされているとは言いがたい状況です。確かに，まちづくりについての知恵を出す人材を確保するための手っ取り早いやり方として，中央から派遣された官僚，コンサルタントやシンクタンクなどの外部機関に任せることは可能です。しかし，外部人材から貪欲に学び取ろうとする意志がある行政関係者や住民が多いならともかく，もっぱら一時しのぎの手段に依存しがちなまちづくりは，長期的には「まち壊し」の端緒を開く危険性すら高めてしまいます。見方を変えれば，「住民自身による学習の蓄積に乏しいまちづくり」は，結局は失敗に帰しがちです。これとは逆に，「お任せ的」ではなく，住民自身が地域づくりの過程そのものに参加・参画する動きが盛んになり，「行政と住民との協働」はもちろんのこと，「住民主体の地域づくり」につながれば理想でしょう。

　むろん，生涯学習や社会教育の視点を重視すれば確実に成功するという保証はなく，それが直に地方創生につながるわけではありません。しかし，地方創生が，掛け声だけで首尾良く運ぶことは全く期待できません。老若男女を問わず，学習に熱心な住民が大勢いて，まちづくりにつ

いての学習成果が効果的に集約されるような環境の醸成は，地方創生の成功のための十分条件ではありませんが，そのための必要条件です。

（2）　持続可能な地域社会

　地域社会の問題が複雑な要素を持ち，その地域単独では解決できない場面が増えています。そこで，世界的視野に立って，個々の地域の問題の解決を図るヒントを探るという発想が出てきました。たとえば，"Think globally, Act locally!" つまり「世界規模でものを考え，身近な地域で活動しなさい」という標語は，その象徴です。さらに，「地球規模の」とか「世界規模の」を意味する「グローバル（global）」と「地方の」や「地域的な」を意味する「ローカル（local）」とを掛け合わせた造語の「グローカル（glocal）」も，一般的になりつつあります。

　21 世紀以降，国際連合（United Nations）は，開発途上国はもちろん，全世界の国々が取り組むべき目標として，「持続可能性（sustainability）」をキーワードとして打ち出すようになりました。日本の地域づくりを考える上でも，SDGs（Sustainable Development Goals）つまり「持続可能な開発目標」の観点が強く意識されるようになりつつあります。2015（平成 27）年の国連サミットにおいて全ての加盟国が合意した「持続可能な開発のための 2030 アジェンダ」の中で掲げられ，2030（令和 12）年を達成年限とする SDGs は，「誰一人取り残さない（leave no one behind）」持続可能でより良い社会の実現をめざす世界共通の目標です。この詳細として，①貧困，②飢餓，③保健，④教育，⑤ジェンダー，⑥水・衛生，⑦エネルギー，⑧経済成長と雇用，⑨インフラ・産業化・イノベーション，⑩不平等，⑪持続可能な都市，⑫持続可能な消費と生産，⑬気候変動，⑭海洋資源，⑮陸上資源，⑯平和，⑰実施手段，といった 17 の大目標が示され，それらに呼応させる形で 169 の小目標が示され

ています。

　社会教育関係者が直に意識すべき大目標の「④教育」では，「すべて
の人に包摂的かつ公正な質の高い教育を確保し，生涯学習の機会を促進
する」と明示されており，生涯にわたって学び続ける環境の整備が目標
となります。加えて，社会教育行政には，「⑰実施手段」において，「持
続可能な開発のための実施手段を強化し，グローバル・パートナーシッ
プを活性化する」という面でも活躍の余地があり，社会教育関係者のフ
ァシリテーション能力の発揮などが期待されます。

（3）　多様性が尊重される地域社会

　地域の在り方を論じる上で，地域社会の構成員の「多様性（diversity）」
が鍵になっています。マスコミや行政広報などでも，「ダイバーシティ」
というカタカナ英語も，頻繁に目にしたり耳にしたりするようになって
きました。

　地域における住民の日々の過ごしやすさは，身体等の障害の有無によ
って異なりますし，年齢を経て高齢者になっていくにつれ，様々な形で
の不便さなどを実感する人も増えてきています。また，日本でも国際化
が一気に進み，国籍・民族・人種・文化などの違いを意識する場面が増
えてきました。さらに，これまでの日本社会で不可視の状態で放置され
ていたとはいえ，多数派の価値観を「一般的」や「普通」と置き換えて
少数派の尊厳を抑圧する姿勢から脱却しようとする動きも生まれてきて
います。性的指向性を伴うアイデンティティの問題としては，社会的に
は「性的少数者」に相当するLGBT（Lesbian, Gay, Bisexual,
Transgender）の人達にも，焦点が当たるようになってきました。この
ように，多種多様な属性を超え，「多様性」というキーワードに集約さ
れる動きがあり，「すべて国民は，個人として尊重される」（日本国憲法

第13条）を，世界市民を対象として，一人ひとりの個人に対して適用するレベルに拡張しようとする社会的理想が垣間見えます。

　そもそも社会教育は，多様性の実現にとって有効な方法です。ややもすると画一化しがちな学校教育では実行するのが難しい施策・事業について，機動的で柔軟に動ける社会教育への期待は大きいのです。

3. 学習環境づくりによる地域活性化

　社会教育は，教育概念を広く捉え，かつ柔軟化させることを求める実践だという性格を持ち合わせています。その実現につながる論理的な枠組みをしっかり考えておきましょう。

（1）地域社会の可能性を引き出す社会教育

　まずは，「教育」に相当する英単語の "education" の動詞 "educate" が，「引き出す」という意味を持つラテン語の動詞 "ēdūcere" から派生していることに着目します。そうすると，教育という言葉の中核には，「教える」に代表される「（外から内へ）差し入れる」というイメージとは真逆の方向で，「（内から外へ）引き出す」を軸として，教育概念を捉え直すことが可能になります。

　そこで，社会教育を，「社会から引き出すこと」と言い換えてみます。すると，社会教育について，個々の地域に内在する可能性を引き出すと捉え直す方向性が強調でき，新規創造だけでなく，既存のものを改めて引き出すという発想で地域づくりが展開できます。地域の歴史，地域に残る自然・伝統・文化などの可能性を引き出すのが，社会教育です。

（2）学習機会を網羅した地域づくりの学習理論

　それこそ，「教育っぽくない教育活動」ですが，お祭りや地域行事な

どの諸活動の中にも教育的チャンスは数多くあるというのが，社会教育的な発想です。つまり，明確な教育目的がなくても，人間に学びのチャンスを与え，人間が育っていく様子を，事後的に「教育」とみなす考え方です。そこで，「学習環境」概念を広く捉える必要があります。

　まずは，地域の生活圏の全体を「博物館」と見立てて，地域内外の人にとっての有益な学習環境の活性化を図る「エコミュージアム」の発想に注目してみます。たとえば，山形県朝日町は，「まちは大きな博物館」と「まち全体が博物館，町民すべてが学芸員」をキーワードとして，エコミュージアムを地域づくり計画の中に位置づけ，観光振興にもつなげる形で，地域社会の学習環境の豊穣化に努めています。

　この域に至ると，単に「教える－学ぶ」という狭義の教育概念を前提にして，学習概念を捉えることはできません。いわば「環境による教育・学習促進」を体系的に把握するための理論枠組みが必要です。

　それでは，その環境の整え方について，理論的な角度から一般化して整理してみましょう。「無自覚的－自覚的」という軸と，「自生的－他者依拠的」という軸とを用意して，筆者が図式化したものが，図3-1です。まず，「学習すること」には，本人の自覚がないまま無意識的に進んで

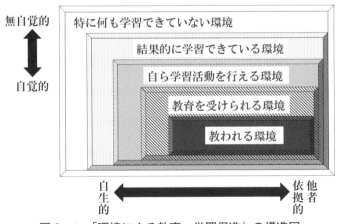

図3-1　「環境による教育・学習促進」の構造図

いる面があるのに対して，「教わること」は，意識的もしくは自覚的に
選択された行為とみなせます。また，「学習活動を進めること」は，教
育機会を与えてくれる他者を介さなくても成り立ちうるという点で「自
己依拠的」もしくは「自生的」という性格が相対的に強いのに対して，
「教わること」は，他者の助力無くして成り立たないという意味で「他
者依拠的」です。こうして，学習環境を模式的に示せば，「特に何も学
習できていない環境」「結果的に学習できている環境」「自ら学習活動を
行える環境」「教育を受けられる環境」「教われる環境」といった5層を
重層的に想定できます*2)。

　説明の便宜になりますが，「外国語学習を重点化した生涯学習まちづ
くり」を例題としてシミュレーションします。まちづくりの目的を，老
若男女を問わず，外国語を学びやすい環境を整えることとします。

　第1に，「教われる環境」を整備するレベルでは，英会話講座はもち
ろん，諸々の外国語について教わったり，たしなみとして多言語にわた
って初歩的素養を教授されたりする講座や，外国語学習のコツを伝授し
てもらえるような講演会の開催などが考えられます。ハード面では，そ
のための教室や講義室などの準備が要るでしょう。

　第2に，「教育を受けられる環境」を整備するレベルでは，単に「教
わる」レベルにとどまらない各種の条件整備が求められます。ハード面
では，地域住民が調べ物をしたいときに使えるような情報通信ネットワ
ーク環境を整えたり，外国語に関する各種情報に触れられるような図書
室を整備したりする必要が出てきます。

　第3に，「自ら学習活動を行える環境」を醸成するレベルでは，外国
人が気軽に立ち寄れたり，地域住民が相互交流しながら学びあえたりす
るような自由なサロン的空間を創出することが有効です。公民館をはじ
めとした社会教育施設の講義室などはもちろん，集会所の部屋などの貸

し出しのシステムを整えて，住民の便宜を図るべきでしょう。時に，新規施設の建設が必要な場合も出てくるでしょう。

　第4に，「結果的に学習できている環境」を醸成するレベルは，住民が自然体で外国語に触れる環境を豊かにすることです。国際化の時代には，苦手意識から外国語にアレルギーを持ち，その学習を遠ざけがちな人が，気づいたら外国語になじんでいるような自然な環境が少しでも多く存在することが求められます。人の集まる場所で，英語などの外国語そのものがBGMのごとく流れている空間があれば，いつの間にか耳が慣れて，子どもはもちろん，大人の聴き取り能力も高まるはずです。

　こうした環境を，特定施設だけでなく，地域のあちこちに設けて「まち全体を見すえた学習環境整備」へと広げて展開するという手があります。様々な国の人に対するサービス充実である多言語表示の掲示板は，好奇心旺盛な子どもにとっては，視覚的な次元で外国語に触れることが日常化していくことにつながるので，言語学習に興味・関心を持つきっかけになるはずです。

4. 社会教育行政による地域振興的な基盤整備

　社会教育行政にとって，地域づくりは直接的な行政目的ではありません。しかし，その十分な実行により期待される効果としては，地域振興・地域活性化・地域再生があります。社会教育行政は，実質的には，教育行政と地域振興行政との交差点に位置します。

(1)「ネットワーク型行政」としての社会教育行政

　1998（平成10）年に文部省（当時）から出された生涯学習審議会答申「社会の変化に対応した今後の社会教育行政の在り方について」では，「広範な領域で行われる学習活動に対して，様々な立場から総合的に支

援していく仕組み（ネットワーク型行政）を構築していく必要がある」
という認識のもとに，「社会教育行政は生涯学習振興行政の中核として，
積極的に連携・ネットワーク化に努めていかなければならない」と断言
しています。つまり，「ネットワーク型行政」という言葉を強調し，社
会教育行政に「行政ネットワークの扇の要」のような役割を持たせよう
とするわけです。社会教育行政は，生涯学習振興行政の中核として，学
校教育や首長部局と連携して推進する必要があるのみならず，生涯学習
施設間や広域市町村間の連携等にも努めなければならないというわけで
す。これについて，順不同ですが，少なくとも以下の7つの角度からネ
ットワーク化を進めるよう意識すべきでしょう。

　第1に，学校との連携です。子どもたちの成長のために，学校教育と
社会教育との連携が必要です。また，高度化した人々の学習ニーズに対
応するためには，大学等の高等教育機関との連携が不可欠です。特に大
学公開講座は，地域住民と大学とをつなぎ，大学の敷居を低くする入口
機能の役割を果たすものとして極めて有効かつ重要です。他にも，科目
等履修生制度の充実や夜間大学院の開設等，社会人が大学の単位を修得
したり，修士課程，博士課程を履修することができたりするなど，大学
における社会人の受け入れを進めるべきです。

　第2に，施設間のネットワークです。公民館・図書館・博物館などの
社会教育施設間のみならず，首長部局が所管する各種の施設等との積極
的な連携を促進し，住民にとって利用しやすい生涯学習施設のネットワ
ークを構築していくことが必要です。

　第3に，首長部局との連携です。行政サービスの提供者がどの部局で
あるかは，住民にとって大して重要な意味を持ちません。たとえば，青
少年教育，男女共同参画社会の形成等の諸活動は，地域全体で取り組む
ものであり，それぞれの地域の実情に即して，教育委員会と他の部局が

連携協力して推進していく必要があるでしょう。

　第4に，民間の諸活動との連携です。社会教育行政は，社会教育関係団体，民間教育事業者，ボランティア団体をはじめとするNPO，さらには，町内会等の地縁による団体を含めた民間の諸団体と新たなパートナーシップを形成していくことが必要です。

　第5に，人材間の連携です。各教育委員会における社会教育主事の配置の充実やネットワーク化とともに，社会教育主事が，単に教育委員会の枠内での業務にとどまらず，首長部局に関わる様々な主体なども含め，広く社会教育に関する取り組みを積極的に支援することは，新しい可能性を開くことでしょう。

　第6に，市町村の広域的連携です。たとえば，小規模の町村では，単独で充実した博物館などを整備することは容易ではなく，市町村が広域的に連携して社会教育行政に取り組むことが効率的です。連携の手法としては，一部事務組合等による事務処理の広域処理化や，各市町村が共催負担金を拠出し協力して事業を行い，事務局を持ち回りで受け持つ体制を整えるなどの方法があります。

　第7に，民間団体どうしの縦横無尽のネットワークです。それを可能にする「はじめの一歩」となるような行政支援などが求められます。たとえば，情報機器の操作などに慣れていない人達に，SNSなども含めた情報通信ネットワークに参加できるための支援を行うべきでしょう。

（2）　社会教育施設に期待される地域振興的役割

　2018中教審答申は，社会教育施設の将来像に踏み込んだ提言を含んでいます。これによれば，社会教育行政には，一人ひとりの生涯にわたる学びを支援するという役割に加え，住民参加による課題解決や地域づくりの担い手の育成に向けて，住民の学習と活動を支援する機能をいっ

そう強化することが求められるようになってきました。この答申では，社会教育法，図書館法，博物館法を念頭に置きつつも，地域活性化における各施設の役割の付加が提言されています。

　第1に，公民館については，物理的空間として多角的に活用されようとしています。地域コミュニティの維持と持続的な発展を推進するセンター的役割が期待されるほか，地域の防災拠点としての機能が明確に位置づけられつつあります。

　第2に，図書館についてです。図書館とは，図書，記録その他必要な資料を収集し，整理し，保存して，一般公衆の利用に供し，その教養，調査研究，レクリエーション等に資することを目的とする機関です。しかし，図書館には，他部局と連携した個人のスキルアップや就業等の支援機能が期待されるほか，住民のニーズに対応できる情報拠点であることなども求められています。

　第3に，博物館は，歴史・芸術・民俗・産業・自然科学等に関する資料を収集して保管したり，展示して教育的配慮の下に一般公衆の利用に供し，その教養，調査研究，レクリエーションなどに資するために必要な事業を行ったりすることなどを目的とする機関です。しかし，博物館に対して，学校における学習内容に即した展示・教育事業の実施はもちろん，観光振興の役割も期待されるようになり，さらには国際交流の拠点の意味合いも持たされつつあります。たとえば，何らかの興味を引く作品のある美術館があれば，そこを目当てに来訪する外国人などをターゲットにした集客目的の事業を行うことも出てくるでしょう。

　さらに，先の答申の提言とは別に，「社会教育関連施設」とか「社会教育関係施設」と呼ばれる施設にも目配りしておきましょう。青少年教育施設や女性教育施設などには，教育対象を明確にした社会教育の役割が求められていますが，そこで育成された青年リーダーや女性指導者な

どが地域づくりに貢献することも期待されています。また，体育館など
が，スポーツ振興による地域活性化の拠点になることも期待されます。

　ただし，社会教育施設や関連施設が地域振興に果たしてきた役割およ
び期待される成果を，そのまま行政目的として積極的に位置づけるかど
うかに関しては，丁寧な議論が必要です。まして，公共社会教育施設に
ついての所管については，特例措置を考慮しつつも，慎重な検討が求め
られます。

〉〉註

＊1）　大西珠枝・榛村純一『まちづくりと生涯学習の交差点―掛川市教育長の2年
9ヶ月―』，ぎょうせい，1996年，pp.278-281。
＊2）　この理論の詳細は，以下を参照。佐々木英和「『学び場』の理論―生涯学習
の活動形態の多種多様性を整理する枠組み―」一般財団法人日本青年館「社会教育」
編集部編『社会教育』2018年6月号（第864号），日本青年館，2018年，pp.8-9。

参考文献

小松光一編（1999）『エコミュージアム―21世紀の地域おこし』家の光協会
深見聡（2007）『地域コミュニティ再生とエコミュージアム―協働社会のまちづく
　り論―』青山社

学習課題

　自分の在住・在勤の地域を素材として，生涯学習まちづくりを進めて
いくための構想を自由に発想し，その実行方法を提案してください。

4 ｜ 社会教育施設の経営

佐藤　晴雄

《目標＆ポイント》　社会教育施設のうち公民館，図書館，博物館のそれぞれ
の経営に関わる特徴と実際について理解を深めるとともに，今後の課題につ
いて考える。
《キーワード》　公民館，図書館，博物館，アフォーダンス，仕掛け，教育委
員会と首長部局

　近年，社会教育関係部署が首長部局に置かれる傾向も見られますが，
社会教育や生涯学習に関わる行政が住民の学習活動を支えるという独自
の役割を果たすことに変わりありません。そこで，学習の機会と場を提
供する公民館の歴史と経営を中心に，図書館や博物館の経営についても
触れて，その理論と実践事例を通して今後の社会教育施設の在り方を論
じていきたいと思います。

1. 社会教育施設の種類と意義

　社会教育施設は学習施設というよりも教育施設として性格づけられる
ことから，もともと教育委員会の所管として設置・運営されてきました。
近年は学習施設という名称も用いられますが，そうなると，首長部局が
所管する文化センターなどの施設も含まれることになります。社会教育
施設は「教育機関」であることを理解する必要があります。「教育機関」
は，教育・学術・文化に関する事業や研究・研修を行うことを主目的に

し，専属の物的・人的施設を備え，かつ継続的に事業運営を行う機関だと定義されます[1]。ここで重要なのは，研究・研修を行い，専属の人的施設を備えるという点です。つまり，一般的に首長部局の学習施設は貸館業務と学習事業を行うことはあっても，研究・研修まで行う例はまれで，公民館主事などの専属職員を設置することはまずないからです。これらの点に学習施設と教育施設の違いがあると言ってよいでしょう。

　社会教育施設のうち具体的な法的基盤を有するのは，公民館，図書館，博物館であり，これらは社会教育施設の3大施設になります。公民館は社会教育法に基づき，図書館と博物館はそれぞれ図書館法と博物館法を法的根拠とします。そこで以下では，多くの社会教育主事が関わりを持つ公民館の経営を中心に取り上げるとともに，図書館および博物館にも簡潔に触れて，最後に社会教育施設共通の経営の在り方について述べていくことにします。

2．公民館の歴史と経営

（1）　公民館の歴史

　社会教育法は1949（昭和24）年に制定されましたが，現行の同法は公民館を以下のように定義しています。

　　　　公民館は，市町村その他一定区域内の住民のために，実際生活に即する教育，学術及び文化に関する各種の事業を行い，もつて住民の教養の向上，健康の増進，情操の純化を図り，生活文化の振興，社会福祉の増進に寄与することを目的とする。（社会教育法第二十条）

　公民館は，一定のエリアを担当し，教育事業等によって教養の向上や健康増進のほかに，社会福祉など多様な目的に寄与することが求められているのです。

　戦前までの日本には社会教育の専用集会施設が存在せず，社会教育活動は役場や学校，寺院，個人宅などが会場として用いられていましたが，戦後になると，文部省社会教育課長の寺中作雄の主導によって公民館が創設され，徐々に各地に普及していきました。

　寺中作雄は，公民館の役割について，①社会教育機関，②社交娯楽機関，③町村自治振興機関，④産業振興機関，⑤新しい時代に処すべき青年の養成機関として機能するよう主張しました（寺中，1995，pp.192-202）。

　したがって，公民館は，創設当初には「町づくり村づくりのための機関としてよろず屋的に受け取られていた」（『学制百年史』）のです。生活・文化の場や地域拠点として機能するだけでなく，産業振興や職業訓練，保健所機能も担い，図書の貸し出しや資料展示を行い，さらに結婚式場として施設を提供する例も見られました。しかし，時代が進み，産業会館や図書館，博物館，保健所などの専門施設が設置されると，公民館は社会教育施設としての役割に特化されるようになったのです。

　現在の公民館の基本的機能は，「集う」「学ぶ」「結ぶ」という3点に集約できます（丹間，2019，p.48）。近年はその所管を首長部局に移管して市民センター等に変更する自治体が現れ，「学ぶ」機能よりも貸館として「集う」ための機能が強まっているのです。

　しかし，公民館は単なる貸館ではなく，学習事業実施機能（「学ぶ」）を重視しています。さらに，公民館運営審議会などを通じて，人々や団体の交流を促す「結ぶ」施設としての役割も期待されるのです。

（2）　公民館経営の特徴

1）　公民館の設置・運営基準

　公民館の施設・運営の在り方は1959（昭和34）年の「設置基準」（告

示形式）で定められ，また「公立社会教育施設整備費補助金」制度の申請条件として具体的に提示されていました。しかし，その「補助金」制度は地方分権改革に伴い廃止され，設置基準は 2003 年に見直されました。その新たな基準「公民館の設置及び運営に関する基準」は以下のような見直しのポイントを示しています。

・国際化，情報化等の進展など現代的課題の対応に配慮すること。
・専門性のある職員としての資質及び能力の向上を図ること。
・パソコンや視聴覚機器の整備，スロープや車椅子用トイレの整備，託児室の整備を図ること。
・事業成果等の自己点検・評価を行い，外部評価の導入も検討すること。
・施設の呼称は利用者の地域住民に親しまれるように付けること。

この「基準」は公民館運営の大綱化と弾力化を図ると同時に，新たな課題を提起したのです。

2）公民館の人的配置と職員の役割

公民館には公民館長と公民館主事が置かれますが，いずれも有資格の専門職とされておらず，また非常勤職として置かれることも多く，社会教育主事や社会教育指導員などが配置される例もあります。

公民館の業務には，学習事業の企画・開催，学習スペース等の貸し出し，施設・設備の維持・管理，予算管理などがあります。これら業務を職員が事業担当と庶務担当などの形で分担することになります。

社会教育主事の役割については第 12 章で述べられているので，ここでは公民館長と主事の役割について取り上げます。

社会教育法は，館長を必置とし，事業等に関する「事務」を行う責任者として，また職員の役割分担や勤務時間の割り振りを行う服務監督者として位置づけています。公民館は運営時間が夜間に及ぶので，施設管

理にはシフト制を採用することになります。

　公民館主事は任意設置とされ，法律上は事業担当者に位置づけられますが，実際には事業以外の業務も担当します。小規模館では窓口業務や教室環境の整備も担当しますが，主たる業務は学級・講座等の学習事業の企画・募集・実施・評価などとなります。前記の「設置基準」は公民館主事等の配置数について「規模及び活動状況に応じた適正な数」としているだけで配置数を明示していません。

（3）　公民館経営の実際

　ここでは公民館経営の実際を，1）施設利用形態と対象，2）施設利用手続き，3）予算と会計，4）受益者負担論と施設の有料化に大別して述べることにします。

1）　施設利用の形態と対象

　公民館の事業には，①会議室等および備品の貸し出し，②学習プログラムの企画・運営，③ロビー利用等の供与，④資料等の閲覧サービス，⑤サークル等の連絡調整，⑥公民館運営審議会の運営などがあります。このうち，主たる業務は①と②になるでしょう。

　利用対象は主として社会教育活動を行う市内等の在住・在勤・在学者の個人やサークルとされます。時々話題になるのが学校の部活動に対する貸し出しの是非です。部活動は，学校の課外活動とされるため社会教育法上は排除されませんが，多くの教育委員会では学校教育の一環であることを理由に利用対象外にする傾向にあります[2]。ただし，公民館使用料の減免対象に「学校行事・学校部活動に利用するとき」と明記している教育委員会もあります（例：熊本県菊池市など）。結局，その可否は教育委員会の判断に委ねられます。

2） 施設利用手続き

a） 規制作用

　公民館は館内施設をサークル等に貸し出す場合，多くは政治・宗教・営利を目的とする活動を禁じています。社会教育法は，公民館が「もっぱら営利を目的として事業を行い，特定の営利事務に公民館の名称を利用させその他営利事業を援助すること」や「特定の政党の利害に関する事業を行い，又は公私の選挙に関し，特定の候補者を支持すること」，また「特定の宗教を支持し，又は特定の教派，宗派若しくは教団を支援」することを禁じているからです。

　その条文解釈について文部科学省は次のように示しています*3)。

（営利事業の解釈）

　「本規定の趣旨は，公民館が，法第20条に掲げる目的を没却して専ら営利のみを追求することや，特定の営利事業に対して，使用回数や使用時間，使用料等に関して優遇するなど特に便宜を図り，それによって当該事業に利益を与えることを禁止するもので，公民館が営利事業に関わることを全面的に禁止するものではない。」

（政治活動の解釈）

　「本規定の趣旨は，公民館の政治的中立性を確保するために設けられているものであり，例えば，特定の政党に特に有利又は不利な条件で利用させることや，特定の政党に偏って利用させるようなことは許されないが，公民館を政党又は政治家に利用させることを一般的に禁止するものではない。」

　営利や政治に関わる活動がすべて禁じられているわけではないのです。宗教に関しては，関連する団体への施設貸し出しは「支援」に該当すると解して禁じる例が一般的です。ところが，群馬県東吾妻町の公民館が某宗教団体の施設利用を認めなかったことから訴訟になり，東京地

方裁判所は原告の宗教団体の提訴を認める判決を下しました（2019 年 8 月 21 日）。その団体の活動は信仰を深めることを目的とするが，会員以外の参加がないため布教には当たらないと判断したからです。この判決がどう影響するかは現時点では不明ですが，宗教活動には慎重に対応する必要がありそうです。

　また，利用者数の下限を定める例もあります。たとえば，数名の利用者に対して広い面積の体育室等の貸し出しを認めない場合です。少人数や個人の利用によって特定施設が特定時間占有され，他のサークル等が排除されることがあるからです。

　利用制約条件の一例を取り上げてみましょう（小平市公民館条例）。
　・団体の構成員が 5 人未満の場合
　・入場料等の名目を問わず，2,000 円を超える金銭を徴する場合
　・営利を目的とする催し・集会・塾・教室の場所としての利用（講師は団体の代表者や利用責任者にはなれません）
　・特定の政党の利害に関する事業を行い，又は公私の選挙に関し，特定の候補者を支持すること
　・特定の宗教を支持し，又は特定の教派，宗派，若しくは教団を支援すること
　・酒宴を目的とする催し・集会の場所としての利用
　・公民館活動を阻害すると認められること

　このように団体構成員を「5 人未満」では認めず「5 人以上」とする例が多く見られます。入場料等に基準額が明示されていますが，これを認めない例もあります。

　なお，上記では飲酒は禁じられていますが，小規模自治体の公民館では住民同士の親睦を深めるために認めるところもあります*4)。

b）使用料

　有料施設では使用料の減免などの条件を設定します。社会教育関係団体であれば減額や無料になる例が多くあります。使用料は，当該集会室等の面積や定員を根拠に設定されるのが通例です。また，マイク等の音響設備の使用料を徴収する施設も目立つようになりました。

c）使用時間区分

　多くの施設では，午前・午後・夜間の３区分や午後を２区分にした４区分などで使用時間帯を設定しています。民間の貸会議室などでは，使用時間単位を１時間に設定していますが，多くの公的施設では大まかに３区分や４区分に設定しています。

d）予約

　社会教育関係団体やPTAなどの申し込みを優先させることが多いのですが，どの程度優先させるかは自治体によって異なります。一般的に，既利用団体等が特定曜日・時間に特定施設を継続して利用する傾向にあるため，新規団体が利用困難になりがちです。そこで，その問題の解消を図るために申し込み初日に抽選を行う公民館もあります。

　また，市在住・在勤者と市外者との扱いの違いも見られます。たとえば，市外者には申し込み時期を遅らせ，また無料施設でも使用料を徴収する館は珍しくありません。

e）館主催事業と団体利用の関係

　しばしば発生する問題として，団体が継続的に利用している学習室などを館が学級・講座などの主催事業で特定の日時に使用しようとすると，その団体からクレームが寄せられることもあります。そうならないよう，できるだけ早めに事業計画を周知し，該当する団体には十分理解を得るようにします。

3）　公民館の予算と会計

　社会教育経営の視点から捉えると，公民館予算は施設維持費など経常経費よりも学習事業予算が重要です。そのうち学習プログラムなどの事業運営費には報償費の占めるウエイトが大きくなります。第8章でボランティアに対する謝金の考え方には機会費用法と代替費用法があると述べていますが，通常は報償費一覧を適用しています。講師等への支払いは報償費で，公民館運営審議会委員などへの支払いは報酬費になります。謝礼は行政では用いません。

　有料施設では使用料の徴収業務もありますが，近年は役所が一括して収納事務を行う自治体が増えています。

　学習事業では必要に応じて参加者に負担金を求めます。受講料を徴収する館や私費として教材実費のみを徴収する例が見られます。

4）　受益者負担論と施設の有料化

　公民館等の施設使用料は伝統的に無料とされていましたが，1981（昭和56）年発足の第2次臨時行政調査会による行政改革の波が社会教育にも及び，施設使用の有料化が求められました。利用者に「応分の負担」を求めるべきだという「受益者負担」の考え方が強まったのです。

　しかし，公民館の学びを軸にした地域づくりなどが課題とされる今日，その学びは単なる私事にとどまらず，高い公共性を持つようになったと言えます。したがって，たとえ有料であっても，使用料は安価であることが欠かせないことになります。

　なお，本来の意味での受益者負担とは利用者負担のことでありません（植田正孝，1983，p.94）。もちろん，施設利用者や学習事業参加者は受益者の一部（狭義の受益者）ですが，このほかに，施設利用者が地域でボランティア活動として学習成果を生かせば，地域全体も受益者になりえます。ただ，施設等の利用者と未利用者との間の不公平感が生じない

よう使用料の徴収が求められるわけです。

3. 図書館の経営

（1） 図書館の目的と司書の役割

　社会教育施設としての図書館は一般的には公共図書館と呼ばれ，図書館法に基づいて設置・運営される施設を指します。公共図書館の役割は，図書等の館内閲覧と貸出利用，児童サービスやレファレンスサービスを提供することにあります。

　図書館法における公共図書館の目的は，図書・資料の収集，整理，保存，一般利用などを通して，市民の教養・調査研究およびレクリエーション等に資することにあります。なお，公立図書館の場合は，入館料その他図書館資料の利用に対価を徴収してはならないと定められています。

　専門的職員である司書は，図書館の専門的事務に従事し，司書補は司書の職務を助けることが図書館法で定められていますが，司書等の設置義務が定められていないため専任司書が不在の図書館もあり，非常勤職員の採用に司書有資格者を求める例もあります（柳，2019，p.10）。ただし，諸外国と比べて日本の図書館は専門的業務や補助業務，事務などの分担が明確でないために，本来，専門職の業務でない貸出などの窓口業務を司書・司書補が担っている実態が問題視されています（前掲，p.43）。

（2） 図書館経営の特徴

　図書館は都道府県・市（区）などの大規模自治体では珍しくありませんが，その設置率は自治体規模によって大きく異なります。文部科学省「社会教育調査」によると，設置率は市（区）が98.7％と高いのに対して，町63.1％，村27.9％となり，自治体規模が小さいと極端に低下していま

す。町村は図書館設置率が低いだけでなくサービスを図書資料の貸出に限定している館も珍しくありません。

　大規模自治体では複数図書館で専門分野に基づく分担収集なども行われていますが，単独館設置の場合にはそれもかないません。そこで，自治体間の相互貸借サービスが有効になります。

　また，図書館経営の現代的課題として，情報通信技術の進展への対応があると言われます（永田，2016，p.74）。すなわち，学術雑誌の電子ジャーナル化によって，これらが情報ネットワークに接続され，また電子図書・雑誌などが普及することによって，図書館においては資料入手が物理的に行われず，情報ネットワークを介して行われています。そうしたリモートサービスとともに，人々が実際に寄り集まる場としての図書館サービスも図書館経営に強く求められるのです（前掲，p.75）。

4．博物館の経営

（1）　博物館の目的と学芸員の役割

　博物館は多くの人に親しまれている教育施設ですが，観光施設としても認識されています。その目的とは，「必要な資料を収集・保管（育成）・展示して教育的配慮の下に一般公衆の利用に供し，その教養，調査研究，レクリエーション等に資する事業を行うと共に，これらの資料に関する調査研究を行うこと」とされます（博物館法第二条）。そのためのサービスを行うために，博物館は資料の「収集・保管」「展示・教育」「調査・研究」の３機能を中心的な経営対象にします。

　専門的職員である学芸員は，「博物館資料の収集，保管，展示及び調査研究その他これと関連する事業についての専門的事項をつかさどる」と定められています（同法第四条）。学芸員補は学芸員の職務を助けることを職務とされていますが，法上の専門的職員に位置づけられていま

せん。学芸員および学芸員補は組織的に事務部門から独立した学芸係・課などに配置される例が多く見られます。

（2）　博物館経営の特徴

　公立博物館は，「入館料その他博物館資料の利用に対する対価を徴収してはならない」と定められていますが，「博物館の維持運営のためにやむを得ない事情のある場合」には「必要な対価を徴収することができる」とされています。たとえば，企画展や特別展などを開催する場合です。私立博物館では入館料の徴収が可能です。

　公私立を問わず博物館は，他の社会教育施設と比べると，資料収集や展示に要する予算の比重が大きい点に特徴があります。特に，特別展などでは資料を他館などから借り入れることになり，そのための費用が莫大になることが珍しくありません。したがって，公立の博物館は，展示サービス等が自治体予算の在り方に強く依存されることになります。ちなみに，日本と同様に国公立博物館が無料とされるイギリスでは有料化を求める動きもありましたが，結局，「Donation」（寄付）と表示した箱を設置して無料制を維持しています。

　その意味では，博物館は公民館や図書館と異なる意味での経営の在り方が求められます。ところが，博物館利用者数は全体で増加傾向にあるにもかかわらず，博物館数の増加によって1館当たりの利用者が減少傾向にあることが問題視されています（佐々木，2019，p.20）。そこで，ブランド化などによる魅力化も課題とされるようになります。

　また，教育の志向性からは，地域志向型，中央志向型，観光志向型に分類されると言われます。稲村によれば，地域志向型は地域と教育内容の連関を重視して思考・表現力など育成を行うタイプであり，中央志向型は知識・技術の体系を重視する内容を知識の教授中心によって行うタ

イプであり，観光志向型は希少価値を重視した内容を資料の意外性・人気性を中心に行うタイプだと，それぞれ特徴づけられます（稲村，2019，pp.64-69）。各タイプに応じた魅力づくりと経営の在り方の工夫が博物館経営の課題になるでしょう。

5.　社会教育施設経営をめぐる諸課題

（1）　新たな役割期待

　2018（平成30）年12月の中央教育審議会（中教審）答申は，社会教育施設に以下のような役割も期待しています（同答申「概要」より）。
・公民館：地域コミュニティの維持と持続的な発展を推進するセンター
　　　　　的役割，地域の防災拠点
・図書館：他部局と連携した個人のスキルアップや就業等の支援，住民
　　　　　のニーズに対応できる情報拠点
・博物館：学校における学習内容に即した展示・教育事業の実施，観光
　　　　　振興や国際交流の拠点
　このような役割期待に応えるためには，公民館・図書館・博物館等が相互に連携・協力し合うと共に，学校との連携も重要な課題になります。連携の方法としては，情報共有，資源交換，協働事業の実施などが考えられます（第14章参照）。

（2）　訴求方法の工夫

　前出の中央教育審議会答申も触れているように，社会教育施設にとっては「学びへの参加のきっかけづくりの推進」が重要課題になります。このほか，財政事情が厳しい今日，公共施設は稼働率でも評価されるようになったことから，利用者の確保という課題が現実味を帯びてきました。稼働率の低迷が施設の廃止に至ることもありうるからです。そこで，

多くの利用者を引きつけるための訴求方法の工夫が求められてきます。以下では，「仕掛学」と「アフォーダンス」の考え方に基づいた訴求方法を考えてみたいと思います。

1）「仕掛学」に学ぶ

「仕掛学」とは大阪大学の松村真宏教授が提唱した理論です。仕掛学の定義には，公平性（誰も不利益を被らない），誘引性（行動が誘われる），目的の二重性（仕掛ける側と仕掛けられる側の目的が異なる）があると言うのです（松村，2016，pp.10-14）。松村は天王寺動物園の「アジアの熱帯雨林」という展示エリアに望遠鏡のような筒が設置されている例をあげています。何も説明がなく，望遠鏡のような筒があるだけなのですが，通りかかった人は覗かずにはいられなくなり，覗くと筒先にゾウの糞（作り物）が見えるというのです。筒がなければ見過ごしてしまう展示物を鑑賞させようとする意図があるわけです。しかし，通りかかった入館者は何かわからないけれど，望遠鏡＝「覗くモノ」だと思い，つい覗いてしまうわけです。また，図4-1はバスケット型のゴミ箱ですが，ついゴールめがけてゴミを投げ入れる楽しさがあり，結果としてゴミが

図4-1　バスケット型ゴミ箱
　　　　（筆者撮影）

図4-2　富山県小矢部市の松沢公民館
　　　　（筆者撮影）

散らばらないということになります。

　博物館に限らず，社会教育施設でも訴求の工夫によって利用者を獲得することが課題になるでしょう。

　参考までに，まるで西洋のお城のような建築の富山県小矢部市の松沢公民館（**図4-2**）を紹介しておきます。建物を見ただけで，何だかわからないけど入ってみようと誘引されてしまいます。公民館や複合施設などに併設される喫茶店やレストランなどは「飲食」が施設利用につながれば仕掛けとして機能したことになります。近年全国的に注目を浴びたのは，佐賀県武雄市図書館の取り組みです。同館は TSUTAYA やスターバックスの店舗を併設したことで話題になりました。この取り組みは訴求力の点で優れていると言えます。

2）アフォーダンス理論

　アフォーダンス理論とは，「人や動物に特定の行動をとるよう促す環境の特性」であり，たとえば，開け方がわかりにくいドアに手のひらの平板があれば「押し」，ドアノブの突起物があれば「引く」ことによってドアを開けるよう誘発する環境のことだとされます（行場，2005，pp.44-45）。これは仕掛学の「公平性」と「誘引性」の要件を満たしますが，「目的の二重性」は当てはまらず，仕掛けられた側は仕掛けた側の目的通りに行動することに意味があります。

　人の行動を誘引する仕掛けは博物館では「展示順路」などに用いられていますが，公民館などではあまり意識されていないように思われます。そこで，特に公民館を含む複合施設ではこの理論を取り入れて，各施設の進路を色分けするなどして利用者の動線を明確にすることが大切です。また，土足禁止施設には段差を設定するのが効果的です。段差などがないと，つい土足で上がってしまうからです。

（3） 今後の社会教育施設のゆくえ

　2018（平成30）年12月の中教審答申*5)は「今後の社会教育施設の在り方」として，基本的には教育委員会の所管とすべきだが，特例としてその所管首長部局に移管することを「可」と判断しました。その場合は以下のような措置の担保を条件づけました。

　・地方公共団体の長が公立社会教育施設の管理運営の基本的事項について規則を制定する際には，あらかじめ教育委員会の意見を聴くこと。

　・教育委員会は，公立社会教育施設の設置・管理・運営について必要と認めるときには地方公共団体の長に意見を述べることができること。

　・事業の実施内容については，社会教育に関し見識のある者から構成される会議を設置し，地方公共団体の長又は教育委員会に意見を述べること。

　以上の措置を講じることによって，「政治的中立性の確保のみならず，継続性・安定性の確保，地域住民の意向の反映，学校教育との連携」などが可能となると考えられると結論づけました。従来は公民館の法的位置づけと名称を変更して首長部局に移管する例もありましたが*6)，同答申は公民館・図書館・博物館のまま移管することも条件つきで可能だと判断したことになります。

　今後，社会教育主事は以上のような視点から施設の経営にアドバイスを行い，また首長部局との連携も視野に入れることが重要な課題になると言えます。なお，施設の指定管理者制度については第14章で取り上げています。

〉〉註

＊1）　1957年の文部省初中局長回答による。

＊2）　平成29年改訂の中学校学習指導要領の総則は，部活動に関して「学校教育の一環として，教育課程との関連が図られるよう留意すること」と述べている。

＊3）　「社会教育法第23条第1項の解釈の周知について（依頼）」（2018年12月21日）。

＊4）　兵庫県南あわじ市は飲酒を2015年に禁止としたが，19年に条件つきで認めることとした（「神戸新聞」2019.9.17のWebニュースより）。

＊5）　答申名「人口減少時代の新しい地域づくりに向けた社会教育の振興方策について」。

＊6）　たとえば，北九州市は，2005年に63館あった公民館を首長部局に移管し，市民センターに名称変更した。また，2018年の中教審答申後，栃木市は2021年4月に公民館を名称を変えずに，市長部局に移管した。

参考文献

行場次朗（2005）「アフォーダンス」森敏明・中條和光編『認知心理学キーワード』有斐閣双書

稲村哲也（2019）「博物館の経営②─公立博物館」稲村・佐々木編著，前掲書

植田正孝（1983）「行政サービスをめぐる受益と負担のあり方」都市問題研究会『都市問題研究』8月号

金山善昭編（2020）『転換期の博物館経営』同成社

佐々木亨（2019）「はじめに：博物館経営とは」稲村・佐々木編著『新訂博物館経営論』放送大学教育振興会

佐藤晴雄（1998）『生涯学習と社会教育のゆくえ』成文堂

丹間康仁（2019）「社会教育・生涯学習の施設と職員」手打明敏・上田孝典編著『社会教育・生涯学習』ミネルヴァ書房

寺中作雄（1995）『社会教育法解説　公民館の建設』国土社（原著は1949年刊行）

永田治樹（2016）『図書館制度・経営論』日本図書館協会

松村真宏（2016）『仕掛学』東洋経済新報社

柳与志夫（2019）『第2版　図書館制度・経営論』学文社

学習課題

　社会教育施設を首長部局に移管することのメリットとデメリットにはどのようなことがあると考えられますか。具体的に述べてください。

5 │ 社会教育計画の企画・立案・実施

佐々木　英和

《目標＆ポイント》　計画づくりの基本枠組みとして，「現状把握－目標設定－方法選定」図式を理解した上で，社会教育計画や生涯学習推進計画について「計画化－実施－評価」に至る一連の流れを概観する。その際，法的根拠などを踏まえて行政計画を策定していく手順を身につける。
《キーワード》　基本構想，基本計画，実施計画，教育振興基本計画，生涯学習推進計画，社会教育計画，PDCA サイクル

1. 計画の基本要素─現状把握・目標設定・方法選定

　高名な経営学者たるピーター・ドラッカー（Peter F. Drucker, 1909-2005）は，「戦略計画」について語る文脈で，「明日何が起こるか」よりも「不確実な明日のために今日何をなすべきか」という問いを重視しています*1)。この発想を踏襲すれば，「計画」とは，現在から未来に向けて何をすべきかについて，あらかじめ企画することであり，それにより現在の在り方をも自己変革することを要求する厳しい思考法だと言ってよいかもしれません。ことは社会教育を計画化することに限りませんが，単なる「予測」とは異なる「計画」の発想を根底から問い直すべき必然性があります。
　第2章では，各種実践について抽象度を高めて表現した枠組みとして「現実－理想－方法」の3項図式を提案しています。つまり，現実を理想に近づけるために，今の時点において何をすべきかに相当するものと

して，「方法」を強調しているわけです。この考え方を敷衍し，計画の骨組みを内的に構成する基本的要素として，以下の3つを抽出できるという話になります。

〈A〉現状把握…対象や周辺環境等は，現時点で，いかなる状態か？
〈B〉目標設定…どの方向に向けて，何を，どこまで達成すべきか？
〈C〉方法選定…現状を目標に近づけるため，どんな手段を選ぶか？

　計画の基本的骨格は，「〈B〉設定された目標」に対して「〈C〉方法を選定すること」だという「目的－手段」関係で成り立つ目的論的な考え方を基軸に置いて構成されますが，それを現実化するための基盤条件として，「〈A〉現状を把握すること」を避けえない構成になっていると理解できるわけです。これらの3項目を相互に関係しあうトライアングルとみなし，単純化して図式化したものが，図5-1です。この「現状把握－目標設定－方法選定」図式について，計画づくりにおける基本枠組みとして理解し，常に念頭に置いておくことにします。

　この考え方は，日常的なものから専門的なものまで，応用が利くはずです。次に，これらの3要素の一つひとつを丁寧に見ていくことにより，行政計画を策定する基本的技術を身につけていきましょう。

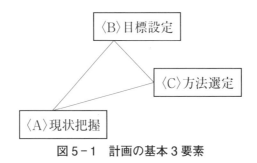

図5-1　計画の基本3要素

（1）　現状把握―大状況・小状況

　現状把握とは，対象者の状況や周辺環境などの「現在の到達点」を確認することです。それが的確であるという裏付けを取りたければ，「過去の経緯の把握」を一通り行うべきです。その上で，そのままの現状が延長することを前提とした場合の「未来的な予測」も行います。

　さらに，「過去－現在－未来」の流れを念頭に置いて，そうした現状が生まれてくるメカニズム（因果関係，構造，仕組みなど）を解明することにより，未来的予測などをより的確なものへとレベルアップしていき，現状把握として十分なものに洗練させていけます。このとき，各種の調査が重要な役割を果たすことになりますが，いわゆる「エビデンス（evidence）」を集めて整理しておくことが望ましいわけです。

　なお，「現状」と一口に言っても，どのレベルで捉えるかによって言い方が違います。それは，一般には，全体像を大まかに把握しようと努めた「大状況」から，個別の事柄について詳細に把握しようとした「小状況」まで，様々な水準があることを意識しておきましょう。

（2）　目標設定―理念・目的・目標

　目標設定のやり方には，大きく分けて，対極的な2つの筋道があります。一つは，現実直視的な方向性であり，現状把握を踏まえて，実際に実現可能であると予測される範囲内で目標を設定することです。もう一つは，理想追求的な方向性であり，何らかの大目的を最初に設定してから，そうした抽象度の高い「ゴール」を実現するための諸々の段階を「サブゴール」として細かく設定し具体化していくやり方です。

　ただし，どちらのやり方にも，それぞれに長所と弱点があります。前者は，極めて手堅いやり方ですが，ややもすると現状に引きずられすぎて，こぢんまりとした小さな目標に陥って，魅力性に欠けた目標にとど

まりがちです。後者のやり方では，夢や理想を自由に思い描ける点で大変に魅力的ですが，ややもすると空想的で現実味のない「絵に描いた餅」のオンパレードに陥る可能性が高くなります。そこで，どのような価値を実現しようとしているかという方向性も含めて，妥当な目標を設定するためには，現実直視的手順と理想追求的手順とをともに実施して，落としどころを探るのが常套手段でしょう。

　次に，計画において設定される対象となっている「目標」という言葉の意味を確認してみます。この言葉の広がりや深みを理論的に確認しておくことは，計画化の出発段階で有意義です。

　一口に「目標」と言っても，様々なレベルで捉え返せます。行政計画では，順に「大目標－中目標－小目標」という言い方で階層性を示すのが一般的ですが，別の表現の仕方もあります。諸々の「目標」を統括する位置にあるものが「目的」であり，目的をさらに上位から統括し包括したものを「理念」だとみなしてよいでしょう。視点を翻せば，「理念」を実現するための手段に位置するものが「目的」であり，「目的」を達成する手段に位置するものが「目標」だというように，下位に行くにしたがって，「目標」の内容が具体化していきます。計画論の文脈では，「理念－目的－目標」という階層性を押さえておきましょう。

　たとえば，「教育を良くしたい」という願いを計画に結びつけることを例に取ってみます。「教育を良くする」という理想を掲げたなら，「良い教育」や「良くなった教育」とは具体的にどのような状態かを構想することにより，理念が明瞭になってきます。さらに，その理念の実現を目的として定め，より具体的な分析や考察を加えることにより，諸々の目標が明確化してくるというわけです。

　再び視点を反転すれば，「目標→目的→理念」という順に上位の目標へと積み上げ的に移行していくに従って，抽象度が増す分だけ，中身の

焦点がぼやけがちになるという問題点が出てくることがあります。しかし，理念を決して軽視してはならず，このレベルで十分な議論が必要なのです。その大切さは，目の前の作業をこなすことに忙殺されるばかりで，何のために計画を立てて遂行しているのかがわからなくなり，あたかも森の中で迷うような事態に陥ってしまうときに，はっきり自覚できるかもしれません。

　このような段に至れば，「達成基準」と「到達目標」と「努力目標」との区別が有効です。これらの違いを強く意識すれば，目標の立て方が上手になります。

　1つ目の達成基準は，「そこに到達できなければ失敗である」と位置づけられる目標です。そうした目標・基準は，いわば「底」に相当するものであり，いわゆるノルマとも言い換えてよいものです。この種の目標は，数値化などによって成果が具体的に評価される方向へと向かう際に厳しくなりがちですが，その確定には十分な検討が必要です。

　2つ目の到達目標とは，「そこまで到達できれば成功である」と位置づけられる理想的状況を示します。ここに到達できることが望ましいですが，「到達できなかったから失敗」だという評価を必ずしもしなくてよいものです。

　3つ目の努力目標とは，そこに到達する可能性が低いことをあらかじめ見すえて，結果に対する責任を免除したものです。しかし，努力目標について，「到達できなくても問題がない」という形で言い訳できる目標だと決めつけてしまってはなりません。それは，たとえて言えば，高すぎて届かないけれども，そこに進むべき確実な方向性を示す「北極星」のようなものであり，それを常に見すえて実践が進められているかどうかが厳しく問われる目標です。教育実践においては，教育意図に価値が置かれやすいので，実質的に努力目標的な性格を持つ「教育の目的」に

近づこうとしているかどうかに対する実際的評価がなされることが多い
のです。

(3) 方法選定──戦略・戦術・個別実践

　ことは計画を立てる際に限られるわけではありませんが，どちらかと
言えば高邁(こうまい)になりがちな理想は，現実との間に段差や隔たりがあるもの
です。だからこそ，現実と理想との間をつなげるはしごや階段に相当す
るものが「方法」もしくは「手段」であり，それらをどのように選択す
るかが実践的な鍵になります。

　方法選定とは，実際的な現実を何らかの理想的な状況へと近づけてい
ったり変革していったりするための「手段」を選び出すことです。この
際，「把握された現状」と「設定された目標」との双方を見すえて，い
かに適切な方法を選び抜けるかが最大ポイントとなります。その上で，
おのおのの方法どうしを効果的に組み合わせて体系化を進めていくこと
により，計画が洗練されていくというわけです。

　見方を変えれば，計画化を進めていくことは，実践するための方法を，
あらかじめ洗練しておくことを意味します。方法の組織化・体系化の度
合いをめぐって，第2章でも述べたような「戦略（strategy）」や「戦
術（tactics）」という表現が用いられます。戦術とは，個別的な諸々の
方法について，おのおのに共通する目標に基づいて組織化・体系化した
ものです。戦略は，個々の戦術を包括して，より上位の目標に基づいて，
それらを組織化・体系化した総合的な方法です。上位の方法である戦略
を実現するための下位の方法が，戦術です。さらに，何かの目的を達成
しようとして行う「個別実践」は，戦術を実行・実現するための具体的
な手段です。こうして，いわば「方法の方法」の連鎖関係が生じています。

　このように，「戦略－戦術－個別実践」という順に下位の方法へとい

くに従って，中身が具体化していきます。逆から見れば，諸々の個別実践を計画化したものが戦術であり，諸々の戦術を計画化したものが戦略だとみなせます。したがって，この流れに従えば，個別実践の中にも，自覚的か無自覚的かはともかく，計画的発想が内包されていることが明らかです。

2. 行政計画の種類と関係性

　一口に「計画」とか「計画化」と言っても，規模や対象などによって，呼び名が変わってきます。計画それ自体が方法そのものであると同時に，「体系化された方法」は，そもそも計画的発想を背景にして構築されています。行政計画を念頭に置きつつ，「現状把握－目標設定－方法選定」図式との呼応関係を意識しながら包括的な水準から個別的な水準までを見すえて，計画関連用語の目安を大まかに示した図として整理したものを，あらかじめ示すと，**図5-2**のようになります。

	現状把握 レベル	目標設定 レベル	方法選定 レベル	政策および計画 レベル		
包括的	大状況	理念 ｜ 目的 ｜ 目標　大目標 　　　｜ 　　　中目標 　　　｜ 　　　小目標	戦略 戦術 個別実践	ビジョン プラン 　｜ 　｜――プロジェクト プログラム｜ 　　　｜ 　　　アクション	政策 ｜ 施策 ｜ 事業	基本構想 基本計画 実施計画
個別的	小状況					

図5-2　計画関連用語の体系図

（1）計画化の階層性—ビジョン・プラン・プログラム

　計画策定にあたって，行政計画に関連する用語について，おのおのの性質の違いや関係性を理解しておくようにしましょう。「ビジョン（vision）」「プラン（plan）」「プログラム（program）」「アクション（action）」「プロジェクト（project）」などが，よく用いられますが，これらの関係を押さえておきましょう。

　計画と化した状態，つまり「計画化」についての原則的理解としては，ビジョンの実現のための戦略としてプランが策定され，プランを構成する戦術的な諸要素として，諸々のプログラムが配置されるという関係にあります。プランは，大局的な観点に立った「計画化」により成り立ち，その下位に位置するプログラムは，より具体的な水準における「計画化」の実際を意味しています。諸々の戦術の集合体であるプログラムに対して，プランは基本的な方向性を示す戦略に相当します。そして，ビジョンは，「大戦略」もしくは「戦略的構想」として，プランが向かうべき基本的な方向性を指し示す羅針盤のような役割を果たします。

　また，アクションとは，具体的な個別的実践として「行動」を指し示します。「アクション・プラン」という表現が用いられるとき，具体的に何を行うかについての行動計画を指しています。

　ただし，プロジェクトは，「プラン－プログラム」の縦の系統に収まりきらない企画について，柔軟かつ機動的に計画化し実行する際に用いられることの多い用語です。組織横断的に組まれた「プロジェクト・チーム」は，期間限定的で臨時の一時的な計画を遂行する存在ですが，所定の目的を達成したり，あらかじめ設定した期間を越えたりすれば，解散します。

（2）　政策の階層性─政策・施策・事業

行政レベルでは，「政策－施策－事業」という順に下位の方法へと下がるに従って，中身が具体化していくことになります。何らかの「政策」を実現するために複数の「施策」が打たれ，その施策を実現するための諸々の「事業」が存在します。

社会教育について施策化して統合した計画が「社会教育計画」であるのに対して，社会教育の諸々の事業を体系化した計画が「社会教育事業計画」です。事業計画が単独で策定される場合には，基本的に年度単位で完結することが多く，具体的な学習支援プログラムが明記されることもあります。

（3）　行政計画の階層性─基本構想・基本計画・実施計画

行政計画において，「ビジョン－プラン－プログラム」の順序と並行する関係を持つものとして，「基本構想－基本計画－実施計画」という表現が用いられます。「基本構想」はビジョンに相当し，プランには「基本計画」と「実施計画」があるという形です。実施計画は，基本計画を具体化していくものです。

図 5-3 は，筆者が計画策定の総合アドバイザーを務めた栃木県さくら市生涯学習推進本部編『第二次さくら市生涯学習推進計画─

図 5-3　基本構想の全体像の例

さくら育み学びあいプラン─』（2017 年発行）の計画書の「基本構想」の扉ページの一部をクローズアップしたものです。この絵柄が示すように，計画の基本理念とは，前提となる法律論などを踏まえ，それまでの各種の実績を再確認した上で，生涯学習の理論的な議論のフィルターを通して導き出されるものです。

図 5-4 は，同じ計画書の「基本計画」に相当する部分の扉ページの一部をクローズアップしたものです。この絵柄では，理想と現実との双方を確認した上で，計画

図 5-4　基本計画の全体像の例

の実行方法としては，施策を体系化し，プロジェクトとして重点化する企画も提示しながら，具体的な個々の事業を整理していることを示しています。なお，さくら市の計画では，基本計画の中に実施計画を組み込む形で構成しています。

　付言すれば，行政計画の基本理念について外向けに表現する際に，具体的な目標としてよりも，わかりやすい看板のような役割を持たせたものについて，「計画のメインテーマ」という言い方をすることがありますし，計画に愛称をつけることもあります。さくら市の場合，「学ばなければもったいない，学ぶだけでももったいない」というキャッチフレーズを前面に打ち出しており，計画の愛称については，第一次計画が「ゆめ さくら 学びプラン」であることを踏まえて，第二次計画では「さく

ら 育み 学びあいプラン」と名づけて発展的に継承しています。

3. 地域ごとに行政が社会教育を計画化する際の制度論的前提

　日常生活で個人が計画づくりをする際，基本的には制約や縛りはありません。しかし，行政レベルで社会教育を計画化する際には，制度的な前提を踏まえなければなりません。それらを実際に確認してみます。

（1）　教育振興基本計画における生涯学習・社会教育の位置づけ

　1947（昭和22）年に制定された教育基本法は，2006（平成18）年に大きく改正されました。この当時の改正の大きなポイントの一つは，第17条で「教育振興基本計画」という項目を新設したことです。そこでは，「政府は，教育の振興に関する施策の総合的かつ計画的な推進を図るため，教育の振興に関する施策についての基本的な方針及び講ずべき施策その他必要な事項について，基本的な計画を定め，これを国会に報告するとともに，公表しなければならない」と明記しています。そして，日本政府に策定義務がある教育振興基本計画は，第1期（2008〜2012年度），第2期（2013〜2017年度），第3期（2018〜2022年度）というように，これまで3回にわたって策定されてきました。

　2018（平成30）年6月に閣議決定された第3期教育振興基本計画では，「①夢と志を持ち，可能性に挑戦するために必要となる力を育成する」「②社会の持続的な発展を牽引するための多様な力を育成する」「③生涯学び，活躍できる環境を整える」「④誰もが社会の担い手となるための学びのセーフティネットを構築する」「⑤教育政策推進のための基盤を整備する」といった5項目が「今後の教育政策に関する基本的な方針」として明示されています。このうち，「③生涯学び，活躍できる環境を整

える」という基本方針は，生涯学習・社会教育分野に直に関わるものとして必須であり，具体的に内容を確認しておく必要があります。

　また，この第3期教育振興基本計画では，5年間を目処として，教育政策の目標を21項目示し，それらに応じた施策群を具体的に展開しています。そのうち，「目標（6）家庭・地域の教育力の向上，学校との連携・協働の推進」「目標（10）人生100年時代を見据えた生涯学習の推進」「目標(11)人々の暮らしの向上と社会の持続的発展のための学びの推進」「目標（12）職業に必要な知識やスキルを生涯を通じて身に付けるための社会人の学び直しの推進」「目標（13）障害者の生涯学習の推進」などは，生涯学習・社会教育分野に直に関わります。

　では，各地域の行政関係者は，教育振興基本計画とどのように向き合うことになるのでしょうか。そこでは，「他のものを参考にして長所をとり入れること」（小学館『大辞泉［第2版］』，2012年）を意味する「参酌」という日本語が鍵になります。

　教育基本法第17条の第2項では，「地方公共団体は，前項の計画を参酌し，その地域の実情に応じ，当該地方公共団体における教育の振興のための施策に関する基本的な計画を定めるよう努めなければならない」と明記し，地方公共団体の努力義務として，地域の実情に応じた教育振興基本計画を定めることを求めています。また，「地方教育行政の組織及び運営に関する法律」（1956年制定，2017年最近改正）の第1条の3項では，「地方公共団体の長は，教育基本法第17条第1項に規定する基本的な方針を参酌し，その地域の実情に応じ，当該地方公共団体の教育，学術及び文化の振興に関する総合的な施策の大綱を定めるものとする」と明記しています。この法律は，「ある事柄の根本となるもの」（大修館書店『明鏡国語辞典［第3版］』，2021年）を意味する「大綱」という日本語を用いて，国の教育振興基本計画について，地方教育行政の基本

的方向性を規定する性格を持つものとみなしています。よって，地域ごとに教育振興基本計画を策定する際に，国の教育振興基本計画について，社会教育に関する方針などは，個別に参酌しておくべきだという話になります。翻って，教育振興基本計画は，地域ごとの社会教育の計画化に対する行政的責務を生む根拠になります。

（2）　社会教育計画と生涯学習推進計画

　理論的な正統性からすれば，社会教育とは，生涯教育の一部であると同時に，「教育活動によって導かれた生涯学習」の一部としても構成されているので，社会教育を計画化するということは，生涯学習推進計画の一部を実効化する計画を作るのが本筋です。しかし，最近では，小規模な市町村などをはじめとして，生涯学習推進計画に社会教育計画を統合させて一体化する形で計画化しているところがほとんどです。

　こうした状況が生じるのは，以前は，生涯学習と社会教育との関係が理論的に整理されないまま，両者が混同されたり同一視されたりしがちだったことが大きな原因でした。また，人員体制などが整っていないなどの現実的状況が理由となって，やむをえず両者を統合させる形で計画策定を行うところもあります。いずれにせよ，生涯学習についても社会教育についても行政計画化を未だに進めていない市町村と比べれば先進的ですが，両者を別々に策定して整合を図ることが本筋に当たります。

　しかしながら他方で，両者に密接な関係を持たせて同時に計画化することは，実務的には極めて有効なことも多いようです。というのは，行政が生涯学習を具体的に支援したり，国民・住民の間で生涯学習が振興されている状況を生み出したりする際に，社会教育が，量的な意味においても，質的な意味においても「扇の要」に位置するからです。このことは，国民・住民の間で「生涯学習」と呼ばれているものの多くが実質

的には，自らを高めたり互いに学びあったりすることを軸とした社会教育活動ですし，生涯学習振興に関わる施策・事業の多くが社会教育事業と重なっていて，実際に生涯学習関連事業を社会教育行政が受け持っている自治体が多いことからも確認できます。

　1998（平成10）年に出された生涯学習審議会答申「社会の変化に対応した今後の社会教育行政の在り方について」は，「社会教育行政は生涯学習振興行政の中核として，積極的に連携・ネットワーク化に努めていかなければならない」と述べています。社会教育行政が中心となるネットワーク化はもちろん，社会教育行政と無関係に進められるネットワーク化についても，生涯学習振興に関するのであれば，一応は視野に入れておく必要があります。こうしたネットワークの結節ポイントとしては，家庭教育・学校教育・社会教育の三者連携，乳幼児教育と保育，高齢者向け福祉と高齢者向け生涯学習，企画行政と生涯学習まちづくり，都市整備と自然・文化的環境，などが挙げられます。

（3）　社会教育委員の役割

　社会教育計画を策定するにあたって重要な役割を果たすのが，社会教育法（1949年制定，2020年最近改正）の第4章として項目が設けられている「社会教育委員」（第15条〜第19条，削除条項有り）です。その第17条では，「社会教育委員は，社会教育に関し教育委員会に助言するため，次の職務を行う」とした3項目のうち，一番最初に「社会教育に関する諸計画を立案すること」を挙げていますが，社会教育委員の職務として，社会教育計画の立案が極めて重要だというわけです。

　しかし，社会教育委員は，直に社会教育計画を立てるというよりも，「定時又は臨時に会議を開き，教育委員会の諮問に応じ，これに対して，意見を述べること」（第17条二）と示された職務として開催する社会教

育委員の会議において，諮問されたことに対して答申したり，社会教育委員による議論をまとめたりして，社会教育計画の基本的方向性や具体的事業などを提言することが多いのが実態です。実務的には，社会教育委員による提言や答申を受けて，社会教育主事をはじめとした社会教育職員が計画書の形にまで仕上げることがほとんどですが，その際，学識経験者がアドバイザーになったり，コンサルタントやシンクタンクなどの力を借りたりすることもあります。今後は，社会教育士の活躍の機会として，計画策定の実務に積極的に携わることが期待されます。

4. 行政計画を策定する際の目配りポイント

　それでは，計画実務につながるような企画・立案の手順を共有していきましょう。目配りすべき諸々の事柄を，大枠レベルで明示します。

（1）　上位計画・関連計画との「整合性」

　行政計画では，照らし合わせたときに矛盾しないという意味で「整合性」を確保することが必須です。少なくとも以下の4点は，市町村レベルの行政の計画づくりでは，前もって意識すべきポイントです。

　1つ目は，策定前の意見聴取です。当然，審議会や懇談会など，計画策定に関わる委員会の意見は，最大限に尊重し反映すべきものです。加えて，住民から広く「パブリック・コメント（Public Comment）」を募り，多様な意見を反映させていく努力も求められます。

　2つ目は，当該自治体の上位計画や関連計画との整合です。まず，「地域総合計画（マスタープラン）」との整合性を図ることが必須なのは，社会教育計画や生涯学習推進計画が，地域総合計画の部門計画に相当するからです。図5-5は，第二次さくら市生涯学習推進計画の体系図ですが，第二次さくら市総合計画を踏まえて，改めて基本理念を打ち出し

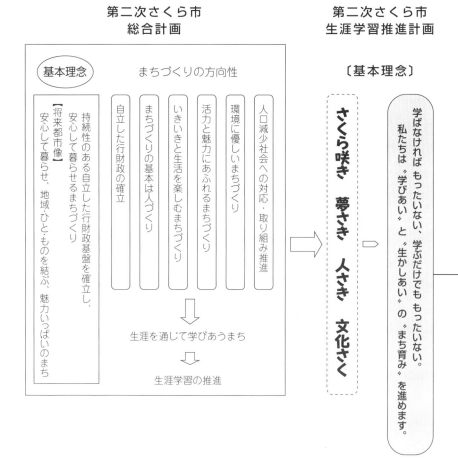

図5-5　第二次さくら市生涯学習推進計画の施策の体系図

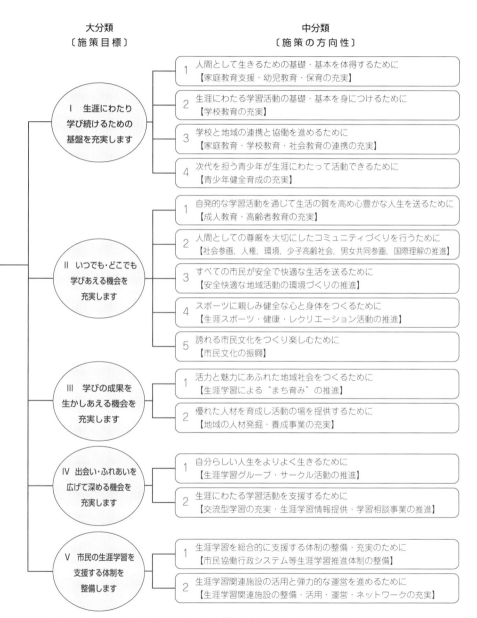

大分類
〔施策目標〕

中分類
〔施策の方向性〕

I　生涯にわたり学び続けるための基盤を充実します

1　人間として生きるための基礎・基本を体得するために
【家庭教育支援・幼児教育・保育の充実】

2　生涯にわたる学習活動の基礎・基本を身につけるために
【学校教育の充実】

3　学校と地域の連携と協働を進めるために
【家庭教育・学校教育・社会教育の連携の充実】

4　次代を担う青少年が生涯にわたって活動できるために
【青少年健全育成の充実】

II　いつでも・どこでも学びあえる機会を充実します

1　自発的な学習活動を通じて生活の質を高め心豊かな人生を送るために
【成人教育・高齢者教育の充実】

2　人間としての尊厳を大切にしたコミュニティづくりを行うために
【社会参画, 人権, 環境, 少子高齢社会, 男女共同参画, 国際理解の推進】

3　すべての市民が安全で快適な生活を送るために
【安全快適な地域活動の環境づくりの推進】

4　スポーツに親しみ健全な心と身体をつくるために
【生涯スポーツ・健康・レクリエーション活動の推進】

5　誇れる市民文化をつくり楽しむために
【市民文化の振興】

III　学びの成果を生かしあえる機会を充実します

1　活力と魅力にあふれた地域社会をつくるために
【生涯学習による "まち育み" の推進】

2　優れた人材を育成し活動の場を提供するために
【地域の人材発掘・養成事業の充実】

IV　出会い・ふれあいを広げて深める機会を充実します

1　自分らしい人生をよりよく生きるために
【生涯学習グループ・サークル活動の推進】

2　生涯にわたる学習活動を支援するために
【交流型学習の充実・生涯学習情報提供・学習相談事業の推進】

V　市民の生涯学習を支援する体制を整備します

1　生涯学習を総合的に支援する体制の整備・充実のために
【市民協働行政システム等生涯学習推進体制の整備】

2　生涯学習関連施設の活用と弾力的な運営を進めるために
【生涯学習関連施設の整備・活用・運営・ネットワークの充実】

（栃木県さくら市生涯学習推進本部編『第二次さくら市生涯学習推進計画―さくら育み学びあいプラン―』（2017 年，pp.108-109）を基に作成。）

ており，それに基づき「施策目標」と「施策の方向性」を示しています。また，たとえば男女共同参画計画・地域スポーツ振興計画・地域福祉計画など，他部局が主管する諸計画とも整合すべき可能性があります。

　3つ目に，国の教育政策・生涯学習政策，都道府県の生涯学習施策も，すり合わせの対象になります。ただし，それらと矛盾しない限りにおいて，その枠に収まりきらないものを創造的に提案することは，地方自治体の個性を大切にするという意味で，大いにこだわってよいことです。

　4つ目に，従来からの流れを踏まえることです。当然，仮に第3期計画を策定するとすれば，第1期・第2期の計画内容を踏まえて，おのおのの施策や事業については，継続するか中止するかの判断が迫られますし，基本理念を変更するか否かといった課題も出てきます。

（2）　計画の実施期間と対象範囲

　計画づくりを行う際に大前提となる要素とは，「実施期間」と「対象範囲」です。どれくらいの実施期間を想定して，誰を対象として，どれくらいの範囲について，計画を遂行していくかを最初に規定しておかないと，そもそも計画の外枠や枠組みが定まっていきません。

　まず，「実施期間」について，期間を区切らなければ，実効性のある計画になりません。「短期・中期・長期」の基準は，人によっても時代によっても異なりますが，行政計画の場合は，おおよその目安として，短期が1〜2年，中期が3〜5年，長期が5〜10年以上というように押さえておいてよいでしょう。単年度ごとに計画化することもあります。

　次に，「計画の対象範囲」について，市町村単位で示される自治体が，社会教育計画を策定すると前提して確認しておきます。誰を「計画の対象者」とみなすかについては，社会教育計画の場合は，在住・在勤の成人が年齢的に中心になることが多いのですが，以前から子ども向けの社

会教育も考慮されていたことや，生涯学習の観点が必須になったことから，乳幼児から高齢者に至るまで全生涯にわたると考えるべきでしょう。また，「計画の範囲」という言い方の前提として，領域的・テーマ的なものも含まれますが，地域活性化も視野に入れた社会教育計画は，まちづくりなども含めて様々な分野から教育や学習支援的要素を取り出せるような視野の広さが求められます。

（3）　生涯学習推進計画・社会教育計画に関する各論的内容

　まず，行政計画であるがゆえに盛り込むべき基本的なものとして，「計画の目標」に相当する部分（「計画の理念」「計画の趣旨」「計画の性格」など）や「計画全体の構成」を示したものなどが，総論に配置されることになります。総論の中で，「計画をめぐる現状」として，地域の現状や，地域住民の生涯学習・社会教育の現状に関する記述がなされることも多いのですが，事前に意識調査や実態調査を行って，その裏付けがしっかり取れていることが望ましいでしょう。

　次に，社会教育に関して各論的に展開すべき項目について確認します。「計画を実現するための方法」に相当する内容については，「直に学習活動に関わるもの」と「学習活動を行う条件の整備に関わるもの」との二段構えで取り扱う必要があります。前者については，「学習内容や学習方法に関する指針」，「学習成果の発揮・活用に関わる指針」，「学習者どうしの交流への配慮」，「指導者やボランティアの養成」などが相当します。後者としては，「学習機会や場の提供」，「関連施設の状況・情報」，「情報提供・学習相談」，「広聴・広報」などが挙げられますが，「組織体制の整備」が基盤に置かれます。さらに，予算的裏付けについては，計画書の中で具体的に書くべきかどうかは別として，計画策定において強く意識すべきものだとみなせます。

5．計画の実施と評価

　計画とは，作成されてしまえば，それで終わりというものではなく，実施されて初めて意味が出てきます。さらに，実施後はもちろん，実施前も含めて，「評価（evaluation）」という視点が不可欠になります。

（1）「計画化－実施－評価」の流れ

　何事であれ，実践プロセスについては，第2章で検討したように基本的に「構想－実行－実現」の一連の流れとして把握できます。すると，実践後には，この流れを遡る形で，①どのような状態が実現したか，②どのように実行されていったか，③そもそもどのように構想されていたか，の3つを評価する際の基本的な柱として検討し直すべきでしょう。

　また，計画の実効性を確保するためには，第2章で示したような「計画化－実施－評価」の一連の流れを意識する必要があります。いわゆる「PDSサイクル」とは，「①Plan（計画化する），②Do（実施する），③See（評価する）」といった3つの行為や行動を半ば無限に繰り返す中で，計画を改良し続け，それに応じて現実の状況を少しでも良くしていこうとするものです。PDSサイクルの「③See（評価する）」の部分を「③Check（検査する）」と「④Action（対処すること）」との2段階に分け，「PDCAサイクル」としているものが普及していますが，両サイクルとも，考え方の基軸は同じです。PDCAサイクルの「④Action」には「改善する」という意味合いが含まれており，戦略的観点を基準にして諸々の戦術や個別実践がうまくいっていないと評価される場合に，方法の修正を行うことが求められます。

　いずれにせよ，ここで強調すべきことは，そもそもの計画が適切に作られていなければ，PDCAサイクルそのものが形骸化し機能しなくな

ることです。評価行為の実効性を確保するためにも、計画化という営みは極めて重要であり、洗練度の高いものにしなければなりません*2)。

（2） 計画の評価指標―インプット・アウトプット・アウトカム

　評価指標としては、計画を通じて得られた結果や成果に対するものだけでなく、計画の遂行過程に対するものもあります。その際に一般化している指標が、①インプット（input）、②アウトプット（output）、③アウトカム（outcome）の3つの観点です。

　①インプット指標とは、ある事業に実施するのに必要な人や資金および時間などをどれくらい投入したかを問うものです。②アウトプット指標は、ある事業を実施した結果として何がどれくらい産出されたかを問うものです。③アウトカム指標は、アウトプットが実際的な場面でどのような効果や成果をもたらしたかを実質的に問うものであり、計画が単なる自己満足で終わっていないかどうかをチェックする意味合いがあります。こうした3段階を指標として生かしながら、計画の進捗状況や成果などを総合的に把握しようとするわけです。

　さらに付け加えるならば、筆者は、ある施策や事業が「なぜ、何のために行われているか？」といった目的についての評価が不可欠だと考えています。筆者は、これについては「ゴール指標」と名づけていますが、「設定された目的・目標」それ自体の妥当性・適切性・的確性も問われ続けるべきだという話になるわけです。

〉〉 註

＊1）　P.F. ドラッカー『マネジメント【エッセンシャル版】―基本と原則』（上田惇生編訳）、ダイヤモンド社、2001 年、p.38。ドラッカーは、「必要なものは、長期計画ではなく戦略計画である」と述べている（同上、p.37）。

＊2）　岡本薫『なぜ日本人はマネジメントが苦手なのか』，中経出版，2011年，pp.1-120。岡本は，「P＝Plan」の段階を「5つのPhase」に分けた「Phased Planning手法」を提唱している（同上.）。

参考文献

東京都稲城市教育委員会教育部生涯学習課編『第三次稲城市生涯学習推進計画―Inagiあいプラン3rd―（"つなぎあい"から"にないあい"へ)』（2012）https://www.city.inagi.tokyo.jp/kosodate/shakaikyouiku/3syougaigakusyuu/index.html
栃木県さくら市生涯学習推進本部編『第二次さくら市生涯学習推進計画―さくら育み学びあいプラン―』（2017）http://www.city.tochigi-sakura.lg.jp/soshiki/33/dainijisakurashisyougaigakusyu-suishin-plan.html

学習課題

　あなたが在住・在勤する地域の行政計画（できれば社会教育計画か生涯学習推進計画が望ましい）を素材として，その構想の良しあしや有効性などについて，あなたなりの基準に基づいて自由に評価してください。

6 │ 社会教育事業の意義と評価方法

佐々木　英和

《目標＆ポイント》 社会教育事業を実際に運営する際のポイントを，全体的な枠組みを押さえながら，個々について細分化して理解していく。その際，事業目標と評価とが密接に連動することを意識しながら，「効果」と「効率」との関係など，混同しやすい要所を区別するコツを身につける。

《キーワード》 事前評価，事後評価，インプット，アウトプット，アウトカム，ゴール，効率，効果，KGI，KPI

---

1. 社会教育事業の全体構成

　社会教育事業には，講座を開いたり，イベントを開催したりすることなどが含まれます。図式的に言えば，こうした事業の具体的内容は，入口段階・中身段階・出口段階の3局面の流れで概観することができます。また，事業を実施する際の個々の観点は，事業実施後に行う「事後評価」はもちろん，事業前に行う「事前評価」における評価観点としても活用できます。翻って，評価観点とは，細分化された事業目標にも反映させて活用できるものです。こうして，事業を具体的に構想しようとすればするほど，個別に細分化された目標を，評価観点と往還させながら洗練させていくことにつながっていきます。

（1） 入口段階における事業評価

　そもそも，事業は，参加者が存在しなければ成り立たず，始まらない

ものです。義務教育で教壇に立つ教師は，自分の授業を受けてくれる児童・生徒がいることを当たり前の前提にして教育活動を行えますが，社会教育職員は，受講者集めから始めなければなりません。その点も含めて，講座そのものというより，その前提条件を考えなければならず，この点が大変でもあり面白くもあります。入口段階については，事業参加しそうな候補者の立場に立って考えるのが基本です。少なくとも，以下の3つの角度から，講座企画を深めておきましょう。

第1に，時間レベルの入口論です。講座をどの時間帯に設定するかなどの事項が相当します。たとえば平日昼間に講座を開催すれば，昼間働いている人の参加は望みにくいかもしれません。そのような理由で，ターゲット次第では，平日夜間や土日・休日を有効活用しようとすることもあります。

第2に，空間レベルの入口論です。どこで事業を実施したり講座を開催したりするかは，受講希望者にとって大きな問題です。開催場所が近いか遠いか，公共交通機関は何を使えるか，自動車を使うとすれば駐車場を確保できるかなど，空間的要素による制約により，そもそもの参加者層は異なってきます。むろん，オンライン授業では，受講者がどこで受講するかは気にしなくてよいのですが，その代わりに受講者の情報通信機器活用能力や通信環境などに十分に目を配らなければなりません。

第3に，関係づくりの入口論であり，学習者とどうつながるか，どのように縁を創り出すかが課題になります。情報レベルの入口論は，いわば「入口のための入口」論に相当します。いわゆる広報・PR活動では，誰をターゲットとして，誰に情報を届けるかがポイントになります。若い人向けにはSNSが有効かもしれませんが，高齢者向けにはテレビや新聞などのマスコミを活用するほうが確実性が高いというように，ターゲットに応じた適切な手段を選択することになります。

（2）　中身段階における事業評価

　あなたの企画する講座について，「入口まで」段階に成功したとしましょう。しかし，「入口から」段階こそが重要であり，せっかく参加してくれた人が，途中で離脱するような事態はなるべく避けたいものです。受講者が，できれば満足してくれるように，少なくともがっかりしないように努めましょう。事業の真価は，その中身にこそあります。

　とはいえ，受講者の満足度の高い有益な事業を実施するためにどうするかについては，ある程度以上の熟練した技術が必要となります。まずは，どうにかこうにかでもプログラムを成り立たせるためのチェックポイントを，事前にリストアップしておきます。筆者は，いわゆる「5W1H」に肉付けした整理法を提案します。

　事業構想するときに最も基盤となる問いは，「①What?（＝何を？）」「②Why?（＝なぜ？　何のために？）」「③How?（＝どのように？）」の3項目です。まず，どういった「教育内容」（学習支援内容，サービス提供内容など）について教育・学習支援するか（したいか，するべきか）について，テーマ設定します（＝"What?"の視点）。次に，何より根本的な問題として，「何のために，その事業を実施するのか？」といった「事業目的」を決めるべきですが，簡単に答えが出ないにしても，考え続けるよう心がけましょう（＝"Why?"の視点）。すると，テーマを実現するために最適な手段として，どのような「教育方法」（学習支援方法，条件整備方法，学習方法など）を選択すれば適切かも絞られてくるというわけです（＝"How?"の視点）。

　次の段階として，「何を，なぜ，どのように？」という問いを深めていきながら，「④Who?（＝誰が？）」と「⑤Whom?（＝誰を対象として？）」との関係を考慮していきます。当該事業について，いかなる「学習主体」および「教育客体」（学習者，サービス受益者など）を「対象」として

実施すべきなのかを検討しましょう（＝"Whom?" の視点）。そして，それに応じて，いかなる「教育主体」（教師，講師，ファシリテーター，コーディネーター，プレゼンター，学習支援主体，サービス提供者，運営主体など）がふさわしいのかを明らかにしましょう（＝"Who?" の視点）。

　今度は，大枠が定まったところで，事業をさらに具体化することになります。その基本とは，時間的条件たる「⑥When?（＝いつ？）」と，空間的条件たる「⑦Where?（＝どこで？）」とを意識することです。まず，時間的条件については，単位として「年・月・日・時間・分・秒」というように様々なレベルがありますが，長期的・短期的スパンを意識しながら，「⑧How long?（＝どれくらいの期間・制限時間で？）」や，「⑨How often?（＝どれくらいの頻度で？）」の視点を加えて具体化しましょう。また，空間的条件については，どのような場所や会場を用いて事業を実施するかが主題になりますが，おのずと「⑩How many people?（＝どれくらいの人数を対象として？）」を現実的に考慮せざるをえなくなるので，「⑪How large?（＝どれくらいの規模で？）」事業を行うことが可能かなどの目処がつくのです。

　なお，インターネットを活用したオンライン授業は，時間・空間的制約から解放されます。ZOOM などのビデオ会議システムのリアルタイムのやり取りも可能ですし，受講者が後で録画記録にアクセスして視聴できたりもします。ただし，学習者にとって講師や他の受講者と同じ空間で同じ時間を過ごす醍醐味が喪失することを，あらかじめ想定しておきましょう。

　最後に，これらの様々な条件を勘案しながら，現実的に事業実施するための経費的条件をすり合わせる必要があります。「できることを，できる範囲で」という考え方を原則とするならば，「⑫How much?（＝ど

れくらいの予算で？）」の視点を入れて，「これくらいの規模の事業なら，これくらいの予算で実施可能である」ということを予測することになります。「⑬How far?（＝どれくらいの範囲で？）」の人（身近な地域，市町村，都道府県，全国，海外など）に周知したいかを意識すると，事業の存在を広報すべき範囲も定まってくるでしょう。

　さらに，連携もしくは共催してくれる団体・組織・個人の力を借りるなどという意味で，「⑭With whom?（＝誰と連携・共催して？）」という視点を，常に意識しておくことを推奨します。財政状況をはじめとした現実的条件に縛られすぎて，魅力性や夢に欠けたアイデアにとどまり，おざなりの事業に陥ってしまいそうなときなど，単独開催では難しかった数々の困難を乗り越える策を練ることにつながるからです。

　以上で提案した14要素の項目については，「5W1H」を肉付けして，「7W7H」とでも呼んでおきます。具体的事業を構想する際には，順不同でかまわないので，事前にリストアップしておき，各項目について表やマトリックスを作り，おのおのの要素が相互に関連していることを意識して相互調整を図りつつ，丁寧に確認することが望ましいのです。

　いずれにせよ，漫然と講座プログラムを組むのではなく，「出口まで」を意識しましょう。たとえば，講座修了後に修了証書が発行される仕組みを整えれば，それが励みになって欠かさず出席する受講者も出てくるはずです。講座を終えた後に，地域づくりなどに展開しそうな見込みがある場合などには，学んだことを地域に生かす視点でフォローアップすることが必要です。いずれにせよ，「出口がどうあるべきか？」という問いから逆算する形で，事業内容を構築すれば，芯が通っていて，締まりのあるプログラム構成になりやすいのです。

（3） 出口段階における事業評価

　最後に，事業終了後という意味での「出口から」という視点が欠かせません。たとえば，交流的効果を重視したいならば，直に懇親会を催したり，毎回の講座終了後に人が集まりやすいというような雰囲気をつくったりしてみることになるでしょう。すると，あまり利害関係に縛られないようなゆるやかなつながりが生まれ，自発的に同窓会的なものができることもあります。その結果，リピーターが増えるという成果につながり，安定的に講座受講者の数を集めることができます。

2．社会教育経営論的な評価枠組み

　経営においては，実施した事業について，その結果はもちろん，実施過程や実施目的などが評価対象となります。第5章の計画論においても，評価の視点に触れています。これまでの議論を教育実践に適用してみて，その適切性について筆者なりに検討しつつ，社会教育事業の評価を試みる際の大枠を提供していくことにします。

（1） 事業評価の視点―インプット・アウトプット・アウトカム

　英語の"input"と"output"は，今やカタカナ英語の「インプット」と「アウトプット」として一般化し，日常的な日本語となりました。両者は，互いに対義語の関係を成しています。

　インプットは，直訳すると「入力」であり，経済用語としては，資金や資源などの「投入」を意味します。これに対して，アウトプットは，直訳すると「出力」であり，他には「産出」や「収穫」などの意味があります。ここで，教育活動の「始まり－途中－終わり」といった過程の全体を見すえれば，アウトプットとは，インプットされた資源を活用する過程や結果だとみなせます。インプットが「資源の投入・投資」であ

るのに対して，アウトプットを「活動の表出・産出」として理解できます。「産出される結果」としてのアウトプットは，モノである可能性も含みますが，教育の場合は，「活動（activities）」が主となります。

　次に，行政などの業績評価として，インプットやアウトプットが持ち出される際には，「アウトカム」という言葉にも注目すべきことになります。"outcome"という英単語の元の意味は，「結果」や「成果」ですが，地方行政の活動によってもたらされる「業績」や「効果」を意味することもあります。

　このアウトカムには，何らかの活動や出来事などの結末といった意味合いがあります。よって，一定程度以上のアウトプットがあってはじめて，ある程度のアウトカムが期待できるという意味で，アウトカムはアウトプットを基盤として成り立つ概念です。アウトカムとアウトプットとを決して同一視してはなりませんが，「アウトプットなくしてアウトカムなし」という意味で，アウトプットはアウトカムの必要条件です。

　ちなみに，アウトカムの代わりに「インパクト（impact）」という言い方が用いられることもあります。アウトカムよりもインパクトという言い方が好まれる場面は，働きかけたい対象について，「社会活動そのもの」に対して「社会的に実現したい成果」を鮮明に強調したいときのようです。説明の便宜としては，「アウトプットに基づく目標」が「1万人のホームレスに食事を提供したい」というように，社会活動そのものに対する数値目標が例示されるのに比して，「インパクトに基づく目標」が「飢餓を5%削減したい」というように，社会活動によって期待される成果の数値目標が例示できます[*1)]。

　いずれにせよ，何らかの施策・事業を評価する上で，「インプット指標」「アウトプット指標」「アウトカム指標」といった評価指標は，十分に理解されなければなりません。ただし，それらだけで十分かどうかと言え

ば，必ずしもそうではありません。第5章で，筆者は，そもそもの目的や目標などの実践の出発点を問い直す観点で「ゴール指標」を提案しています。

（2）社会教育事業の構成要素—教育的資源・教育的活動・教育的成果

まずは，「インプット」「アウトプット」「アウトカム」といった用語を，教育実践を説明する際に適切な他の言語に置き換えることを試みます。この三者を「資源」「活動」「成果」といった単語に置換していきます。

第1に，インプットについて，広義の「資源（resources）」を投入した状態だとみなせます。「教育的資源」といった場合，時間的側面と空間的側面とに着目する必要があり，教師をはじめとした人材がどれだけ教育的活動に時間を費やすことができるかの潜在的可能性や，それを実際に行える学校などの教育施設や場所の存在，さらには情報や知識・ノウハウおよび経験などの情報的資源などもクローズアップします。また，当然のことながら，予算や資金などの金銭面は，教育に関する直接・間接の活動を根底から支える現実的基盤として必要かつ重要です。

第2に，アウトプットについて，広義の「活動（activities）」が表出された状態だとみなすことができます。教育実践とは本質的に人的営みであるので，「教育的活動」それ自体が産出結果なのです。裏を返せば，何らかの教育的資源がインプットされていたからこそ，学校の授業などの個別実践は言うまでもなく，施策や事業といった行政的活動なども産出できたと考えられるのです。

第3に，アウトカムは「成果（effect）」のことですが，「獲得成果」をどのような水準で理解するかによって範疇（はんちゅう）が変動します。たとえば，新しい授業に挑戦した活動の記録をまとめた報告書は，関係者が頑張ってきたことの集大成という意味で，それ自体をアウトカムとみなすこと

が可能な反面，それを読んでくれる人がほとんどいなかったら，そうした記録を残したという事実が存在するだけとみなされ，単なる「活動結果」という意味でのアウトプットの延長にすぎないものに戻るでしょう。しかし他方で，この報告書の存在を周知させ，それを読んだ人が自らの実践に役立てているとすれば，重要な「教育的成果」だとみなせます。報告書はそれ自体では外形的なモノにすぎないのですが，誰かに読まれることによって社会的存在として価値を持ち実質化します。裏返せば，倉庫に山積みされたままの報告書は，社会的に存在価値を発揮するチャンスを失っているので，労力のかかったアウトプットではあっても，決してアウトカムだとは言いがたいのです。

　この例のように，アウトカムとは，アウトプットの中に潜在的に含まれた可能性や価値ですが，社会的なつながりの中で，それらを発揮させてはじめて，その名に値するものと化すものです。また，アウトカムの射程は，副次的な効果や派生効果にも至ります。さらに，アウトカムには，新たに問題発見・課題創出できたというレベルのものも含まれます。というのは，そのような形態のアウトプットを行っていなければ気づけなかった問題や課題を指摘できたことは，たとえそれが失敗で終わっていたとしても，これから新たな実践を行おうとする他の関係者にとっては大変に貴重な情報提供になり，何らかの影響を与えていくからです。

　それでは，教育実践における投入資源・表出活動・獲得成果のおのおのの水準について，教育にとって内在的なものか外在的なものかによって，多様な展開が見られることを確認してみましょう。ここでは，「地域に開かれた学校づくり」の実践を例にします。

　教育的資源をインプットする段において，教師集団や児童・生徒および校舎・校庭などは「学校教育内在的資源」であるのに対して，地域住民やコミュニティ施設などは「学校教育外在的資源」です。また，教育

的活動をアウトプットする段においても，学校の授業などは「学校教育
内在的活動」であるのに対して，地域住民によるコミュニティ活動は「学
校教育外在的活動」だとみなせます。

　しかし，「地域に開かれた学校づくり」という教育的活動を進めるこ
とにより，学校教員と地域住民との交流機会が増えることは，学校教育
にとって内在的か外在的かという区別を超えた新しいアウトプットでも
あります。たとえば，学校運営協議会を年に何回開催したかという形式
的側面も，重要なアウトプットです。

　さらに，こうしたアウトプットがどのような新しい価値を生み出して
いるかが，諸々の活動の成果をアウトカムとみなして位置づけし直す際
のポイントです。学校教員と地域住民とが同じ場所に集って意見交換す
るだけでも，コミュニティ内の情報交換が進み，たとえば子どもの通学
路の安全確保のための方策が出てくるといった効果があります。また，
ある子どもが地域の人に支えられていると実感して，自分に自信を持ち
始めて，その子の学習意欲が高まり学力が上がったというケースがあれ
ば，思いがけない波及効果が学校内で生じたことになります。さらに，
学校への関わりが地域住民がまとまるきっかけになるといったコミュニ
ティ政策的な次元でのアウトカムも期待されます。

3. 事業の実施・評価において 「効果的かつ効率的たること」の必要性

　社会教育事業を実施する際，教育的発想と経営的観点とが必ずしも予
定調和的ではないことが起きます。こうした事態がなぜ生じてくるかに
ついて詳察するための足がかりを得ましょう。

　人によっては，「効率（efficiency）」と「効果（effect）」とを混同し
がちです。しかし，教育実践であれ経営であれ，両者を峻別して考えな

ければなりません。同様に,「効率的（efficient）」と「効果的（effective）」とを分けて考えることが必要かつ重要です。

（1）「効率」と「効果」との基本的相違

　辞書的には,「効率」という名詞は,「機械によってなされた有用な仕事の量と機械に供給された全エネルギーとの比」（岩波書店『広辞苑［第7版］, 2018 年）と定義されることがあります。ここで, 有用な仕事の量がアウトプットに相当し, 供給されたエネルギーがインプットであるとみなせます。したがって, 効率について, インプットに対するアウトプットの比率だと定義し直せるわけです。教育の実際について言えば, 諸々の資源を投入したことに対して, 諸々の活動がなされたことです。

　また,「効率的だ」という形容動詞は, 効率の良さを形容したものです。少ない入力量で大きな出力量が出せれば「効率が良い」ということになるのに対して, 大きな入力量で少ない出力量しか出せていなければ「効率が悪い」ということになります。「効率化」を実行・実現するには, 大きく分けて, インプットを保ちながらアウトプットを増やすか, インプットを減らしながらアウトプットを保つかのどちらかの二つの方向性があります。よって, 両方が合わさった理想的方向性として, インプットを減らしながらアウトプットを増やすのが「もっとも効率的」な在り方だという話になります。なお, 入力状態と出力状態とについて, 必ずしも量的な物差しで測ることができるわけではないので, これらは比喩的な次元でとどまる場合もあります。

　これに対して,「効果」という名詞は,「目的通りのよい結果」（三省堂『新明解国語辞典［第8版］』, 2020 年）と定義され,「効果的だ」という形容動詞は,「目的とするききめの現れるさま」（小学館『〔精選版〕日本国語大辞典』, 2005 年）を意味します。つまり, 効果的か否かを判

断したり，効果を定めたりする基準とは，目的とか目標もしくは理念などといった理想水準で事前設定されなければなりません。「目標＝ゴール」を決めないで，効果を評価することはできないので，当該事業において，そもそもの目的が何かが改めて問われてきます。

したがって，何をもって「効果的たる状態」であるかは，インプット・アウトプット・アウトカムの３要素の関係をいくらいじくっても明らかになりません。「インプット－アウトプット」循環から外に出た評価として，「ゴールに対するアウトカム」として理解できます。そのため，効果については，「目標（goals）」さらには「理想（ideal）」といった外的な価値基準が要請されてくるので，教育実践ではその根本にある「教育的価値」を改めて問い続けざるをえなくなるのです。

（2）「効率」と「効果」との優先順位の問題

行政評価手法としての「インプット－アウトプット－アウトカム」という枠組みにのっとって定義し直せば，「投入のロスの最小化を図ること」が"Economy"で，「アウトプットの極大化を図ること」が"Efficiency"であり，「アウトプットを通じてアウトカムを改善すること」が"Effectiveness"です[2]。"Effectiveness"は「効果的たること」を意味し，「望ましい効果」を実現するための方法概念に相当します。"Economy"と"Efficiency"の両者は「効率的たること」を直に構成する概念ですが，インプットの最小化をめざす前者の方向性が手っ取り早く採用されがちです。

重要ポイントは，「効果の実現」と「効率の追求」とは，別次元の話だということです。効果は，それ自体がめざされるべき目的に位置づけられます。これに対して，効率は，それ自体が目的ではなく，効果的な状態を実現するための手段の一つに位置づけられる可能性を秘めたもの

にすぎません。よって，効率の良さばかりを求めて，効果を棚上げして
しまっているならば本末転倒です。これは，案外と意識されていないこ
とですが，効率追求は「手段の自己目的化」に陥りがちです。

　他方で，「目的のためには手段を選ばない」と決断するのであれば，
効率を度外視してでも物事を成し遂げようとするでしょう。すると，資
金投入に糸目を付けないなど，「手段たる効率」を完全無視する泥臭い
やり方を選択することになります。つまり，非効率的な方法で，最大限
の効果を得ようとする場面も現実には多いのです。

　しかし，こうしたやり方は，長続きしません。というのは，現実的な
資源には限りがあり，非効率性を徹底しようにも，すぐ限界に突き当た
るからです。よって，改めて「効率的たることを有効な手段として効果
的にする方向性」を求めるべきでしょう。現実には，効率性とは，効果
に至るために有効な手段の一つであり，「能率化」こそが，直に効果に
つながりやすいのです。たとえば，無駄な作業が省けたり時間を節約で
きたりすることでスピードアップして，他の事に時間を回せることが，
効果的な状況につながる余地を生み出します。

（3）「限られた資源」を前提とせざるをえないことの意味

　経済的に失敗しないことは，事業成功のための手段の一つにすぎませ
んが，経済は同時に絶対的な現実的基盤です。理想的な成果を求めるあ
まり，そのことを忘れるならば，まさに経営破綻（はたん）につながりかねませ
ん[*3)]。だから，経営効果を棚上げしないということを前提としてですが，
限られた時間内で，限られた資源を活用して経営効率を高めていく可能
性を探る必要が出てきます。

　一般に「経済」と訳される "economy" という単語には，「節約」と
いう意味もあります。実際，効率化といった場合に，経済学的な中心戦

略は，なるべく多く入力量を省こうとする「省力化」です。教育を経済学的観点から分析しようとする試みとしては，とても曖昧な「効率性」という言葉に対して「限られた資源をいかに効率よく配分するか」という暫定的定義を与えた上で，「財の配分の仕方」と「コストをできるだけ削減するという意味での効率性」との２項目を提示したものがあります*4)。無駄なものや余分なものを減らすことにより「効率の良さ」を追求するという方針を採用すれば，必要経費や人件費などを多少なりとも切り詰めることにより入力分を減らして，インプットに対するアウトプットの比率たる効率を良くしようとする思考に至るはずです。人や物および時間・空間なども含めて，関連資源は無限に存在するものではなく有限なので，これは，ある意味で当然の成り行きです。

　実際，アウトプットが減り続けても，大胆にインプットを減らしていけば，効率の良さを維持できることになります。しかし，ここで気をつけなければならない罠が，「手段たる効率の自己目的化」です。何が目的もしくは目標かが曖昧化したままのときには，手段を洗練すればするほど，奇妙な事態が招かれます。それが深刻になりやすいのが，教育予算なども含めた金銭的問題です。

　予算を切り詰められれば切り詰められるほど，少なくとも抽象的な数字の上では効率性が高まったとみなせるので，経費削減それ自体があたかも最終目的のような位置を占めてしまうことがあります。より上位の目的を達成するための手段たる経費削減を「暫定的な目標」に設定したにすぎないのに，本来求められるべき理想はもちろん，個別の目的が見失われ，本来なら経費削減よりも優先的に求めるべき上位目標すら棚上げされてしまいます。

　そうだとすれば，大きな成果はほとんど期待できません。というのは，アウトカムは，ある程度の量のアウトプットの裏打ち無しには原理的に

成立しないからです。たとえば，組織の人員を削減しすぎて，仕事が回らなくなってミスが頻発するといった状況は，個々人でミスを犯さない努力を徹底するといった精神主義的発想のみでは決して乗り越えられません。というのは，人的資源それ自体が限界性を持つので，可能なパフォーマンスやアウトプットには自ずと限界があるからです。「省力化の徹底により実現する効率化」は，それを追求すればするほど，「効率的であっても，決して効果的ではない」という本末転倒の結果に陥る危険性に常にさらされています。それどころか，「効率性の追求」が「逆効果」を生み出すことも頻繁にあります。

　もちろん，教育事業を営む際において，経営効率が高まるに越したことはありません。しかし，「経営効率を求めるあまり教育効果を犠牲にする」という状況に陥らないように気をつけなければなりません。事業運営にあたって，「高い教育効果を得るために経営効率を高める」という状態を実現するための創意工夫が求められます。改めて強調すれば，教育事業においては，教育効果が十分に高まってこそ，経営効果も高くなったと評価できるのです。「効果的な状態」を担保しながらも，常に「効率的な手段」を選択しなければならないという場面が多々存在しますが，「効率的かつ効果的」ではなく「効果的かつ効率的」でという順番で考えるようにしましょう。これは，理念や目的・目標を見失わないように自覚するための心がけを意味します。

（4）「効果」に「効率」を組み合わせた評価法

　経済的・経営的文脈および財務的文脈で頻繁に用いられる日本語として「費用対効果」がありますが，その元の英語としては，"cost-benefit performance" や "cost-effectiveness" が当てられます。この場合，「費用」に対する "effectiveness" が「効果」を示しています。ここで，「費

用」という言い方がなされているからといって，この言葉が必ずしも金銭や経費の文脈でのみ用いられるというわけではありません。元々は，"cost"という英単語には，「費用」や「経費」など以外にも，人命・時間・労力などの犠牲・損失などといった否定的ニュアンスがありますが，最近では，特に気にせずに用いられるようになってきています。

　ここで，「費用対効果」という一般的表現に注目すると，「もっとも効果的」だとみなされているのは，「最小限の費用で最大限の効果を得る」ことです。この「インプットに対するアウトカム」の関係は，「投入資源－対－獲得成果」と言い換えられます。同様に，「最小限の努力で最大の効果を得る」という表現は，「努力」を「活動」に置き換えれば，「表出活動－対－獲得成果」つまり「アウトプットに対するアウトカム」の関係を主題にしていることになります。そこで，インプット・アウトプット・アウトカムの３者を関連づける評価方法が必要となるでしょう。

　これまでの評価論では，インプットがどのように条件づけられているかに縛られる形でアウトプットの方向性が選択され，結果的に生まれたアウトカムを事後的に評価するといった因果論的思考手順が主流でした。逆転の発想として目的論を採用すれば，「求めるべきアウトカム」を目標として事前に設定し，そのためにアウトプットとしてどのような活動を方法として選択し実行・実現すべきなのか，それを可能にするインプットとしての資源はどのように条件づけられているかを検討するという流れになり，未来イメージから現在へと遡ることになります。アウトカムの価値を決めるゴールの設定が改めて重要だと再確認できます。

　社会教育では，大目的や最終目標を数値化することは，たいていは容易でありません。しかし，たとえば受講生全体の講座満足度を平均で80％以上にするなど，事業ごとに各目標を定量的に設定することは十分に可能です。その最終目標を定量的に評価できる指標としては，KGI

（Key Goal Indicator）があり，「重要目標達成指標」とも呼ばれます。このKGIを達成するための各段階が適切に実施されているかどうかを定量的に評価するための指標がKPI（Key Performance Indicator）であり，「重要業績評価指標」とも呼ばれています。「効果的たるために効率的である状態」を可視化するための指標として，KGIやKPIを活用可能です。

4．事業の実施優先度を決めていく手順

　複数ある事業について，「仕分け」が必要なことがあります。限られた資源で経営するには，施策・事業の優先順位をつけて取捨選択しなければならないというわけです。その際，漠然と曖昧に判断するのでなく，何らかの基準を設定して，基準どうしを立体交差する議論が必要です。この発想は，事業評価を洗練するための着眼点としても活用できます。

（1）「優先度」を決める観点
　事業の「優先度（priority）」を決める際には，何より「重要性（importance）」が最優先項目となります。そこで，その事業を現実に実施できる条件を伴わせられるかどうかといった「可能性（posibility）」との兼ね合いを考え，優先性を決める目安となる議論を実質化させます。
　何らかの施策・事業を評価することについて，「実施重要性」の度合いと「実施可能性」の度合いとを掛け合わせる形で，立体的な議論を展開するための目安をつくったのが，**図6-1**です。このマトリックスにより，「①実施しにくいし，実施しなくてもよい事業」「②実施しやすいが，実施しなくてもよい事業」「③実施すべきだが，実施しにくい事業」「④実施すべきだし，実施しやすい事業」というように，4グループに分類できます。

実施重要性	高い	③実施すべきだが，実施しにくい事業	④実施すべきだし，実施しやすい事業
	低い	①実施しにくいし，実施しなくてもよい事業	②実施しやすいが，実施しなくてもよい事業
		低い	高い
		実施可能性	

図6−1　事業の優先度を決めていくための目安

　そもそも開始しなくてよい事業もしくは廃止対象としては，真っ先に①が選ばれるでしょう。逆に，④は，最優先すべき事業のグループとして扱われるでしょう。③と分類された事業群については，その重要度次第では，何とか実施できるように，知恵を絞るべき対象になります。②については，惰性で継続しているということもあるので，休止・廃止するか否かの検討対象に入れられるでしょう。

（2）「実施可能性」の構成

　重要と判断された事業であっても，人員体制や予算的事情などのために，新規事業として開始できなかったり，既に行っている事業が継続しにくかったりする場面があります。仮に，断腸の思いで事業休止せざるをえないことがあるとしても，それに対する説得力のある論理構成に基づいて検討することが求められます。

　筆者は，ある事業の「実施可能性」について，「実際に取りかかって継続することが可能なこと」と「最後までやり遂げて，一定の成果が期待できそうなこと」とを分けて考えることを提案します。これについて，「実行可能性」と「実現可能性」という言葉で置き換え，両者を2つの軸に分配・設置する形で，その度合いを掛け合わせてみます。すると，

実現可能性	高い	③取りかかりにくいけれども， やり遂げられそうな事業	④取りかかりやすいし， やり遂げられそうな事業
	低い	①取りかかりにくいし， やり遂げにくそうな事業	②取りかかりやすいけれども， やり遂げにくそうな事業
		低い	高い
		実行可能性	

図6-2　事業の実施可能性を検討するための見取り図

図6-2のように「①取りかかりにくいし，やり遂げにくそうな事業」「②取りかかりやすいけれども，やり遂げにくそうな事業」「③取りかかりにくいけれども，やり遂げられそうな事業」「④取りかかりやすいし，やり遂げられそうな事業」の4グループに分けることができます。

　まず，①については，たとえ重要度が高くとも，まさに現実的判断として断念するという話に落ちつくかもしれません。逆に，④に分類される事業群については，既存の事業であれば続けるべきものですし，新規事業としては，早速採用すべき候補になりそうです。③は，期待される成果次第では，多少の無理をしてでも何とか実施すべき事業として扱えます。これに対して，②に分類されるものとしては，たとえば講師等との長年の「おつきあい」で続けてはいるけれども，何らかの目的を達成するという意味では説得力に欠ける講座などが含まれるかもしれません。

（3）「重要性」の掘り下げ

　そもそもの問題として，事業それ自体の価値を問う意味で，重要性を決める基準についても，考察してみます。筆者としては，事業の重要性について，「必要性（necessity）」と「魅力性（attraction）」との掛け合わせを基にして決めていくことを試みます。

必要性	高い	③必要性は高いが, 魅力に乏しい事業	④必要性が高く, 魅力にあふれた事業
	低い	①必要性が高くなく, 魅力に乏しい事業	②必要性は高くないが, 魅力にあふれた事業
		低い	高い
		魅力性	

図6-3　事業の重要性を検討するための見取り図

　すると，図6-3のように「①必要性が高くなく，魅力に乏しい事業」「②必要性は高くないが，魅力にあふれた事業」「③必要性は高いが，魅力に乏しい事業」「④必要性が高く，魅力にあふれた事業」というように4つのグループに分類できます。

　①は問題外で，④の優先順位が最上位になります。②は，集客力の高い事業になりやすいという意味では，採用したい候補になります。これに対して，③は，受講者集めに苦労するかもしれませんが，行政の責務として実施しなければならない事業群です。

　さて，こうした形式論理を精緻化していけばいくほど，具体的内実を問う議論が求められることに気づけるのではないでしょうか。つまり，必要度が高いとはどういうことか，魅力にあふれる・乏しいとはどういうことかなどが主題として浮かび上がってくるはずです。特に，魅力性は，人によって感じ方が異なるので，各自の価値観や感性なども含めて，多角的に検討すべき対象となります。

〉〉 註

＊1）　マーク・J・エプスタイン，クリタイン・ユーザス共著『社会的インパクトとは何か—社会変革のための投資・評価・事業戦略ガイド—』（鵜尾雅隆・鴨崎貴泰監訳，松本裕訳），英治出版，2015 年所収，p.23。

＊2）　大住荘四郎『ニュー・パブリック・マネジメント—理念・ビジョン・戦略—』，日本評論社，1999 年，p.82。

＊3）　いったん会社経営につまずいた自己の経験を赤裸々に語る哲学者の東浩紀は，記号で数字にすぎないお金の流れについて身体的に把握できる「経営の身体」が，デジタル情報に依存しているだけでは立ち上がりにくいという実感を踏まえ，物質化された紙情報の効用を主張している（東浩紀『ゲンロン戦記—「知の観客」をつくる』，中公新書ラクレ，2020 年，pp.80-82）。

＊4）　小塩隆士『効率と公平を問う』，日本評論社，2012 年，pp.2-4。

参考文献

佐々木英和「教育実践における『効率的』と『効果的』との関係性—教育的評価のあり方を問い直すための準備的考察—」，宇都宮大学教育学部附属教育実践総合センター編『宇都宮大学教育学部　教育実践総合センター紀要』第 36 号所収，2013 年，pp.379-386。

学習課題

　あなたなりの興味・関心などに基づいて，社会教育講座（2 つ以上）を企画してみてください。その際，どのような点が難しかったかを意識し，その理由を述べてください。

7 | 学習動機と学習課題の設定

佐藤　晴雄

《**目標＆ポイント**》　学習動機を把握することの意味を再認識し，学習課題として要求課題と必要課題のそれぞれの特徴を理解することを目標とする。その場合，両課題の融合を図る工夫についても考えることとする。
《**キーワード**》　学習動機，学習者のタイプ，要求課題，必要課題，現代的課題

　学習者は様々な動機から学習プログラムなどの学習事業に参加し，また自主的に学習活動を行っています。そうした学習動機を把握することは学習事業の企画・運営にとって不可欠な条件になります。そして，学習動機を踏まえながら学習課題を設定することは，社会教育経営にとって重要な手続きになります。そこで本章では，人々の学習動機や学習課題の在り方について取り上げていきます。

1．社会教育における学習者の動機と特性

　学校教育においては学習する児童生徒があらかじめ想定され，年齢・学年がほぼ一律であり，また学習課題が学習指導要領に基づいて設定されるのが普通です。しかし，社会教育の学級・講座等の学習事業の場合には，学習者の学習要求や参加意図が多様であり，当然，学習課題の設定は何らかの基準に基づくわけではありません。したがって，学級・講座等の学習課題は学習者の学習要求や動機を考慮することも重要になってきます。

　言うまでもなく，社会教育においては学校教育以上に学習者の自主性が尊重されます。学習者が学習事業に参加したり，どのような学習を行うかを選択したりする行為は自己決定的なのです。学校教育では小中学校が義務制とされているだけでなく，高等学校も事実上義務教育に近い存在になっています。大学の場合，進学は選択的ですが，一度入学すれば，卒業に必要な単位数や必修科目等に縛られ，自主性が弱められることになるでしょう。したがって，学校教育は自己決定の要素が弱くなるのです。

　ところで，アメリカのフール（Cyril O. Houle, 1913-1998）によれば，成人の学習目的は，目標志向，活動志向，学習志向という3タイプに分けられます（鈴木, 2006, pp.47-49, Houle, 1996）。目標志向は資格や技術の取得という特定目標をめざすことであり，活動志向は特定の活動志向の選択肢として学習を選択した場合（定年後の余暇活用など）のことを意味します。学習志向は学習すること自体に意義を見いだす場合です。むろん，これらタイプは学習課題によって異なり，同一人物がある学習事業に対しては目標志向となり，他の学習事業では学習志向になり，学習志向から活動志向に変化することもあります。

　岩崎久美子は，フールをはじめとする様々な学習動機モデルを紹介した上で，学習の阻害要因には「自分で統制できないものと，自分に帰するもの」に大別しています（岩崎, 2019, p.100）。前者には講座等の有無や参加費，託児の有無などの要因があり，後者には学習を継続させるための自己効力感の低さや学校教育での否定的経験，心理的抵抗感などがあると指摘しています（前掲, pp.100-101）。

　しかしながら，学習者には自発的意思によるのではなく，義務として学習事業に参加する者も少なくありません。自動車運転免許更新講習や教員免許状更新講習はどうでしょうか。義務的な講習になっています。

そこで，義務性を考慮して筆者は「学習者の志向」について改めて分類してみました（図7-1）。図は，縦に「自発性-義務性」の軸をとり，横に「内実性-形式性」という軸をとり，両軸をクロスさせて，学習志向の4タイプを分類したものです

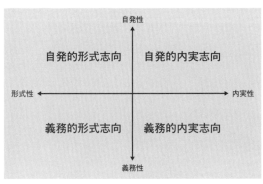

図7-1　学習者の動機
（佐藤，2013，p.10より。）

（佐藤，2013，p.10）。この志向はそのまま学習動機だと解せます。

　まず，「自発性×内実性」に当てはまる「自発的内実志向」は，自発的に学習の場に参加し，学習内容の実質を獲得しようとするタイプです。「この学問や分野については前から勉強したいと思っていた」などという動機のことです。

　次に，「自発性×形式性」の「自発的形式志向」は，望む資格等の取得のために自発的に学習事業に参加するという動機のことです。大学生だと，この科目はあまり関心がないけど，教職志望だから履修するという場合が該当します。

　そして，「義務性×形式性」の「義務的形式志向」は，自分の意志によるのではないが，履修した事実を求めて学習に参加することです。自動車免許の更新講習の参加者に当てはまるかもしれません。

　最後に，「義務性×内実性」の「義務的内実志向」は，義務的動機を持ちながらも学習の成果を身につけようとするタイプです。海外出張のために英会話教室に参加したり，仕事上パソコン操作が求められるからパソコン教室に参加したりする志向のことです。

　学習志向ないしは動機は以上のように分類できるとしても，学習課題だけでなく学習者のタイプによっても変化することになります。

2. 学習者のタイプ

　社会教育における学習者はどのようなタイプに分類できるのでしょうか。学級・講座等の学習事業担当職員は，何度も受講している学習者をリピーターと称することがあります。様々な学習事業を受講する人がいれば，同じ内容の学習事業を何度も受講する人もいます。

　講座の受講がかなわなかった住民で申込期限後に，「空きのある講座はありませんか」と問う人もいます。学習内容よりも受講参加を重視したいというリピーターで，フールが述べた「学習志向」に当てはまるタイプです。

　リピーターの存在は担当者にとっては受講者確保という意味でありがたいのですが，時として学習の雰囲気を乱すことがあります。たとえば，英会話教室のリピーターが少し上達した会話力を駆使して学習レベルを引き上げてしまい，全くの初心者を気後れさせることがあります。

　それでは，リピーターはどのようなタイプになるでしょうか。図7-2は筆者が作成した「学習者の4タイプ」を図示したものです。図のヨコ軸は「学習意欲」の程度を表し，タテ軸は「学習の必要性」の程度を表しています。このタイプはあくまでも特定の学習課題に当てはまるものなのです。リピーターの場合は学習意欲が高いのですが，特に同じような学習事業を受講している

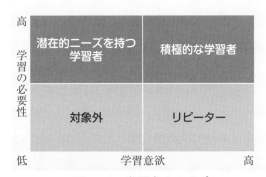

図7-2　学習者のタイプ
（佐藤，2013，p.48 より。）

場合には学習の必要性が低いと言わざるをえません。そのほかのタイプとして、「対象外」は「学習意欲［低］×学習の必要性［低］」に位置づけられます。たとえば、英会話を学ぶ意欲はなく、またその必要性もない人は英会話教室の受講対象から外れることになります。しかし、このタイプは英会話教室では対象外になりますが、その他の学習内容を扱う事業では他のタイプになりえます。

「積極的な学習者」は、「学習意欲［高］×学習の必要性［高］」に位置づきます。英会話教室の例で言えば、英語圏の海外旅行に行きたいから英会話を身につけたいという動機でその教室を受講するような人です。学習動機に即せば、「自発的内実志向」に当てはまります。しかし、このような「学習への意欲が高く、学ぶ必要性を自覚し、実際に行動に移す人々は、実は限定的」だと言われます（関、2019、p.62）。「限定的」とは少数の特定の層に限られていることを指すものと解せます。

「潜在的ニーズを持つ学習者」とは、「学習意欲［低］×学習の必要性［高］」のタイプです。ずいぶん昔から家庭教育学級では、「ここに参加している人よりも、参加してこない人こそ、この学級が必要」だと言われたことがあります。非参加者は家庭教育のノウハウが不足しているにもかかわらず、その学習意欲が低いため学級に参加してこないというのです。このタイプは必要課題を設定した学習事業で多く見られます。

社会教育事業の担当者は、これらのタイプのうち「積極的な学習者」を歓迎するでしょう。また、員数主義を重視すればリピーターも歓迎することになります。しかしながら、担当者が最も注目すべきは「潜在的ニーズを持つ学習者」なのです。家庭教育学級の例で言えば、子育てがうまくいかないけれど学習意欲が低い保護者に家庭教育学習の機会が与えられなければ、子育ての現状が改善されないままになってしまうからです。

そうした保護者にどう対応したらよいでしょうか。このことは学習課

題にも関係してきますが，学習事業の内容に「教育」の文字を前面に出さずに，たとえば，親子料理教室や親子キャンプなどだれでも参加しやすい学習内容を取り入れるとよいでしょう。また，最近ではインターネットの普及により，家庭教育通信を発行・配信する自治体が増えています。事業に参加できないのであれば，「教育」を情報として届けようというのです。通信を読んでくれるかはわかりませんが，よいアイデアです。なかでも北海道蘭越町の通信は家庭教育の在り方に深く切り込んでいます。

　繰り返しになりますが，学習動機や学習者のタイプは学習課題（内容）によって異なりますので，以下，学習課題を取り上げることにします。

3. 学習課題の設定

（1）学習課題とは何か

　学習課題という概念は社会教育・生涯学習だけでなく学校教育でも用いられますが，社会教育では学習課題を「個人が学習すべき課題」だと定義されることが多いようです（新堀，1981，p.16 および本庄，2015，p.123）。ただし，学校教育では達成すべき目標（課題），すなわち資質・能力の育成のように解されている傾向にあります。

　新しい小学校学習指導要領解説「社会編」（2017（平成 29）年 4 月）は，「主体的な学びについては，児童生徒が学習課題を把握しその解決への見通しを持つことが必要」だと述べています（2017，p.8）。また，同解説「総合的な学習の時間編」は，「総合的な学習の時間と特別活動との関連を意識し，適切に体験活動を位置付けるため」の配慮すべき事項の一つに，「例えば，修学旅行と関連を図る場合は，その土地に行かなければ解決し得ない学習課題を児童自らが設定していること」と記しています（2017，pp.56-57）。つまり，学習指導要領では学習によって解決（達

成）すべき事柄を意味していると解されます。一方，社会教育の学習課題は「学習すべき課題」であるとすれば，学習内容とほぼ同義に用いられることになります。また，「生涯学習の内容」という前提ですが，「学習者の前では学習内容は『課題』として存在する」と言われています（岡田，2007，p.137）。しかしながら，「生涯学習の学習課題とは，『生きる課題』そのものである」（佐々木，1996，p.22）と指摘されているように，達成すべき課題だとも解されます。

　結局，両者に大きな意味の違いはないのですが，ニュアンスに若干違いがあると言えます。社会教育の学習課題は「内容知」をめざし，学校教育は「方法知」を意味する傾向にあると言えるでしょう。

（2）学習内容と学習課題

　学習課題を学習内容から捉えた場合，しばしば用いられるのが文部科学省の「社会教育調査」の「教育委員会における社会教育学級・講座の開設状況」の大分類の枠組みです（**表7-1**）（小分類省略）。この枠組みは，「教養の向上」「趣味・けいこごと」「体育・レクリエーション」「家

表7-1　都道府県・市町村教育委員会における社会教育学級・講座の開設状況（2017年度間）―開設件数―

総計	118,950
教養の向上_（計）	17,475
趣味・けいこごと_（計）	25,673
体育・レクリエーション_（計）	22,530
家庭教育・家庭生活_（計）	37,817
職業知識・技術の向上_（計）	890
市民意識・社会連帯意識_（計）	10,877
指導者養成_（計）	1,362
その他_（計）	2,326

（文部科学省「平成30年度　社会教育調査」2018年10月より。）

庭教育・家庭生活」「職業知識・技術の向上」「市民意識・社会連帯意識」
「指導者養成」「その他」の8つからなり，これら大分類の下に具体的な
内容を記しています。たとえば，「教養の向上」では，外国語，文学，
歴史，自然科学，哲学・思想など10事項に細分されています。

　開設件数（2017（平成29）年度間）は，「家庭教育・家庭生活」が最
多の37,817件，そして「趣味・けいこごと」の25,673件，「体育・レク
リエーション」の22,530件が続きます。

　一般的に，社会教育における学習課題は，要求課題と必要課題に分類
されます。要求課題は学習者が学びたいと求めるような課題のことであ
り，必要課題は主催者が学習者に必要だと判断して設定した課題のこと
で，後者は規範的ニーズとも称されます。そこで，次節では，学習課題
を「学習すべき課題」だと捉えて，要求課題と必要課題について述べる
ことにします。

4. 要求課題と必要課題

（1）要求課題

　要求課題は学習要求を踏まえて設定することになりますが，前掲の「社
会教育調査」の枠組みに従えば，「教養の向上」「趣味・けいこごと」の
多くは要求課題に属すると言ってよいでしょう。その他の「家庭教育・
家庭生活」や「職業知識・技術の向上」も個人的要望にかなえば要求課
題になりえます。

　要求課題は学習者である住民等の要求を直接聴取する場合と間接的に
把握する場合があります。前者の場合にはアンケート調査などを用いて
希望する学習課題を把握する方法が一般的です。教育委員会や公民館等
が事前に学習意識に関する調査を実施し，そこに希望する学習課題に関
する質問を設けるのです。あるいは，学習事業終了後に感想を含めたア

ンケート調査票に希望する学習課題を記入させる方法も取られます。そのほか，全国的な世論調査のデータを活用し，時代的な流れを踏まえた学習要求を読み取ることも行われます。

間接的に把握する方法としては，同種事業の過去の実績から読み取るのが一般的です。学習課題別に参加・受講者数，感想・満足度等を指標として学習要求を読み取るのです。

学習要求は，開催時間帯，曜日，学習対象などによって異なるばかりでなく，地域性にも左右されます。たとえば，老後の年金問題を学習課題に設定した場合，平日の午後では学習者の要求に応じにくいことになります。また，ある公民館では日曜日の午前中に「親子工作教室」を企画したところ，参加申込数が予想外に少なかったのです。父親の参加を見込んだのですが，多くの父親は日曜日の午前中くらいは自宅でくつろぎたいと思ったようです。高齢者住民が多い地域で子ども向けの学習課題を設定したり，農業の盛んな地域で第二の人生などの課題を扱ったりしたら，住民のニーズに合わない可能性があります。

住民等の要求を顕在的関心と潜在的関心に基づいて分けることができます（藤岡，2008，pp.10-11）。アンケート等で受講したい学習内容を問うて寄せられた回答は顕在的関心に基づく要求課題になります。そもそも特定の課題を学習したいと望むからです。その場合，担当者は，住民等の学習要求を改めて整理することになります。

一方，潜在的関心はアンケート等には表れず，住民等が無自覚ではありますが，講座案内等を見ることによって学習意欲が喚起されるような場合です。かつて筆者が企画した「速読教室」は，もともとアンケート等に表れない学習内容でしたが，企画・募集の結果，受講申込者が募集定員をはるかに上回りました。受講申込者にとっては速読が潜在的要求に当てはまり，この講座はその要求に応えたのだと思います。

　このように潜在的要求に応えることは実績やアンケート等では把握しにくいので，担当者がマーケティングによって探る必要があります。マーケティングというと大げさのようですが，「速読教室」の場合で言えば，筆者は雑誌等の速読の広告が多いことに注目して，速読に対する一般的な関心が高いと判断しました。そして，雑誌広告等の民間の速読教室は受講料と教材費が高額であったことから，教育委員会が安価な参加費で実施すれば集客可能だと判断しました。このように，潜在的要求は担当者がマーケティング的手法によって「掘り起こす」必要があります。

（2）　必要課題
1）　必要課題としての現代的課題

　必要課題にはいわゆる「現代的課題」が含まれます。1992（平成 4）年の生涯学習審議会答申「今後の社会の動向に対応した生涯学習の振興方策について」は，現代的課題を「社会の急激な変化に対応し，人間性豊かな生活を営むために，人々が学習する必要のある課題」と定義しました。この定義からも必要課題であることがわかります。その課題を以下のように 19 例示を記しています。

　　「生命，健康，人権，豊かな人間性，家庭・家族，消費者問題，地域の連帯，まちづくり，交通問題，高齢化社会，男女共同参画型社会，科学技術，情報の活用，知的所有権，国際理解，国際貢献・開発援助，人口・食料，環境，資源・エネルギー」

　これらは今日の社会の変化に対応していくために必要な学習すべき課題だと言えます。

　ちなみに，教育調査の学習内容の「分類という視点で見る限り，必要課題は収斂し，要求課題は拡大する傾向がある」という指摘もありますが（岡田，2007，p.146），現代的課題という必要課題に関しては時代と

ともに拡大していくと言えるでしょう。たとえば，大震災後には防災が課題になりうるだろうし，新型コロナウィルスが蔓延（まんえん）している現在では感染症対策が必要課題として位置づくからです。

2）必要課題を捉える3つの視点

　ところで，新堀通也はかつて，必要課題をライフ・サイクル（タテの面），ライフ・スペース（ヨコの面），ライフ・レベルという層の3つの視点から捉えていました（新堀，1986，pp.75-76）。ライフ・サイクルは社会発展に応じて課題を見出す視点で，前述の現代的課題を意味します。これは歴史的課題とも言われます（前掲，p.76）。近年，社会変動の結果生じた「国際化・少子高齢化・情報化」を「3化」と称することがありますが，こうした課題が歴史的課題になります。

　また，現在，第5期科学技術基本計画で提唱されている Society 5.0 は，「サイバー空間（仮想空間）とフィジカル空間（現実空間）を高度に融合させたシステムにより，経済発展と社会的課題の解決を両立する，人間中心の社会（Society）」だと定義されています。これは，狩猟社会（Society 1.0），農耕社会（Society 2.0），工業社会（Society 3.0），情報社会（Society 4.0）に続く新たな5段階目に当たる社会に位置づけられています。最近，「Society 5.0」をテーマにした研修会や講座を見るようになりましたが，これも現代的課題に位置づいたと言えます。

　同時に，ライフ・サイクルは個人の発達段階や発達課題から捉えることになります。これまでハヴィガーストやエリクソンなどの著名な心理学者が発達課題を提唱してきました。たとえば，ハヴィガーストは「胎児期－幼児期－児童期－青年期－壮年初期－中年期－老年期」というライフ・サイクルを7段階に分類し（ハヴィガースト，荘司雅子訳，1958），それぞれの発達課題を示したことで広く知られています（胎児期を除いて，6段階とすることもある）。

　ライフ・スペースとは，人々が暮らすスペースのことで，家庭・学校・職場・地域社会・国家などを指します。同じ人であっても，ライフ・スペースが異なれば学習すべき課題も異なるはずです。

　わかりやすい例を挙げれば，子どもの教育やしつけの在り方です。子どもの「しつけ」をめぐって家庭と学校との役割分担が問われることがあります。筆者らが実施した家庭教育に関する調査によれば（日本教材文化研究財団，2016，pp.54-57），保護者の多くは，家庭では「早寝・早起き」「食事の仕方や手洗いの習慣」などの基本的生活習慣の「しつけ」を行うべきで，学校では「他の人たちと協力し合う姿勢」「いじめをしないなどの正義感」など社会性に関する指導を行うべきだと認識する傾向が見出されました。このようにライフ・スペースによって課題は異なることが認識されているのです。

　成人でも学習課題は職場と地域社会で異なるはずです。職場でOJTやOff-JTなどの職場研修が必要課題になり，地域社会ではまちづくりに関することが必要課題になるでしょう。

　社会的視点で見れば，首長のマニフェストや教育振興計画，教育委員会の目標・方針などの行政というスペースも必要課題に影響します。今，自治体や教育委員会で重点に置く施策に沿う学習課題の設定が求められるからです。多くは現代的課題に関係するでしょう。たとえば，人権教育の推進を重視している自治体や国際理解教育の推進を重点目標にしている教育委員会では，そうした課題を学習課題として設定することになるでしょう。

　そして，三つ目のライフ・レベルは新堀独自の捉え方で，生存・生活・生命という3層からなり，この場合も個人と社会の両場面に共通するというのです（新堀，1986，pp.73-74）。これら3つの層の意味はわかりにくいので，簡潔に説明すると，「生存」は肉体や社会を維持するため

に必要な生理的欲求や物質的要素に関わる層になります。

「生活」は生存を前提として成り立ち，より快適で人間的な生活を求めるという層のことです。個人なら趣味を持ち豊かな生活を送りたいと願うことです。

さらに，生活が満たされると，精神的な生命の充実や自己実現を求めるようになります。これが「生命」だというのです。「生存」と「生命」の意味が混同されやすいでしょうが，新堀は「生命」を最も高い層に置いたのです。そうだとすると，マズローの欲求の5段階説が想起されてきます。

マズローによる欲求の5段階説は広く知られています（**図7-3**）。マズローは人間の最も基本的な欲求を生存に必要な「生理的欲求」に置き，これが満たされると「安全欲求」の段階に上昇します。さらにこの欲求が満たされると「所属と愛情の欲求」，そしてこの上に「承認の欲求」に昇り，最終的には「自己実現の欲求」の段階に昇っていくというのです。この段階説に関しては批判もありますが，佐々木はその説の批判を踏まえた上で継承させ，その5段階を「①人間存在の基礎となる欲求，

図7-3 マズローの欲求の5段階
（佐々木，1996，p.23より。）

②他者との関係性を求める欲求，③実現の欲求」の３段階に分類し直しています（佐々木，1996，p.24）。この３段階は新堀が提起した生存・生活・生命の３つの層に当てはまりそうです。

（3）　学習課題の設定方法

　それでは学習課題をどう設定すればよいでしょうか。学習課題の設定は基本的には事業担当者マターになりますが，教育委員会の管理職の決裁を経て最終的に決定されていきます。今から30年以上前，ある公民館の事業担当者が必要課題として日本語教室を企画したところ，管理職の決裁が得られませんでした。なぜなら，その公民館周辺地域には東南アジアの外国人が夜働く飲食店が多いことから，日本語教室にそれら外国人の申し込みが多くなることが予想されたからです。したがって，管理職は飲食業の従業員研修のようになってしまうことを危惧したのです。

　また，その当時，青年の家の事業担当者が青年セミナーの一環として要求課題という認識でウィンドサーフィン教室を企画したところ，やはり管理職から疑問視する声が出されました。ウィンドサーフィンなど教育的でない遊びは好ましくないと言うのです。

　現在なら，そうした学習を取り上げてもおそらく問題はないでしょうが，ずいぶん前の出来事だったからなのです。つまり，学習課題は時代の変化に左右されるのです。

　なお，必要課題であっても必須課題と任意課題に分けておくことが大切になります。必須課題とは前述した行政スペース上の課題です。行政の重点施策に絡む課題のことなので，担当者の意思に関係なく設定しておく必要があります。あるいは，国からの補助金による学習事業であれば，当然，必須の課題を企画・実施しなければなりません。任意の課題であれば，担当者等がライフ・サイクルやライフ・スペース，ライフ・

レベルを踏まえて，課題を選択することになります。

5. 要求課題と必要課題の融合

　以上の要求課題と必要課題はそれぞれ次のような特徴があります（**表7-2**）。要求課題の場合，学習者は自発的動機で参加するため高い学習意欲を有し，学習を楽しいと感じ，学習内容の習得という内実を志向することから，定員を超えるほど受講希望者が集まる傾向にあります。

　これに対して，必要課題の場合，受講者はどちらかと言えば義務的動機で参加することから学習意欲が高いとは言えず，学習内容を堅いと感じ，とにかく修了しようとする形式的志向を持ち，結局，選択的な学習プログラムだと定員に達しにくくなります。そのため，教育委員会の人権問題の講演会などでは，各校4名などの動員をかけて参加者を確保することが珍しくありません。言うまでもなく，これらの特徴は厳密なものではありません。必要課題でも楽しく，内実を志向する学習者もいます。

　ところで，要求課題と必要課題は対立するものではなく，むしろ「社会教育は要求課題から必要課題へという方向が重要」になります（新堀，1986，p.70）。なぜなら，社会教育は公共的な存在だからです。要求課題の学習を通じて必要課題を自覚するという捉え方もありますが，両課題の融合も一つのアイデアになります（**図7-4**）。

　ある自治体では職員研修として毎年人権教育の講演会を開催していま

表7-2　学習事業における要求課題と必要課題の特徴

	学習動機	学習意欲	学習内容	学習志向	受講希望者数
要求課題	自発的志向が強い	高い	楽しい	内実的傾向が強い	定員を超過しやすい
必要課題	義務的志向が強い	低い	堅い・難しい	形式的傾向が強い	定員に達しにくい

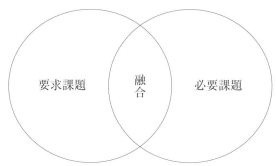

図 7 - 4　要求課題と必要課題の融合
（佐藤，2013，p.43 より。）

したが，参加希望者はさほど多くありませんでした。そこで職員研修課
は，翌年度には同和問題を演劇仕立てにした公演を実施したところ，前
年度までを大きく上回る参加者を得ました。人権問題という必要課題を
取り上げながら演劇観賞という要求課題を取り込んだからです。また，
筆者が担当したレクリエーション・リーダー講習会には「ゲーム指導に
おける人権尊重の意義」というテーマの講義が組まれていました。ゲー
ムには人種や社会的属性の差別につながるような要素が含まれているこ
とが多いからです[1]。これも要求課題と必要課題の融合事業になります。

　図中の「融合」は要求課題学習に必要課題を取り込むこと，必要課題
学習に要求課題を取り込むという二つの方向があります。前者の例では
キャンプなどの野外活動事業に自然保護に関する課題を取り入れ，後者
では前述の人権問題に演劇等を取り入れています。

　このような工夫は学習課題を設定する場合に必要だと言えましょう。
そして学習課題をテーマ化することになりますが，このことについては
次章に譲りたいと思います。

6. 学習課題のマネジメント—社会教育主事の役割—

　要求課題はもちろん，必要課題も要求や必要性に応じてむやみに取り入れるわけにはいきません。そこで，どうすべきでしょうか。

　図7-5は経営学のテキストでよく取り上げられているプロダクト・ポートフォリオ・マネジメント（PPM）のモデルです。市場成長率と市場シェアをクロスさせて4つのモデルを描いています。ただし，一般的な座標軸とは異なり，市場シェアの「高」「低」の位置が逆転しています。

　その点はさておき，各商品（社会教育の学習課題）について見ていくと，「スター（花形）」は市場シェアが高く市場成長率も高いため，成長率が高いことから維持される商品です。学習課題としては学習ニーズにマッチして集客性が高く，これからもその維持が見込まれる課題になります。料理やけいごと，英会話などが当てはまるでしょう。

　「金のなる木」は市場シェアが高いのに対して市場成長率は低い商品ですが，企業であれば安定した売り上げが見込まれます。しかし，ライフ・サイクルから見れば衰弱期になり，「負け犬」になる可能性があります。学習課題に即せば，着付けやペン習字などはこれまでニーズが安定していましたが，着物需要の低下やパソコンの普及により今後の成長

	高		
市場成長率	スター（花形）［維持戦略］		問題児［シェア拡大］
	金のなる木［収穫戦略］		負け犬［売却］
	低		
	高	市場シェア	低

図7-5　プロダクト・ポートフォリオ・マネジメントのモデル
（中村・高柳編（1987）『経営学—第3版』有斐閣双書，p.265
および石井・奥村・加護野・野中編（1985）『経営戦略論』有
斐閣，p.143を基に作成し直した。）

が見込めない課題に該当しそうです。

　「問題児」は市場成長率が高いものの市場シェアが低い商品ですが，シェアの拡大により「スター」になる可能性を持っています。学習課題では近年注目されているけれど，まだ住民間に浸透していない課題になります。たとえば，パソコンが家庭に普及していない時代のパソコン教室や一時期の韓流ブーム下で取り上げられた韓国語などです。パソコン教室は市場シェアを拡大してもはや花形になったのではないでしょうか。ただし，シェア拡大がうまくいかないと「負け犬」になり，いずれは撤退することになります。必要課題はこの場合の「問題児」になりえますから，集客に失敗すると当該課題は取りやめになる可能性があります。その意味で問題を抱えているわけです。

　「負け犬」は市場シェアが低く，市場成長率も低い商品で，いずれは売却（撤退）することになります。社会教育事業として長年実施されてきた 16 ミリ発声映写機操作講習会が当てはまるでしょう。もはやフィルムからビデオ，そしてブルーレイの時代になってしまったからです。

　以上のように見てくると，市場成長率は時代的変化に応じた学習課題に当てはまると言え，これには要求課題だけでなく必要課題も関係してきます。成長率が低いことはもはや時代にそぐわないことになります。市場シェアは課題が世間や地域に浸透して，集客の可能性があるか否かということを意味すると言ってよいでしょう。このような観点から学習課題の取捨選択を行うことが「社会教育経営」に求められます。

　そして，社会教育主事は事業担当であれば以上のような視点で学習課題を設定しますが，他の職員が主担当の場合にはその設定に際して助言を求められることがあります。経験から言えば，担当職員から取り上げたい課題の是非について助言を求められることが多かったと思います。これも社会教育主事に期待される重要な役割になります。

》》 註

＊1）昭和 50 年代に出版された『ゲーム集』の中に，童謡「お猿のかごや」の歌詞にある「えっさ，えっさ」の「さ」の字を代えて歌う例として「た」の字を記したことが問題視されたのである。なお，レクソング「真っ黒けの土人」やゲーム「インディアンと騎兵隊」など人種・民族差別を助長するゲーム等も行われていた。レクリエーションには社会的弱者を貶めることに「楽しさ」を求める傾向があったからである。

参考文献

石井淳蔵・奥村昭博・加護野忠男・野中郁次郎（1985）『経営戦略論』有斐閣

岩崎久美子（2019）『成人の発達と学習』放送大学教育振興会

岡田龍樹（2007）「生涯学習の内容」佐々木正治編著『生涯学習社会の構築』福村出版

佐々木英和（1996）「生涯学習実践の学習課題に関する理論的考察：A.H. マズローの欲求理論の批判的継承を軸として」東京大学大学院社会教育学研究室紀要『生涯学習・社会教育学研究』20 巻，pp.21-30

佐藤晴雄（2013）『学習事業成功の秘訣！研修・講座のつくりかた』東洋館出版社

新堀通也編（1981）『社会教育学』東信堂

新堀通也（1986）『公的社会教育と生涯学習』全日本社会教育連合会

鈴木真理（2006）『学ばないこと・学ぶこと：とまれ・生涯学習の・ススメ』学文社

関直規（2019）「社会教育・生涯学習の対象と方法」吉田武男監修・手打明敏・上田孝典編著『生涯学習・生涯学習』ミネルヴァ書房

中村常次郎・高柳暁編（1987）『経営学―第 3 版』有斐閣双書

日本教材文化研究財団（2016）『家庭教育と親子関係に関する調査研究―調査研究シリーズ No.63』（研究代表：佐藤晴雄）同財団

藤岡英雄（2008）『学習関心と行動』学文社

本庄陽子（2015）「何を社会教育で学ぶか」松岡廣路・松橋義樹・鈴木真理編著『社会教育の基礎』学文社

ハヴィガースト，荘司雅子訳（1958）『人間の発達課題と教育』牧書店

Cyril, O. Houle (1996), *Design of Education 2/E*, John Wiley & Sons

学習課題

　要求課題と必要課題の融合については一例を簡単に述べましたが，その他かどのような融合が考えられますか。

8 | 学習プログラムの経営 ─企画・運営の在り方と技法─

佐藤　晴雄

《**目標＆ポイント**》　学習プログラムの編成を事業戦略のプロセスに従って捉え，事業経営の在り方について理解することを目標とします。そして，学習プログラムのタイプや事業形態の特徴やプログラム実施に必要な実践的事項を取り上げます。

《**キーワード**》　経営戦略，学習プログラム，スコープとシーケンス，事業評価

　社会教育・生涯学習における学級・講座・教室等の学習プログラムの企画・運営は社会教育経営の中心課題の一つになります。ここでは学習プログラムの実際のノウハウについて事例を踏まえつつ取り上げていきたいと思います。特に，学習プログラム担当者の視点に重きを置き，魅力ある学習プログラムづくりの在り方を考えていくこととします。

1．経営戦略からみた学習プログラムの企画・運営

　社会教育の学習事業は，広く解せば学習情報システムの運営や広報，社会教育関係団体の支援なども含みますが，狭義には学習プログラムを意味します。学習プログラムは社会教育や生涯学習において用いられる用語で，「個別の事業計画」（本庄，2015，p.124）や「ある学習目標を達成する用意された一連の計画」（白石，1992，p.48）などと定義され，学校教育における指導計画に相当する概念になります。また，それは，

「準備活動から，アイデアの発想，学習目標の設定，学習内容・学習方法の選択，評価および学習継続の手だてなど，相互に関連する複数の構成要素からなる，学習者に提供される学習経験の総体」だと具体的な要素を記した定義もなされています（金藤，2001，p.7）。これらを踏まえれば，学習プログラムは，テーマ・目的・対象・時間・場所・指導者・具体的学習内容等の要素を含んだ学習事業だと言えます。

　さて，この科目は社会教育を経営の視点から捉え，その運営の在り方を論じることを趣旨とすることから，経営学の知見を生かすよう試みたいと思います。なかでも，学級・講座等の学習プログラム編成は社会教育経営において経営的手法が強く求められる分野になります。

　経営学では事業戦略という概念がよく用いられます。たとえば，この戦略は図8-1のようなプロセスで戦略を進めることになります（大滝

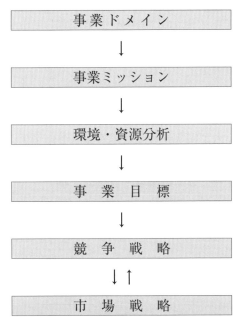

図8-1　事業戦略策定のプロセス
（大滝ほか（1997）『経営戦略』有斐閣アルマ p.60 より）

ほか，1997，pp.59-61）。そこで，このプロセスに基づいて学習プログラムを戦略的に進める手順について述べたいと思います[*1]。

1）事業ドメインの決定

まず，事業ドメインは実施する事業の領域のことです。このプロセスは前章で取り上げた学習課題の設定段階に相当します。学習課題を「学習すべき課題」だと定義した場合には，学習内容の領域を選択することになります。たとえば，要求課題として「趣味・けいこごと」のうち「囲碁」や「絵画」等を取り上げるような場合です。

その場合，ドメインは事業予算の費目に従います。一般成人対象事業，青年学級，高齢者学級，区民大学などの事業費目に従って学習課題や学習対象・内容・回数などを決めることになります。しかし，「教養講座」など融通の利く事業では対象を柔軟に決めることが可能です。

2）事業ミッションの決定

次に，事業ミッションは「何のために」といういわば目的を明示することです。学習プログラムの「ねらい」を設定して示す段階です。学習課題を学校教育のように「達成すべき課題」だと捉えれば，事業ミッションがその場合の課題だと読み込めます。

しかし，事業ミッションは「学習者によって意味は違ったもの」になることがあります（岡本，1992，pp.3-4）。「スポーツ」を取り上げた場合，趣味を求める人と健康維持を期待する人もいます。事業ミッションは学習者目線で多角的に捉える必要があります。

3）プログラム実施に要する環境・資源の分析

そして，事業を取り巻く環境や条件のほか，企業だと自社の力を分析します。公民館ならば，周辺地域の環境を把握し，館の諸資源（人的・物的資源）の調達可能性を探っていきます。たとえば，英会話教室の講師が近隣地域で依頼可能かどうかを探ります。また，予算の費目にある

一般需用費（消耗品等），報償費，使用料などを考慮して細かな点を決めていきます。そうして学習課題に応じた学習内容を編成しますが，同時に時間数・回数，開催時間，会場等も併せて決定していきます。予算不足なら規模の縮小も検討します。野外活動や大規模講演会，イベントなどでは会場確保を事前に検討しなければなりません。

4）事業目標の設定

　その後，事業目標を設定することになります。事業目標とは時間軸と空間軸を踏まえて，目的を踏まえた具体的な達成事項のことです。学習プログラムを経営的に捉えれば，申込者数・出席率・修了者率・終了後のサークル化率など数値目標の設定が本来必要になります。また，事業の成果を予測して目標を設定することも大切です。たとえば，市民のパソコン利用者率を10％増にすることや地域に愛着を持つ市民の割合を5％増にするなどの目標設定が重要ですが，この目標設定は非常に難しいこともあってか，一般的に，学習プログラムでは事業目標の設定があまりなされていません。今後，事業経営の視点からは事業目標の設定が必要になると思われます。

　なお，事業目標はあくまでも事業運営者にとっての目標なので，外部に公開することを要しません。また，学習目標とは異なるので，これと区別することになります。

5）競争戦略の決定

　さらに，競争戦略となりますが，社会教育の場合は競合する類似事業との競争という意味が企業ほど強くないのですが，いかに特色を打ち出すかを決定することになります。昭和50年代には民間カルチャーセンターによる学習プログラムが盛んになり，公的社会教育事業の存在意義が問われたことがありました。そうした状況を踏まえて，倉内史郎は，公的社会教育は民間教育事業と競合するプログラムに過度のウエイトを

置くのではなく,「民間事業が取り上げない領域に, 公的社会教育の積極的な役割を見出してゆく『分業の意識』が大事」になると言うのです（倉内, 1983, p.199）。また, 首長部局の学習プログラムとの差別化も必要になるでしょう。そうした視点で競争戦略を捉えることが大切です。

なお, 国立教育政策研究所社会教育実践研究センターが作成した資料は, 年間事業計画について,「年次計画の具現化を図るため, 地域性, 波及効果, 緊急性, 重要性, 実現可能性, 公益性等を考慮して策定する」と記しています（同センター, 2012, p.89）。これらの点に民間学習プログラムとの違いがあると言えます。

6）市場戦略の検討・決定

最後に, ターゲットに対して効果的に訴求する方策を決定します。学習プログラムでは対象を決定し, メリット（訴求点）をどう示すかを検討します。民間学習事業や首長部局の学習事業が展開されている中で, 教育委員会による公的社会教育の学習プログラムのメリットを具体的に訴える必要があるからです。

民間のトレーニング教室では10キロ減量に成功した事例, 3ヶ月で英会話が身についた事例などが訴求されています。社会教育では集客を意識しつつも採算割れが強く意識されていないために, 訴求が明確に示されませんでした。しかし, 財政難が予想される今後は, 経営的視点からそうした市場戦略が必要になります。

以上は企画段階の流れになります。従来は, ともすると事業目的を設定しても事業目標が曖昧だったり, また戦略的な発想が希薄だったりしたのです。各自治体の財政状況を考慮すると, これからは以上のような経営戦略過程を踏まえた学習プログラム経営が求められるでしょう。したがって, 戦略的発想が弱いと, 社会教育事業費が削減される可能性もあります。そうならないよう, 社会教育職員としては市場（地域住民の

意向や地域環境など)をつぶさに把握するよう心掛ける必要があります。

　図中には記されていませんが，経営戦略を決定した後には，学習プログラムの実施−事業評価を行います。マネジメント・サイクルに従えば，経営戦略（P）−実施（D）−評価（C）までのサイクルになりますが，（C）−（A）のプロセスは，「競争戦略−市場戦略」の回帰的な再検討が主眼になるでしょう。事業ドメインからの検討も行う場合もありますが，そうなるとプログラムそのものを変更することになってしまいます。

　以下では，学習プログラム編成のポイントとして，学習課題のテーマ化，学習事業形態と学習方法，学習プログラムのタイプ，学習プログラムの評価について取り上げることにします。

2.　学習課題のテーマ化

(1)　テーマ化の失敗

　学習課題は魅力あるテーマに表現することが大切です。ある公民館職員が「仲間づくりのための青年講座」というテーマで講座を企画しました。プログラム内容は悪くないのですが，参加申込者はわずか3名でした。「仲間づくり」という文言が仲間のいない青年の集まりのようなマイナス・イメージを与えたからです。「仲間づくり」は事業の目的なので，テーマに表す必要がなかったのです。また，ある女性センターでは，「あなたの魅力を UP する」をテーマにしましたが，魅力のない女性の集まりのような印象を与えてしまいました。いずれも市場戦略の失敗です。

　利益を求める民間企業でも「お客様第一」を標榜（ひょうぼう）するように，目的をそのまま表示することはないでしょう。

　また，「子どもとテレビ」というテーマの講座には申込期限前日まで申込み者が皆無でした。テーマを目にした人は「テレビの見過ぎは子どもによくない」と解釈してしまい，わざわざ足を運ぶまでもないと考え

たからです。テーマ化に工夫が足らなかったようです。

（2） テーマ化の工夫

　テーマの文字数は一度に覚えられる範囲の10字以内がよいでしょう（サブテーマを含めたら20字以内）。表現はイメージ中心を避けて学習内容が理解できるよう工夫します。「いきいき」「はつらつ」などの表現が高齢者教室に付されたり，「のびのび」「わくわく」などは子ども対象事業に付されたりしますが，これらの表現はイメージを伝えるだけで学習内容を伝え切れていません。あくまでも，内容と魅力を伝えるような表現を工夫します。

（3） 魅力あるテーマと訴求点

　学習対象である訴求対象に対して，魅力あるテーマを工夫します。筆者は，学習プログラムの魅力を，①実利性（役立つ），②自己充足性（手応えがある），③啓発性（目から鱗），④娯楽性（楽しい），⑤好イメージ性（スマート，エレガント）などに求めました（佐藤，2013，pp.51-54）。これらの魅力を訴求点として打ち出すことは市場戦略になります。藤岡英雄による調査研究結果でも，学習者の成果認識度は「学ぶことの楽しさが味わえた」（娯楽性），「目が開かれた」（啓発性）で高く，また「役立つ知識・技術が学べた」（実利性），「向上する喜びを感じた」（自己充足性）も比較的高い数値を示していました（藤岡，2008，p.131）。

　たとえば，ある教育委員会ではキャンプリーダー講習会をアウトドア講習に名称変更したところ，参加者数が増えたのです。事業名変更によって，娯楽性や好イメージ性を伝えることができたからです。

　前述の「子どもとテレビ」の場合なら，「テレビを活用した子育てのコツ」のような表現に変えたらどうでしょうか。

　そして，アピール・ポイントである訴求点を訴求対象（ターゲット）に表明するようにします。訴求対象（学習者）に何らかのメリットを訴えるのです。「時短料理教室」や「午後8時開講！働き者でも参加できます」などは訴求点を訴求対象（勤労者等）に向けて発信しています。高齢者向けの「スマホで趣味を豊かに」は電話やeメール以外の機能も利用できることを知らせ，写真や動画の作成で趣味を広げようという趣旨が込められています。このようなテーマの魅力づくりが大切です。

3. 学習事業形態と学習・教育方法

（1）　学習事業の形態

　学習プログラムは，講座，学級，教室，実習，見学会，講習会・研修会，大会・祭・イベント，ワークショップなどの事業形態として実施されます。従来，これらの事業形態はほとんど定義されていませんでしたが，多くの実績を踏まえれば以下のように説明できます（佐藤，2013，pp.16-24）。

1）　講座—体系的な学習のために—

　講義中心にプログラムが編成される学習プログラムのことであり，たとえば，「歴史講座」や「文化講座」などのように「講座」の名称が付けられる形態です。学習者は通常，講師に対面するため，学習者間の関係が築かれにくく，相互に顔と名前が共有されないことも珍しくありません。そうした短所はありますが，講義内容を体系的かつ確実に習得するのに適しています。

2）　学級—学習者間のコミュニケーションを図るために—

　学級は学校の学級のように，学習を通して学習者間の交流を図ることを主なねらいとします。「青年学級」「家庭教育学級」「高齢者学級」は知識等の習得だけでなく，学習者間の交流と情報共有も事業ミッション

となります。そのために，少人数で展開されるのが通例です。学習内容は話し合いを中心に組まれることが多く，参加者はその過程で他の参加者との交流が可能になります。たとえば，「青年学級」は勤労青年どうしの交流の場として機能してきました。「家庭教育学級」は子育ての悩みを分かち合い，その知恵を共有する機会になります。

このように，「学級」は学習者の属性を軸にした固有の学習課題を事業ドメインに位置づけると共に，学習者間の交流を図るというミッションが与えられているプログラム形態なのです。

3) 教室―実技習得のために―

教室は主として実技習得を事業ミッションとする学習プログラムのことです。「スポーツ教室」「工作教室」「料理教室」などの名称からわかると思います。「子ども教室」のような場合は，工作や手芸，科学実験など実技的要素を中心にプログラムが編成されます。

ところが，講座と教室をまったく区別していない例は珍しくありません。たとえば，「スポーツ教室」と「スポーツ講座」との違いをみると，「スポーツ教室」ではテニスやウォーキングなどの実技習得のための事業として認識されますが，「スポーツ講座」はスポーツの意義や健康問題も学ぶプログラムのように理解されやすくなります。しかし，実際には実技のみから成る「スポーツ講座」も存在します。実技だけを扱うならば，「スポーツ教室」が望ましいのです。講座と教室ではミッションが異なるわけです。

4) 講習会・研修会―資格等の取得のために

講習会・研修会は主として特定の資格を付与するための学習プログラムに用いられます。今は実施数が減少している「16ミリ発声映写機操作講習会」は16ミリフィルムや映写機を利用するために必要な資格を授与する事業なので，「講習会」とされています。そのほか，レクリエ

ーションリーダー講習会やキャンプリーダー講習会は民間の関係団体が授与する資格取得も目的とされます。教育以外の分野でも，赤十字の救急員養成講習会や支援員養成講習会，医療系の産業医講習会があります。教員免許状更新講習も免許更新という履歴的な資格の取得が目的になります。

　研修会も講習会と同じような意味で用いられますが，講習会の方が資格取得という目的がより明確だと言えます。いずれも修了認定ないしは資格授与が主たるミッションになります。近年はラベルワークなどによるワークショップも取り入れられる傾向にあります。

5）　大会・祭・講演会・シンポジウム等―交流と成果の発表の場―

　スポーツ大会や文化祭，公民館祭などは単発事業と呼ばれる学習イベントになります。これは，知識技術の習得や資格の取得が目的というよりも，参加者同士の交流や学習成果発表の場の提供が事業ミッションになります。娯楽的要素の強いプログラムが多く，参加者が活動を楽しむこともねらいの一つになります。講演会は参加者の交流が期待できませんが，参加層の拡大が期待できます。祭や講演会，シンポジウムには既存事業の未受講者等も参加しやすいからです。

　以上の説明は定着しているわけではありませんが，実際，多くの学習プログラムには当てはまるはずです。いずれの形態を採用するかは予算的な縛りによって決まることが多いのです。

（2）　学習プログラム形態と学習・教育方法

　以上の学習プログラム形態にはそれぞれ適切な学習・教育方法が採用されます。おおよそ**表8-1**のような組み合わせになってきます。

　講座では講義による机上学習が中心になり，場合によっては討議が取り入れられることもあります。学級は講義と討議によって進められます

表8-1　学習プログラム形態と学習教育方法

	講座	学級	教室	講習会・研修会	大会・祭	講演会・シンポジウム等
講義	○	○	△	○	△	○
討議	△	○		△	△	○
実技		△	○	○		
実習			△	○		
発表		○		△	○	△

（「○」は適性が強く，「△」は学習課題等によって適性があることを表す。）

が，討議結果をグループごとに発表することが多いようです。教室は実技中心（および実習）ですが，基本的知識を学ぶために講義も一部取り入れられます。講習会・研修会は講義を欠かせませんが，学習課題によっては実技や実習が加わり，また討議がなされるときには事後に発表も行われます。大会・祭は学習者の発表（展示・演奏等も含む）が中心になり，講演会は講義中心になるでしょう。

　これらのうち講義中心の「講座」だと「承り学習」だとみなされて軽視される傾向にありました。しかし，鈴木真理は，宮坂広作の論文*2)を取り上げて，「承り学習」でも深い学習が可能であると言う宮坂の見解に注目して，そのタイプの学習も有意義だと論じました（鈴木，1996, p.105)。

　たとえば，対人不安が強い人は討議よりも講義の方が学習成果を得やすく，対人不安をさほど感じない人は講義よりも討議学習で高い成果を得る傾向が見られるでしょう。要するに，多様な人たちが参加する学習事業のプログラムには多様な方法を取り入れることが望ましいのです。通常，いずれの学習方法によるかは学習課題によって決まってきます。

4. 学習プログラムのタイプと編成

　次に，複数の学習コマによって編成される学習プログラムを，直線型プログラム，分岐型プログラム，放射状プログラムという3つのタイプに整理してそれぞれの特徴を解説しておきます（佐藤，2013，pp.25-36）。

（1）直線型プログラム

　直線型プログラムとは，図8-2に示したように，第1回目の学習から第5回（仮に5回で単元終了）にわたって学習が一直線上に連続する形で展開されるタイプです。学校の学習指導案等で多く採用されているでしょう。その場合，配列は「基礎−応用」「作業手順」「時代・時季」などの一定のルールに基づいて，累積的学習や仮説検証的な学習，時間軸，手順を踏む学習に適することになります。

　たとえば，例1の場合は累積的作業による直線型になります（以下の3例は佐藤（2013）による）。

　直線型は系統的理解を深め，技術を習得する学習課題に適していますが，プログラム編成が講師任せになりやすく，さらに学習者が欠席したり，つまずいたりすると学習の継続が困難になるというデメリットがあります。また，全回同じ講師に依頼するのが望ましいでしょう。

第1回 ▶ 第2回 ▶ 第3回 ▶ 第4回 ▶ 第5回（まとめ）

図8-2　直線型プログラム

例1　[料理教室—誰もが喜ぶ和食づくり]

1.包丁の使い方 → 2.だしの取り方 → 3.焼き物 → 4.煮物 → 5.盛り付け方 → 6.試食会

（2）分岐型プログラム

　分岐型プログラム（図8-3）とは，直線型の途中から複数の課題別コースを設定し，その後，再び全体学習に戻るように編成されるタイプです。たとえば，**例2**のように「地域学を学ぶ」を学習課題として取り上げた場合，途中から「A.郷土史コース」と「B.自然探究コース」などのコースを設定し，その後，全体学習に戻って「まとめや振り返り」を行うのです。これは学習者の関心にある程度応じることができ，かつ全体会（図8-3の第5回）では各コースの学びの成果をシェアできるというメリットがあります。

　しかし，各コースに講師と担当者を配置し，複数の会場を確保することになるため，人件費や作業量が2倍になるなど予算規模と担当者の負担が大きくなるというデメリットがあります。また，直線型と同様に，欠席者は学習が継続しにくいこともデメリットの一つになります。

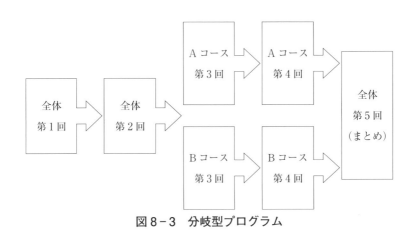

図8-3　分岐型プログラム

例2［地域学を学ぶ］

（3）　放射状プログラム

　社会教育においては放射状プログラムが比較的多く採用されます。社会人相手が多い社会教育では仕事等の関係で欠席する者が少なくないからです。このタイプは**図8-4**のように，学習課題に向けて各回の学習が放射状のように配列されます。

　「世界情勢を知る」を学習課題にした場合には，「第1回　日本と世界

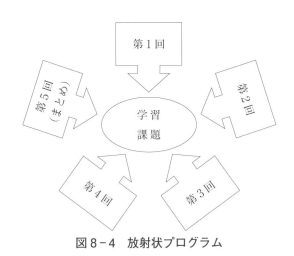

図8-4　放射状プログラム

例3［世界情勢を知る］

諸国」「第2回　アメリカと中国」「第3回　ロシアと北方領土」「第4回　イギリスとEU諸国」「第5回　今後の世界情勢（まとめ）」などの学習を組むのです（例3）。各回は独立した形になるので，仮に第2回を欠席した学習者がいても，第3回以降の学習に大きな支障がなく，欠席分の学習は後日，配布資料等を学べばある程度補えます。したがって，社会教育では多く見られるのです。

　このタイプは，累積的な学習などには適しませんが，異なる視点から考え，総合的に学ぶことに適しています。各回の学習を学習者が独自に選択することも可能です。

　この形態は直線型とは対照的なメリットとデメリットがあります。メリットは前述した通りに欠席後の学習が継続しやすいこと，また学習日の入れ替えが容易であることから講師が確保しやすいことがあります。デメリットは累積的な学習や技術習得学習には適さないことです。

　以上の分類と名称は筆者独自のものですが，実際のプログラムを分析する際やプログラムを編成する場合に活用できると思います。

5. 学習プログラム編成の視点─スコープとシーケンス─

　学習プログラムは教育課程と同様に，スコープとシーケンスの2つの視点から編成します。

(1) スコープ

　スコープ（scope）は「範囲」を意味します。望遠鏡（telescope）を覗（のぞ）いて観察範囲を決めるように，対象の範囲を定めるのです。社会教育事業の場合，まず回数（日数）に応じた学習内容を選択します。その意味で，「学習プログラムは『有限性』という性格をもつ」のです（岡本，1988，p.6）。その場合，学習課題に即した内容であり，重要事項を見逃

していないかなどを検討します。

（2）　シーケンス

　学習内容の範囲が決まったら，今度は各回の学習内容を一定の基準に従って配列していきます。この配列をシーケンス（sequence）と言い，以下のいずれかの基準によります。

　　①難易度順（易～難へ）
　　②累積順（基本～応用へ）
　　③作業手順
　　④時代順（古～新，または新～古）
　　⑤季節順（春夏秋冬）

　これらの基準は主として直線型プログラムや分岐型プログラムに用いられるので，放射状プログラムでは必ずしもこれらの基準に従う必要はありません。

　直線型では学習者が最も関心を持つ学習コマの「目玉」をどこに置くかがポイントになります。スポーツ教室の「（練習）試合」，料理教室の「試食会（会食）」などの「目玉」は最後の方に配置します。可能なら最終日の少し前に「目玉」を置き，最終日を「振り返り」にすると，終了後のサークル化を促しやすくなります。

（3）　学習プログラムの PDCA

　学校教育におけるカリキュラム・マネジメントでは，P（Plan）・D（Do）・C（Check）・A（Action）サイクルが重視されています。社会教育ではそのマネジメント・サイクルの用語を用いなくても，ごく自然にそうしたサイクルが意識されていたと言えます。なぜなら，任意参加の学習プログラムでは集客が意識されていたからです。

そうは言っても，今後はPDCAのうち，特にC（評価）からA（改善），そしてさらなるPに至るサイクルを意識したプログラム編成が強く求められます。

6．実施・運営過程のポイント

学習プログラム事業の実施に際しては，以下の手続きを要します。

（1） 講師の選定と依頼

学習プログラム実施に極めて重要になる要素は講師・指導者です。社会教育事業は学校教育と大きく異なるのは手持ちの職員が講師役にならないことです。学校だと所属教員が原則として指導することになりますが，社会教育の場合には外部の専門家に指導を依頼します。

講師等の条件としては，専門性はもちろん，指導力（講話力を含む），人柄と指導姿勢，指導経験，居住地，政治・宗教・営利に関することがあります。居住地は旅費にも影響してきます。

講師謝金は自治体等の基準に従いますが，ボランティア活動を金銭換算する方法である機会費用法と代替費用法を参考にするとよいでしょう。機会費用法は，その人が本来の仕事を行う場合には適用される労働賃金で費用を評価する方法です。弁護士や大学教授なら時給を算出し，これを講義時間に適用します。

代替費用法は，類似のサービスに従事している専門職の賃金で換算する方法のことです。講演2時間ならあらかじめ所定の金額を決めて適用します。自治体が定める講師謝金一覧は代替費用法になります。

いずれにしても，講師を遠距離から依頼する場合，特に代替費用法の場合には移動時間を実働時間として一定割合考慮することが望ましいでしょう。

（2）　会場設営

　会場設営は学習方法に合わせて検討することになります。スクール型，シアター型（机を置かずに全員前向き），島型（小グループの配置），コの字型などのいずれにするかを決めます。一般的な講座ではスクール型となり，講演会ならシアター型，ラベルワークなど演習では島型，そして討議であれば島型やコの字型が適切です。

　前半の講義と後半の演習を組み合わせたプログラムで，講義時に島型レイアウトがなされていることがあります。そうなると，「島」に後方を向いて着席する学習者は講義が聴きづらくなります。前半と後半でレイアウトを変えたり，後ろ向きの席を外したりする必要があります。

　最近は PowerPoint などのスライドを使用する講師が多くいます。会場の制約もあってか，大きなスクリーンを中央に配置すると，講師の立ち位置が舞台の上手に押し寄せられる光景をよく見ます。そこで，スライドの使用後には演台を中央に移動したり，シンポジウムの場合には登壇者にスライド内容のカラー刷り資料を手渡したりします。

7.　学習プログラムの評価

（1）　評価と測定

　学習成果の評価は本書の第 10 章で取り上げていますので，ここでは事業評価に限定して述べておきます。

　学習プログラムの評価は学習者のアンケート結果を用いることが多いようです。満足度をパーセンテージで算出し，数値の高さで評価するわけです。しかし，アンケートと評価は同じではありません。

　教育心理学によれば，「評価（evaluation）とは，測定と重なる部分もあるが，一般には何らかの価値づけをもった判断を含んでいる」と説明されます（市川，1995，p.135）。そして，測定は「対象のもつ何らか

の特性に対して数量的な表現を与えること」なので（市川，1995，p.134），アンケートで得られた数値がほぼ当てはまることになります。

　事業アンケートの結果（測定）に対する判断が評価になります。「わかりやすさ」の測定に対する判断（評価）は学習課題によって異なるでしょう。学習課題によって難易度は異なるからです。また，現代的課題である「人権問題」と要求課題の「趣味」の測定結果を同じ基準で評価できないのです。そこに測定と評価の違いがあります。

　さらに，学習対象によっても測定結果の解釈を変える必要があります。高齢者向けと若者向けのパソコン教室では，「わかりやすさ」に大きな差が出ます。同じ学習内容・指導者の学習プログラムでも，学習者の理解力によって測定結果が異なるのです。

（2）　事業評価の対象と方法

　事業評価は，どちらかと言えば教育評価でいう「実施されたカリキュラム」[*3)]の評価に該当すると考えられますから，以下のような事項が対象になります。

　　①指導者・講師の指導と態度，②プログラムの内容と回数，③教室環境，④開催時間・時期，⑤学習者の学習理解度・満足度，⑥修了率等

　しかし，前述したように学習課題によって測定結果が異なってしまいます。そこで，どう対処すべきでしょうか。アンケートで4件法「当てはまる－少し当てはまる－あまり当てはまらない－当てはまらない」などによる回答の平均値を単純に比較するのは推奨できません。

　一例ですが，4件法などであれば，標準偏差を求めて回答のばらつきで判断する方法があります。標準偏差は「0」に近いほどばらつきがないことになります。Excel などによる分析法は解説書に譲ることにしま

すが，標準偏差が大きい場合には多様な学習者が参加した事実を受け止めればよく，反対に，標準偏差が小さい場合にはその数値を事業評価として採用できます。「わかりやすさ」の回答が「4」に集中していれば（最頻値），その事業の評価として活用できるのです。ただし，他事業と比較するのではなく，過去の同種の事業との比較によって評価することが望ましいでしょう。

8. 社会教育における事業戦略策定の意義

　公的社会教育は企業活動とは異なり，競争的な経営戦略がなじまないように思われがちです。しかし，一時期には民間カルチャーセンターの台頭により，公的社会教育の役割が問い直されたことがありました。また，首長部局が行う学習・文化事業と社会教育事業との差別化が困難になったことから，社会教育の独自性が求められたこともありました。これらは現在でも残された課題だと言ってよいでしょう。むろん社会教育事業は集客数でカルチャーセンターや首長部局事業と競争関係にあると言っているわけではありません。主張すべきこととは，いずれの学習プログラムに参加していない／参加できない人たち，すなわち潜在的な学習者にも学習機会への接近を促すためには戦略的であるべきだということなのです。

》》註

＊1）　国立教育政策研究所社会教育実践研究センターの資料には，学習事業計画の要素を「1）事業名，2）事業の目標，3）実施主体，4）対象者，5）定員，6）学習期間，7）学習時間（回数），8）学習場所，9）プログラムの展開（学習テーマ，学習の内容と方法，学習支援者，備考），10）事業の直接的な効果を測定するための体制，方法等」という10項目を示している。

＊2）　出典は，鈴木真理（2014）「宮坂広作「学級・講座計画の視点」（碓井正久編『社

会教育の学級・講座』〔講座現代社会教育Ⅴ〕亜紀書房，1977）を読み直す」山梨
学院生涯学習センター創設20周年記念論集。

＊3）田中は，「実施カリキュラム」については「教師が解釈して生徒に与える数
学や理科の内容であり，実際の指導，教室経営，教育資源の利用，教師の態度や背
景などが含まれる」と解説している（田中，2008，p.83）。

参考文献

市川伸一（1995）『学習と教育の心理学』岩波書店

大滝精一・金井一頼・山田英夫・岩田智（1997）『経営戦略』有斐閣アルマ

岡本包治編著（1992）『生涯学習プログラムの開発』ぎょうせい

岡本包治（1988）「学習プログラムの基本」岡本包治・坂本登ほか『学習プログラ
ムの技法』実務教育出版

岡本包治（1992）「学習プログラムを生かす」岡本包治編著『生涯学習プログラム
の開発』ぎょうせい

倉内史郎（1983）『社会教育の理論』第一法規

国立教育政策研究所社会教育実践研究センター（2012）『社会教育計画策定ハンド
ブック（計画と評価の実際）』

佐藤晴雄（2013）『学習事業成功の秘訣！研修・講座のつくりかた』東洋館出版社
（※本章は基本的にこの文献の記述を踏まえて書き直している。）

佐藤晴雄（2020）『生涯学習概論―第2次改訂版―』学陽書房

白石克己（1992）「生涯学習の視点に立った学習プログラムの体系化」『生涯学習プ
ログラムの開発』ぎょうせい

白石克己・金藤ふゆ子・広瀬隆人編（2001）『学習プログラムの革新』ぎょうせい

鈴木真理（1996）「社会教育の内容と方法」碓井正久・倉内史郎『改訂新社会教育』
学文社

鈴木真理（2016）「社会教育の公共性を考える」鈴木真理・稲葉隆・藤原文雄編著『社
会教育の公共性』学文社

田中耕治（2008）『教育評価』岩波書店

田原迫龍磨・仙波克也・企画監修，有吉英樹・小池源吾編（2000）『生涯学習の基

　礎と展開』コーレル社

藤岡英雄（2008）『学習関心と行動』学文社

本庄陽子（2015）「何を社会教育で学ぶのか」松岡廣路・松橋義樹・鈴木眞理編『社
　会教育の基礎』学文社

学習課題

【課題 1】

　民間学習事業や一般行政の学習事業とは異なる公的社会教育の存在意
義にはどのようなことがありますか。

【課題 2】

　アンケート結果で「YES」の回答が 10％でも「高い」と判断できる
場合と 90％でも「低い」と判断できる場合のそれぞれの質問項目には
どのようなことが考えられますか。

9 | 学習事業の広報の在り方

佐々木　英和

《目標＆ポイント》　社会教育振興の目的と関連づけて学習事業の広報活動を戦略的に展開する意義について，「学習者との縁づくり」という観点から論じるとともに，各種戦術や具体的スキルを展開する。特に，コミュニケーション理論を踏まえつつ，人と人とのつながりを創出することの意義を論じていく。
《キーワード》　メディア特性，メディアミックス，広報戦略，広報戦術，SNS，口コミ，ステークホルダー，マーケティング

1. 広報・広聴活動とは何か

　行政情報を例に取れば，私たち国民は，知らないことが多すぎます。見方を変えれば，私たちに知らされていないことが非常に多いように思えます。しかし，実際には，行政が私たちに知らせていないわけではなく，知らせているけれども，私たちに届いていないということも少なくありません。

　本章では，「知らせてもらう」というより「知らせる」側に立って，広報活動の位置づけや意味づけを考えることにします。ここでは，「広聴」を意識しながらも，主に「広報」について述べていきます。

（1）広報とPR

　辞書的に定義すれば，「広報」とは，「自らの活動や，業務内容を，一般の人に広く知らせること」（三省堂『新明解国語辞典［第8版］』，

2020年）です。この言葉は，「公衆（public）」との良好な「関係（relations）」を築こうとする意味合いのある "Public Relations" を略した「PR」を日本語訳したものであり，もともと公的な意味合いが強いものです。行政による「広報活動」は，行政に対する信頼・信用の獲得が中心目標になります。そのため，似たような言葉であっても，商業的意味合いの強い「広告」や，時に大げさな文脈で用いられることのある「宣伝」とは，一線を画すようにして，広報という言葉が用いられます。

　行政広報については，あくまでも説明の便宜としてですが，「守りの広報」と「攻めの広報」とに分けておきます。これは，組織外部に対してもですが，組織内部に対しても通用する考え方です。

　守りの広報では，過去の記録の公表が中心になり，信頼・信用の証明が鍵になります。ここで必要条件となる「説明責任」は，元の英単語「アカウンタビリティー（accountability）」のまま用いられることもありますが，「説明により相手に納得してもらう責任」といった意味合いが含まれており，「説明しておけばよい」という形式主義的な域にとどまるものではありません。

　攻めの広報では，過去的な事業実施報告などをまとめた「報告書」的な情報だけでなく，未来に向けて事業などへの参加を促す「お誘い」的な情報をまとめた活動もあります。こうした積極的な働きかけは，結果的に宣伝の要素が強くなりますが，国民・市民・住民に対する関心喚起において信頼・信用の創造ができなければなりません。

（2）　広報の効果

　広報戦略は，広報と経営が一体化している面もあると言えるほど，経営戦略として重要なこともあります。広報を考えることがそのまま経営戦略につながることもあり，両者を同時に考えてもよいほどです。

　実際，自治体の「ブランディング戦略」の目的は，外向けにアピール度を高めることですが，その効用は，内向けにプライドを育むことにも広がります。たとえば，第3章でも触れた静岡県掛川市は，生涯学習まちづくりでは全国ブランドになっていますが，そのことが波及効果をもたらし，生涯学習の活発さに対する住民の地域に対する誇りにもつながっているのです。

（3）コミュニケーション活動としての広聴

　辞書的には「行政機関による，国民または住民の行政に対する意見・要望の収集活動」（岩波書店『広辞苑［第7版］』，2018年）と定義されることのある「広聴」は，コミュニケーションを促す一手段です。広報活動に対して，受動的働きかけを出発点とする広聴活動は，関係者からの幅広い情報収集が大変に重要になります。重要目標として，「サイレント・マジョリティ（Silent Majority）」と呼ばれる層，すなわち「多数派を構成するのにもかかわらず行政にまで届いていない特定の傾向のある考え方」を持つ人たちの声を拾えるとよいでしょう。

2.「効果的な情報伝達」のための コミュニケーション論的視点

　広報とは，コミュニケーション理論の応用もしくは実践だとみなせます。逆に考えれば，コミュニケーションの原理をあまり理解していなければ，効果的な広報を打ち出そうと挑む実践は，経験則に頼るだけの不安定で不確実なものになりかねません。ちょっとした遠回りになりますが，コミュニケーション場面の本質を押さえておきましょう。ここでは，「伝え方」よりも「伝わり方」に注目するという話になります。

（1）「伝える－伝わる」関係への着眼

　広報の在り方を考える上で根本的に重要な観点は，「伝える」と「伝わる」との違いを意識することです。これは，「伝える側」の発信者と「伝えられる側」の受信者との関係で考えれば明らかです。

　まず，情報の送り手が何らかの情報を受け手に伝えていなければ，つまり，その情報が受け手に伝えられていなければ，その情報が受け手に伝わっているという状態は原理的には起きないはずです。これに対して，送り手が受け手に情報を伝える，つまり受け手に情報が伝えられていくから，受け手に伝わる可能性が発生することになります。

　しかし，情報伝達の現実は，そんな単純な話では済みません。実際，送り手が受け手に情報を伝えたつもりなのに，受け手には伝わっていないということが頻繁に起きています。つまり，何らかの情報が受け手に伝えられていたはずなのに，受け手に正しく伝わっていないという事態は日常茶飯事です。いわゆる伝言ゲームを思い起こせば，そのことを理解できるでしょう。

　それどころか，気づかれにくいのですが，奇妙な事態も起きているのです。それは，受け手に伝えられていないのにもかかわらず，受け手としては何らかの情報が伝わっているのと同等の状況が生じることです。たとえば，あなたが何らかの返事がもらえると期待してメールを送ったときに，何の返事も返ってこなければ，相手としては，そのつもりが全くないのに，あなたが「無視された」と解釈することがあるかもしれません。こうした現象が起きるのは，情報の解釈の主導権が，送り手よりも受け手に存するからなのです[1]。現実に情報が与えられても与えられなくても，受け手には自由に解釈する余地が十分にあります。

（2）　メディア特性への着目

　コミュニケーション場面では，「何を伝えるか？」だけでなく「何に
よって伝わるか？」にも注目すべきです。つまり，伝達内容だけでなく
伝達方法や伝達過程にも着目するべきです。著名なメディア学者のマー
シャル・マクルーハン（Marshall McLuhan，1911-1980）の有名な格言
「メディアはメッセージである」は，「メッセージ内容」だけでなく「メ
ディア形式」にも着眼すべきことを含意しており，「伝わる」という局
面に注目するならば，メディア形式がメディア内容に大きな影響を与え
ていることを意味します。

　身近な教育場面における学習者の経験で考えてみましょう。全く同じ
内容の題材であっても，教師の話を直接聞くのと，その教師の書いたテ
キストを読むのとでは，相当に印象が違うでしょう。また，同じ教師で
も，教室で直に話を聞くのと，画面越しの講義を受けるのとでは，相当
に印象が異なるはずです。同様に，同じ内容の文章だったとしても，「で
ある調」で書かれているか「ですます調」で書かれているかでは，読み
手の読後感は相当に違うはずです。そして，これらの違いは，単なる印
象の問題にとどまらないものであり，学習経験として実質的に大きな差
が出ていることと同等であり，それどころか，学習効果としても相当に
差が出ていることを意味します。つまり，たとえ全く同じ内容であった
としても，どのような「メディア（medium，media）」を媒介して学習
するかによって，実質的には大きく学習経験が異なり，場合によっては
全く違った内容を学んだのと同等だということも頻繁にあるというわけ
です。

　翻って考えれば，何かを伝える際に，どのようなメディアを用いるか
の選択は，大変に重要なことであり，ただ伝えておけばよいという話で
は済みません。「発信者−媒体−受信者」の３項関係を常に意識して，

メディア選択の理論的・実践的意義を考えましょう。

（３）「会話型メディア」と「手紙型メディア」

　一口に，「メディア」と言っても，書籍，新聞，雑誌などの活字メディア，ラジオ・テレビなどの視聴覚メディア，インターネット，SNS など，多種多様です。アナログかデジタルかなども含めて，様々な分類の観点が考えられますが，実用性を考え，「会話型メディア」と「手紙型メディア」とを対比する整理の視点を，筆者は提案します*2)。これについて，筆者なりに整理したものが，**表９–１**です。

　会話型メディアとは，「話す」と「聞く」を基本として構成されてい

表９–１　「会話型メディア」と「手紙型メディア」との比較

コミュニケーションの形態		**会話型**	**手紙型**
基本的着眼点	原初的形態	**直に向き合って行う会話**	**直筆の手紙**
	経験の反復可能性	一回限り	繰り返し可能
	経験の時間的特性	同時発生的な経験	時間的ズレを含む経験
	経験の残存可能性	記憶の中に消え去る	記録として残る
行為論的特徴	五感的特徴	聴覚的経験	視覚的経験
	原初的行為	音を出す―聴く	描く―見る
	一般的行為	話す―聞く	書く―読む
	例外的形態	手話（視覚的な会話）筆談（文字による会話）	点字（触覚的な手紙）
双方向的なメディア経験	典型的なメディア経験	**会話らしい会話**固定電話による会話携帯電話による会話	**手紙らしい手紙**印刷技術を用いた手紙ファックス電子メール
	録音・録画技術の影響・効果	……	**会話的性格を含む手紙**留守番電話（ボイスメール）ビデオメール
	情報通信技術の影響・効果	**手紙的性格を含む会話**チャット（文字による会話）SNS 活用（Line など）	……
一方向的なメディア経験	分類に対応するマスメディアの典型例	**視聴覚メディア**ラジオテレビ	**印刷物**本新聞雑誌

るものです。一方向的なマスメディアではラジオやテレビが典型であり，双方向的なメディアとしては電話や携帯電話などが相当します。その主な特徴は，情報が流れている瞬間は，一回限りの体験でとどまり，聞き逃したり見逃したりしたら，繰り返せないことです。

手紙型メディアは，「読む」と「書く」を基本として構成されています。一方向的なマスメディアとしては，書籍や新聞・雑誌であり，双方向的コミュニケーションの道具としては，手紙や電子メールです。それらのメディアは，何回でも見直せたり読み直せたりできる反復性が特徴です。

会話型メディアのラジオやテレビも，録音・録画技術を用いれば，繰り返し視聴できるので，その点では，手紙的な性格が加わります。留守番電話は，英語では「ボイスメール」つまり「声の手紙」です。

他方で，LINE などでチャットするのは，文字で成り立つ手紙を会話のようなリズムで展開していけるという点で，手紙的な会話型メディアだとみなせます。この状況は，見方を変えれば，物理空間を超えて電子的な筆談がなされているとも言えます。

高度情報通信社会においては，情報のやり取りは，多元化し複雑化していきます。この複雑さを，会話的か手紙的かという観点で分類すると便利でしょう。

（4）「情報の流れ」の分類

では，広報・広聴活動の基礎理論となる「効果的な情報伝達」について考えていくための基本的枠組みを提示します。**図9-1**は，これらを単純化したイメージで表現したものです。

第1段階として，「情報の流れ」が「一方向的」か「双方向的」かを区別します。ある方向から別の方向に一方向的に情報伝達される場面については，「情報提供」と位置づけます。ある地点と別の地点とが相互

に行きかうように双方向的に情報伝達がなされる場合については，「情報交換」と呼んでおきます。

　第2段階として，双方向的な「情報の流れ」にも，2種類あるとみなします。すなわち，双方向性つまり「インタラクティブ（interactive）」な性質は，タテ型とヨコ型とに分類できるとみなすわけです。

　まず，タテ型インタラクティブのものは，「情報提供」に対する「情報収集」であり，行政などが行う広聴活動が該当します。行政関係者などが直に住民から意見を聞いたり，公民館職員が学習者の意見を聴取したりするという具合です。

　次に，ヨコ型インタラクティブのものについては，筆者は，「情報交流」という言い方を提案しておきます。いわゆる「口コミ」は，良い悪いの区別なく，情報を拡散していく効力が強いものです。さらに，インターネット時代には，フェイスブックやツイッターなどのSNSを通じた情報空間における口コミの広がりは爆発的で，よりいっそう広範囲にわたります。

　この点で，社会教育的な発想を生かした広報としては，いわば「情報交流支援」といった考え方が求められます。つまり，人々が集い交わることにより自由かつ活発に情報のやり取りを進められる場面を，できればリアルに直に向きあえる場面で，できなければバーチャルで設けるこ

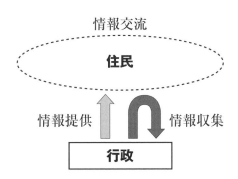

図9-1　行政情報の流れに対する基本的な構図

とが必要とされることがあります。

3. 広報を方略化する視点

　あなたが，何らかの社会教育講座を企画したと仮定します。すると，受講者を集めるためには，広報活動が必要だという話になるでしょう。そうした広報を方略化して洗練するならば，情報を知らないゆえにチャンスを逃してしまう人の多さを意識することが大切です。そうなると，最重要キーワードは「縁づくり」であり，その手段として情報が鍵になることに気づけます。広報について，「つながりづくり」の視点で考えていきましょう。

（1）　広報目標の意識化

　講座についての広報を行うときに，特に何を知ってもらいたいのかを意識しておきましょう。これが，広報目標の明確化につながります。

　そもそも，あなたが企画した講座が存在していることを知られる状況を創出するだけでも，決して簡単ではありません。講座の名前を知ってもらうだけでも意味がありますが，何をやろうとしているかの中身を知ってもらわなければ十分ではありません。いずれの段階をめざすかはともかく，特に何を知ってもらいたいかの目標を定めるかによって，広報の仕方はおのずと変わってくるのです。

（2）　広報内容と広報方法

　次に，広報やPRのあり方を考える際の基本的視座について深めます。ここでは，内容レベルと方法レベルとに分けて考えていきます。

　まず，広報内容については，企画力がある程度の域に達していないと，プレゼンテーション力として発揮できません。伝える内容は，受け手の

状況や理解水準などを念頭に置いて決めていくことになります。

　次に，広報方法・広報形態については，メディア形態と，それらの効果的な組み合わせが鍵になります。伝える手段としては，メディアごとの視覚的効果・聴覚的効果や言語的効果などの特徴を意識しながら，TPO に応じたメディア選択をしましょう。また，伝える順序は，重要メッセージに関する演出効果を生み出す場合には，特に大きく影響してきます。

（3）　広報手順の選定

　広く周知させる方法として，どのようにして知られていくかを意識しながら，「知らせ方」を構想することが求められます。一般に，裾野を広げるために敷居を下げるのが常套手段ですが，逆転の発想もあってよいのです。

　一方では，「浅く広く」で，とにかく大勢の人に知らせることになります。いわゆる「数打ちゃ当たる」方略です。このやり方は一見して非効率的ですが，一定の効果は得られることが多いようです。

　他方では，「深さから広さへ」という方針で，最初は重点ターゲットを絞り，そこを突破口にして関心を持つ人を広げていこうとするやり方です。一部の人にしか支持されないテーマは，最初はなかなか広がりを見せてくれませんが，強烈なファンたる中核層を育てていった方が中長期的には情報が広がっていくことを期待する考え方です。

（4）　広報ターゲットの選定

　重点的広報の打ち方を考えてみましょう。この場合いわゆる「選択と集中」をめぐって，「ステークホルダー（stakeholder）」を選定せざるをえません。ステークホルダーとは，賭けられたお金を預かる人という

のがもともとの意味であり，「利害関係者」を指しますが，そこには顧客や地域住民なども含まれます。

　まずは，特定の属性・集団をターゲットにするやり方です。男女差，年齢差，地域差，職業による差などを意識して，効果的で効率的な広報を打っていくことが可能です。

　次に，これまで未開拓だった人たちを対象として広報する際，「顕在的関心層」「潜在的関心層」「無関心層」の３層を区別し，ターゲットごとに目標を変えることになります。顕在的関心層は，そのテーマに対する関心を抱いてくれていることが明らかなので，必要な情報が届いているかどうかがポイントになります。これに対して，潜在的関心層に対しては，届けられる情報が興味・関心を掘り起こす役割を果たせているかどうかがポイントなのです。

（5）「広報機会」の活用の戦略・戦術

　いわゆる「5W1H」つまり「いつ，どこで，誰が，何を，なぜ，どのように」の視点を用いれば，効率的に「知ってもらえそうなチャンス」の存在を掘り起こせそうです。特に，場所・時間・人間への注目が有意義です。

　第１に，狭義のメディアです。「キー・メディア（key media）」は何かを考えましょう。印刷物メディアか電子メディアかなどを具体的に比較して，どれが有効かを探っておきましょう。たとえば，筆者の経験に即して言えば，大学公開講座の広報は，市町村の広報誌に掲載されると，反応が良いとわかっています。

　第２に，媒体としての人間への着目であり，効果的に情報を広げていくのが誰かを意識しておきましょう。「キー・パーソン（key person）」はもちろん「キー・グループ（key group）」について注目するならば，

口コミの有効性がクローズアップしてくるでしょう。

　第3に，媒体として機能する場所に着眼しましょう。これについて，「キー・プレイス（key place）」と呼んでおきます。人が集まり，時間を持て余しがちな場所などが鍵となりますが，郵便局や銀行，病院の待合室などは，その例に当たるでしょう。また，都市部では，つり革広告は，多くの人が手持ち無沙汰に見てしまう媒体ですが，通勤時間帯の満員電車というシチュエーションが，電車内の空間をキー・プレイスに変質させるのです。

　第4に，情報提供に有効な時間帯やタイミングです。これについて，「キー・タイム（key time）」と呼んでおきます。狙ったターゲットが情報を得やすい時間帯がいつかを検討すれば，たとえば，テレビやラジオなどで深夜の時間帯に子ども向けの宣伝をするのはミスマッチだと判断できるでしょう。適切なタイミングで適切な内容を提供するという考え方が大事になります。

4．広報戦略と広報戦術の具体的展開

　広報活動について具体的に実践する際には，頭を柔軟にして，視野を広くすることが有益です。その際，「媒体＝メディア」への注目が鍵になります。

（1）　メディア選択の戦略・戦術

　メディア形態による特性の違いに注目し，伝達方法としてメディア形態どうしの「組み合わせ」を創意工夫しましょう。「メディア・ミックス（media mix）」という方略は，様々なメディアを混合・ミックスして，それぞれの特性どうしを生かしあって相乗効果を生み出すことをねらうものです。

　このとき，メディアに対する総合的視点や網羅的把握が必要です。先に行った「会話型メディア」と「手紙型メディア」との比較を活用しながら，どのタイミングで，どのように広報すれば効果的かを考えていきましょう。

　たとえばインターネットを上手に用いれば，大量の情報を取捨選択して，必要なものどうしを，とてつもない速さでつなげて，広めていくことも可能です。インターネットは，情報提供についてのリスクを分散するとともに，必要に応じて集中化することができます。また，インターネット時代の逆転の発想として，まずは世界や全国に知られて，それから身近な人たちへ戻す形で認知してもらえます。一方では，ミクロからマクロへと，内側からの地道な活動を可能にしますが，他方では，マクロからミクロへの逆転の発想で，外に知られてから内に知られるようにも展開できるというわけです。

（2）　ニーズ調査とマーケティング

　国民・市民・住民がどのような学習機会を求めているかを知るには，いわゆる「ニーズ調査」を実施すべきです。そのとき，「消費者の求める商品やサービスを調査し，商品開発と効率的な販売方法で市場拡大を図る企業活動」（大修館書店『明鏡国語辞典［第3版］』，2021年）を意味する「マーケティング（marketing）」の発想を，行政分野などにも応用すべきでしょう。講座づくりのためのヒントも，多角的に得られるはずです。

（3）　プレゼンテーション・広報技術の洗練

　社会教育実践者として「広報力」を高めるためには，広報技術を学んでいく必要があります。その際，基本方針をしっかりさせておきましょう。

　第 1 に，何より相手側に立って，「伝わったときの効果」を強く意識すべきです。広報活動をするとき，受け手を基準に考えましょう。キャッチフレーズ的な言い方をすれば，「伝える側の自己満足」に終わらずに，「伝えられ伝わる側の興味・関心・感動」をめざした PR 活動へと重点を移すということになります。最重要ポイントは，「伝わり方」を強く意識した「伝え方」の選択と創意工夫です。

　第 2 に，伝達する情報については，明晰にする，できれば明解かつ明快にすることを心がけるべきです。シンプルに，メリハリをつけて，短時間で伝わり少量の情報で済むことを基本として考えることが有効です。

　第 3 に，「インパクト化」する，つまり印象的に表現することの有効性を意識しておきましょう。キーワード化・キーフレーズ化やイメージ化・ストーリー化を心がけてみると，情報の受け手に強い印象が残る表現が思い浮かぶはずです。筆者流の言い方をすれば，「言葉＝ことば＝コトバ＝ kotoba」にとことんこだわることが，相手に印象づけるのには有効です。

　それでは，具体例で考えてみましょう。筆者が直に考案したり，筆者の指導によって地域住民が考案したりしたものを紹介します。筆者は，市民自らの在住・在勤の自治体の名前にこだわることをヒントに言語化するようアドバイスしています。

　1996（平成 8）年に発行された東京都稲城市の生涯学習推進計画のキャッチフレーズは，「であい・ふれあい・まなびあい」です。市の名前の稲城の英語表記の “Inagi” の中のアルファベットの頭文字にこだわり，「I ＝あい」を軸に設定しました。こうして，「Inagi あいプラン」という名称を創出しました。

　2001（平成 13）年に発行された栃木県二宮町（現・真岡市）の生涯学習推進計画では，「1，2，3」の数字にこだわり，「いちたす　にのみ

188

図9-2　小川町生涯学習推進計画の表紙（イラスト：甲田由美子）

や「みんなでさんか」というキャッチフレーズを，町民が話しあいの中
で創出しました。当時の二宮町は，果物のイチゴの生産量が日本一だっ
たこともあり，「一期一会」ならぬ「イチゴ一会」という言葉が使われ
ていましたが，二宮町の「二」を生かしつつ，一人ひとりが「オンリー
ワン」の町民による「参加」（「参」は「三」）を大事にした「生涯学習
まちづくり」を展開したいという思いから出てきた言葉です。

　栃木県小川町（現・那珂川町）の生涯学習推進計画（2001年発行）
のタイトルは，「わがおがわプラン」です。「我が小川」として「私の小
川町」という意味がありますが，「輪」を作って，「和」を大切にしてい

こうという意味も込めています。この地域は古代遺跡が多い土地柄なので，住民の中には歴史的に「倭＝やまと」の意味合いも読み込む人もいたかもしれません。言葉とイラストとのメディア・ミックスをねらったものが，**図9−2**の生涯学習推進計画の表紙です。

　社会教育的な観点に立った広報は，「物を作る」というより「物語を育む」「物語が育つ」という方向で展開してよいでしょう。キャッチフレーズ的な言い方をすれば，「モノづくり」から「モノガタリ育み」へと移行して活動イメージを豊かにしていくのです。

（4）「ちょっとした工夫」の意義

　情報提供の機会に関して，日常的習慣として，普段からの創意工夫と「気づき」を大事にしましょう。日頃の「ちょっとした工夫」が鍵です。

　まず，広報媒体としてのパンフレットについて，その大きさを小さくするだけで，効果や効率が変わります。たとえば，A4サイズのものを，男性の背広の内ポケットや，女性のハンドバッグに入るサイズに変更してみましょう。そうすると，パンフレットの持ち運びがしやすくなり，手に取って持って行ってくれる人が増えます。また，それが小さくなったことにより置きやすくなるので，置いてもらえる場所の選択肢が増えます。さらに，それを郵送する際の料金が，定形外から定型になって，コスト削減につながることがあります。

　次に，何らかのイベントそのものを，次なるイベントの広報・PRおよび啓発・普及の機会として活用するよう心がけてみましょう。「リンク」の発想として，1回の広報機会を次のもの・別のものにつなげる発想は，タテ割り社会をヨコにつなぎあうことでもあり，「タテ割り行政」と連動しがちな「タテ割り住民」を超えて，お役所の広報を広く移動させあうことにもなります。

5. 講座づくりならではの広報戦略

　これまで，広報一般に通じる考え方を展開してきました。こうした考え方と並行させて，広報活動それ自体に社会教育的側面があるという発想も深めていきましょう。

（1） 学習者の認識と行動の段階

　マーケティングの実践理論として，「AIDMA」と呼ばれるものがありますが，これは「Attention（注意）」「Interest（興味）」「Desire（欲望）」「Memory（記憶）」「Action（行動）」の順番で消費者が認知・行動するということの英語の頭文字を順に並べたものです[3]。筆者は，社会教育講座では，受講候補者の「認知・関心・行動・愛着・参画」の5段階が実情にそぐうと考えていますが，これについて事前に図式化して示すと，図9-3のようになります。

　第1に，「認知段階」です。とにもかくにも「知られなければ始まらない」ということです。そのためには，「周知」つまり「広く知られる」ためにはどうするかの創意工夫がポイントになります。

　第2に，「関心段階」です。「知られなければ始まらないけれども，知られるだけでも十分ではない」という発想で，その講座に関心を持ってくれそうな人の興味を引くような広報活動をすることが必要でしょう。

　第3に，「行動段階」です。顕在的もしくは潜在的に関心を持っている層を，実際に「講座申し込み」といった「行動」にまで至らせたければ，申し込み方法が明確で，かつ申し込みしやすいなどの「あと一押し」の工夫が必要です。

　ここまでのところは，一般的な広報活動と基本的に一緒であり，「入口」戦略の前半部分です。次からは，社会教育講座ならではの広報戦略の展

出　口	愛着段階	居心地戦略	中身の創意工夫，マイナス宣伝の危険回避など
↑	参画段階	活動支援戦略	チャンスなど
中　身	行動段階	働きかけ戦略	積極性など
↑	関心段階	興味戦略	発想力など
入　口	認知段階	周知戦略	物量，時間など
	広報段階	対応戦略	必要事項

図 9-3　社会教育事業における広報戦略段階

開に相当します。

　第 4 に，「参画段階」です。受講者が講座に出席して，ただ講師の話を聞いて帰って行くだけでは，その場に居合わせて学習できたことの満足感に浸るレベルでとどまってしまうでしょう。たとえば講座時間内で友人ができるとか，講座後に受講者どうしで集まって交流を深めるなどして，その場に参画しているという感覚を味わってもらえば，講座受講者の充実感がいっそう高まります。

　第 5 に，「愛着段階」です。受講者が講座や施設などに愛着を感じてくれれば，リピーターになるだけでなく，口コミで広げていく発信者にもなります。そのためには，講座の同窓会を企画するなど，様々な工夫が必要でしょう。

　いずれにせよ，社会教育広報の可能性は，単発の講座の実施で終わらせずに，その「入口」から「出口」までを見すえて，広報活動を立体的

に行える余地が広がっていることです。それは，結果的に，地域間や，互いに興味の合う人どうしなどの「社会＝コミュニティ」を育むことにもつながっていくのです。

（2） 学習能力の向上のチャンス

広い視野を持てば，社会教育講座についての広報それ自体が社会教育を進めるチャンスに見えてくるはずです。それは，住民だけでなく，行政職員などにとっても学習の機会として有効活用できるとみなせるかもしれません。

地域づくりと学習とを結びつけながら，行政と住民とが身につけるべき「基本」が明らかになります。おのおので強調すべきポイントを確認しておきます。

行政には，情報提供側として，「整理上手」「配列上手」になることが求められます。学習をはじめとした各種情報の網羅的把握が必要であり，特に「情報源情報」の質的・量的な洗練をめざすことは，情報のターミナルの整備・充実を意味します。

住民には，情報収集者側として，「選択上手」「活用上手」になり，自分にとっての重要ポイントを見抜く力を身につけるチャンスが生まれます。パソコンやスマートフォンなどを活用して手軽に情報整理する方法など，学ぶ素材には事欠きません。効果的に情報獲得するには，情報源情報を活用する習慣をつけたり，整理軸を明確化して検索方法を洗練させたりするなど，「整理の技法」の習得が有益でしょう。

》〉註

＊1） 野村一夫（1992）『社会学感覚［増補版］』，文化書房博文社，pp.325-329。
＊2） この理論の詳細については，以下を参照のこと。

　SASAKI, H（2015）"Coversation-Based Society" and "Mail-Based Society"：The Analytical Significance of "Here and Now" in a Highly Networked Information Society，宇都宮大学地域連携教育研究センター編『地域連携教育研究センター研究報告』第 23 号，pp.1-10。
＊3)　佐藤義典（2005）『実践マーケティング戦略』，日本能率協会マネジメントセンター，p.111。ただし，佐藤自身は，「マインドフローの 7 つの関門」として，「認知」「興味」「行動」「比較」「購売」「利用」「愛情」の 7 段階で「お客様」を商品やサービスのファンにする手順を用いて，「顧客の立場でモレなく考える」ことを推奨している（同上，pp.94-111）。

参考文献

井上岳久（2017）『広報・PR の実務─組織づくり，計画立案から戦略実行まで』日本能率協会マネジメントセンター
シブヤ大学（2007）『シブヤ大学の教科書』講談社
難波功士（2018）『広告で社会学』弘文堂
マーシャル・マクルーハン著，栗原裕・河本仲聖訳（1987）『メディア論─人間の拡張の諸相』みすず書房

学習課題

　日常生活にあふれる宣伝文句のうち，自分で気になったものをいくつか集めて書き出してみましょう。その上で，生涯学習や社会教育の価値や魅力を伝えるためのキャッチコピーを，あなたなりの自由な価値観に基づいて提案してください。

10 | 学習の成果活用と評価

佐々木　英和

《目標＆ポイント》　教育や学習において「評価」を実施する際には，「教授効率」と「教育効果」とを混同してはならない。また，社会教育について，「教育者基点」から「学習者基点」へと力点移動して，個々の学習者が，ただ学習するだけでなく，それを「成果」として効果的に発揮することの意義を確認すべきである。以上の点を踏まえて，学習成果を社会的に評価したり活用したりする際の可能性や課題を論じる。
《キーワード》　教育者，学習者，活躍，ボランティア活動，生涯学習ボランティア，生涯学習人材バンク，リカレント教育，ジョブ・カード

1. 学習者基点の評価方法

　社会教育における対象としては，成人を想定していることが主流です。社会教育機会の提供者としては，成人を「教育すべき対象」という発想で捉えるのでなく，「教育を受ける主体」や「自ら学習する主体」として尊重することが基本になります。そうすると，成人が自らの学習を促す方法として，成人自らが社会教育を受けることを選択しているという思考回路で考えるのが順当だということになります。

(1) 「教育者」から「学習者」への力点移動

　教育論的文脈において，改めて「評価（evaluation）」について考える際に，決して忘れてはならないことがあります。それは，教育実践の

ゴールは，教育者側にではなく，学習者側が何らかの価値を自ら実現するところにあるということです。教育結果について，教師をはじめとした教育者側の自己満足に終わっていては，教育の価値が十全に実現したことにはなりません。

　ここでのポイントは，教育者を基点に考えるのではなく，学習者を基点にして考えることです。「教育者」とは，教育的営為にとって始発点にすぎず，「教育効果」を測るためには，教育の帰着点たる「学習者」に着目せざるをえません。だから，最近の教育改革に散見する「教育から学習へ」といったキャッチフレーズに象徴されるような力点移動は基本的に正しいのですが，「教育者から学習者へ」と理解するほうが，より本質を捉えていると言えるでしょう。

（2）「教わること」と「学ぶこと」との違い

　人は，長い人生を生きていれば，誰からか教わっていなくても，大切なことをおのずと学べていることがあります。他方で，何回も教わっていたのにもかかわらず，学べているとは言いがたい経験も多いのではないでしょうか。教わったから学べるということも多いけれども，教わったから必ず学べているとも限らないわけです。

　こうした経験則からも裏付けられますが，「教える」と「教わる」とは理論的に同時発生的な関係にあるのに対して，「教える」と「学ぶ」とは同時発生的である必然性がなく間接的な関係性にあります[1]。教師が何かを教えたときには，生徒がそれを十分に学んでくれていることもあれば，ほとんど学んでくれていないこともあるというわけです。

　よって，学習者基点で考えた場合，「教わること」と「学ぶこと」とを決して同一視してはなりません。子ども時代に学校に通っていたときに，「教わっていないことは，学ばなくてもよいことだ」と，心のどこ

かで感じていた人がいたとしたら，それが間違いだと気づけるはずです。

（3）「履修主義」と「修得主義」

　自己評価であれ他者評価であれ，「教わったこと」をそのまま「学習できたこと」としては扱えません。また，いわゆる「形だけの学習」は，「学習成果」と呼ぶには不十分なものです。実際，ことは単純ではありません。それは，「履修主義」と「修得主義」との対比に顕著に表れます。

　義務教育では，基本的に履修主義を採用しています。とりあえず，学校に通って，所定の通学日数や授業出席時間などを満たしていれば，「修了した」という形が取れます。社会教育でも，公民館講座や大学公開講座などでは，所定の出席回数を満たせば，修了証書などを出す仕組みを取っているところがあり，履修主義の適用だと言えます。「出席」という形で，ちゃんと教育を受けているという意味でのアウトプットそれ自体が，評価対象になっています。

　これに対して，参加・出席していたか否かよりも，学習者によるアウトカムが鍵となるのが，修得主義的な考え方です。学習者が所定の力量などを身につけられたかどうかがポイントであり，書面や面接などの形態によって，そのことを試す試験が行われるなどして，その修得の証明が求められるというわけです。

（4）「目的としての評価」と「手段としての評価」

　何らかの社会教育の講座で言えば，受講者にとって，講座後に修了証書や賞状などをもらえることは心理的にうれしいものです。これは，「目的としての評価」に相当します。

　しかし，「手段としての評価」を必要とする社会人も数多くいます。社会的に通用するような資格や免許などの取得とは，学習そのものの価

値というよりも，学習により得られた成果の価値が問われることです。

評価の最大の鍵は，社会通用性です。たとえば高校卒か大学卒かといった「学歴」は，何らかの資格を取るために必要とされる制度的な前提条件となることがあります。また，どこの学校を卒業したかという「学校歴」は，それを重視する人にとっては，通用するしないを判断する際の基準となります。確かに，生涯学習分野では，「これまで何を学んできたのか？」や「これから何を学ぼうとするのか？」といった形の「学習歴」が重視されつつありますが，まだ一般的にはなっていません。

2. 社会教育における学習支援の効率性と効果

第6章で展開した内容につながりますが，教育や学習について，「成果（outcome）」を評価する前提として，「効果（effect）」と「効率（efficiency）」との関係を踏まえると，主題がはっきりしてきます。ある教育実践が，いくら効率的に進められていたとしても，効果的な結果が得られなければ，その実践的価値は低いとみなさざるをえません[*2)]。

この対比に関して，「育てる」と「教える」との行為の組み合わせで成り立つ「教育」を想定した場合，それによって最終的に向かうべき方向性は，「効果的に育てること」であって，決して「効率的に教えること」ではありません。これまでの学校教育は，ややもすると子どもに「効率的に教える」ことに注力している割には，子どもを「効果的に育てる」という本来の目的を置き去りにしているという面がありました。これに対して，社会教育では，子ども自らが「効果的に育つ」ための環境を醸成するという発想が見受けられることがあります。たとえば，子ども向けに1泊2日の自然体験教室を開催して，参加者に，テントの張り方やナイフの使い方や火おこしのやり方などを体験してもらうとします。

確かに，子どもたちに短期間で多くのことを身につけてもらえるよう

に「効率的に学んでもらうこと」をめざして「効率的に教えること」を実行するのであれば，それにより学習者が「効率的に学ぶこと」に直結するかもしれません。しかし他方で，指導者が，子どもたちに「効果的に学んでもらうこと」をめざすのであれば，短時間で次々と情報提供するようにして「効率的に教えること」が必ずしも有効な選択肢だとは限りません。それどころか，「効率的に学ばせること」が，各人の試行錯誤の余地を省くことになり，子どもたちが「効果的に学ぶこと」をかえって阻害してしまっている可能性が高くなります。子どもたちとしては，その時には何となくできるようになった気がしたけれども，後になってみれば，教わったことがほとんど身についていなかったということが起きてくるかもしれません。つまるところ，「効率的に育てること」をめざせばめざすほど，学習者たる子どもたち自身が「効果的に育つこと」を阻んでしまいかねません。だから，社会教育の指導者の中には子どもが回り道しながら学んでいくほうが有益だと考える人も多いのです。

　むろん，学校教育を受けている児童・生徒・学生と，学校をすでに卒業している成人とを一緒くたにはできません。しかし，教育者が，学習者の学習支援を進めるという点では，両者に共通した枠組みで把握することができます。そこで，社会教育における学習支援について考察する手がかりとして，学校教育で子どもたちに教師が何かを教えている様子を，いったん援用してみます。

（1）「教授効率」と「教授効果」

　教育関係者でなければピンときにくいかもしれませんが，教える行為のことを「教授行為」と呼びます。教育そのものは，「教授＝教えること」だけに還元されるものではありませんが，教育手段の一つとしての「教えること」について，「効率」と「効果」という視点から再考します。

　限られた時間内であれば，できるだけ多くの内容を教えることができたほうが「教授効率が良い」という話になります。しかし，「教授効率が良い」ということが必ずしも「教授効果が良い」ということをも意味するわけではありません。それどころか，「教授効率が良い」場面には，「教授効果が悪い」ということがしばしば起きがちです。というのは，「教授効率」とは「教える側」で自己完結して評価可能なものであるのに対して，「教授効果」とは「教わる側」すなわち「学ぶ側」に「教わること」を通じて「学習促進効果」がある程度までもたらされてはじめて「効果が発揮された」とみなせるからです。そこでは，教師が「学ぶ上での手がかりや足がかり」を子どもたちに与えたといった自己満足的な域にとどまらず，彼らがそれらを実際に受け止めて吸収していたかどうかが最大ポイントとなります。

　確かに，制限時間内で多くの情報や知識を教われば教わるほど，子どもたちは「学ぶためのきっかけ」を得るためのチャンスに量的に恵まれることになります。しかし，一挙にたくさんの知識を教えられてしまうことは，子どもたちの許容量次第では，とりあえずでも情報を受け止めることすら困難にしてしまいがちですし，仮に何とか情報を詰め込むことに成功したとしても消化不良に陥ります。「教授効率が良すぎる」ことは，かえって「教授効果を悪くする」のです。逆に考えれば，適量を適切なスピードで教えていくことが，「効率的かつ効果的な教授」を導くでしょう。改めて強調すべきは，「教わる側＝学ぶ側」の立場に立たずして，「効果的な教授」がいかなるものかは判明しないことです。

　このことは，受講者が十人・百人単位で増えがちな大学の授業では，いっそうよく明らかになります。むろん，教師が学生に接することができる時間も有限なので，一度に沢山の人を教えた方が，教授内容の普及度合いという観点から見れば「教授効率が高い」という話になります。

たとえば，10人の学生がいた場合，同じことを一人ひとりに10回繰り返して教えるよりも，同じ場所に10人を集めて1回の講義をやったほうが，時間をはるかに節約できるという意味で，「教授効率」が高いことになります。というのは，大学教師にとって，一定の生活時間を教授時間に割り当ててインプットしたことに対して，多くの「教わった人」がアウトプットされたことになるからです。この意味で，「一斉授業」とは，「教授効果」が本当に高くなるかどうかを不問に付してでも，「教授効率の高さ」をめざして導入されたものだとみなせるでしょう。

とはいえ，同じ空間で大量の人数を一度に教えるマスプロ授業は，「効果的な教授」という点で，実際的な場面で困難を伴うことはもちろん，原理的な意味でも限界を内包させています。「効率的な教授」がそのまま「効果的な教授」へと移行できているための必要条件は，「教わる側」が「教わる能力」という点で「粒ぞろい」だということを前提としてよいことです。しかし，人間は画一的なモノではないので，受講人数が増えれば増えるほど，学生集団の内実は「教わる能力」という点で必然的に多様化していきます。大学の授業の場合，学生に対して高度な内容を多く情報提供できたとすれば，教師が「効率良く授業を行えた」と自己満足できますが，そんなときこそ「教授効果が低くなっている」という可能性を否めません。いずれにせよ，原理的には，「教わる側」の集団が「教える側」とは独立して存在しているという構造は揺るぎません。

（2）「学習促進効率」と「学習促進効果」

学習者が学ぶ上での手がかりや足がかりを得られるだけでも，ある程度「教授効果」が発揮されたとみなせます。では，さらなる進歩形態として「学習促進効果」が十分に発揮されたとみなせる諸条件は何でしょうか。ここでも，教育機会を提供する側の視点で論じてみます。

　第1に，学習者に「学ぼうとする」意欲を喚起するという水準におい
て学習が促されることです。授業や講座では，学習者の「やる気」が「教
わっている」時間中，長く継続していればしているほど，「学習促進効果」
が高いことになります。また，学習者の意欲が上がる度合いが速ければ
速いほど，その時点における「学習促進効率」が高くなっています。と
はいえ，学習者が授業にすぐ飽きてしまったなら，意欲水準における「学
習促進効果」が十分に高まったとは決して言えません。

　第2に，学習者が「学んでいく」という水準において，つまり行動過
程において学習が促されることです。この場合，意欲が十分に発揮され
て学習が促される場面が多い反面，高い意欲が空回りして行動が伴わな
いことがあります。それらとは逆に，学習者としては，特に前向きに「や
る気」があるわけではないけれども，たとえば大学卒業に必要な単位の
取得のために，やむをえず「勉強」をし続けることもありますが，この
種の学習行動は，習慣としては長続きしにくいようです。また，教師が
たくさんの宿題を課して無理矢理にでも学習させようとすることは，一
見して「学習促進効率」を高めるかもしれませんが，必ずしも「学習促
進効果」までをも高めたことにはなりません。まして，子ども時代に「学
び嫌い」を増やしてしまうのであれば，長期的視点に立てば，生涯学習
時代においては「逆効果」に終わってしまうでしょう。

　第3に，実際に「学べている」という状態が実現するという意味にお
いて，つまり結果の水準において学習が促されることがあります。学期
末などに行う試験は，学習の動機づけを生み出すために用いられる面も
ありますが，当該内容が「学べているかどうか」の度合いを測定するこ
とが主目的です。それが良ければ良いほど，「学習促進効果」が高くな
ったことになり，そうした成果を得るために要した授業時間が短時間で
あればあるほど，「学習促進効率」も高かったことになるでしょう。

　いずれにせよ，発想を自由にすれば，「学習促進」のために，一斉授業形式に一切こだわる必要はありません。学習者どうしが授業時間内に複数の小集団をつくって少人数で話しあいを進めたり，人前で学生が積極的にプレゼンテーションすることを求められたりすることは，教師から教わるよりも学習意欲を喚起することがあります。また，大学教育では，教師よりも，大学院生などのティーチングアシスタントに個別に助言をもらう方が有益な場面もあります。他には，実際の現場を訪問してみることによってこそ，机上の空論にしか思えなかった理論に重要な意味があったと気づけることもあります。

　教授形式とは異なる学習指導・学習支援の形態は，学ぼうとする意欲が喚起できているか否か，実際に学んでいくという行動につながっているかどうか，さらには結果的に学べているか否かなどが十分に検証されてはいませんが，少なくとも経験則的には有効性が認められています。つまり，「学習促進効果」を求めて「学習促進効率」をいったん棚上げするような実践が盛んになされているのです。

（3）「学習効率」と「学習効果」

　最後に，ともすると「教授者＝教える人 "teacher"」に還元されがちな「教育者＝教育する人 "educator"」の目線からの語り口をやめてみます。「学ぶ」を基軸に置いて考えれば，「学習者 "learner"」に，教育実践の分析のための着眼点の中心が移動します。ここで，「学ぶ」という表記を「学習する」に置き換えれば，「学習効率」と「学習効果」との関係を改めて問えます。

　たとえば，大学入試に向けて，数学の解法をたくさん暗記しておくと，案外と高い点数が取れるかもしれません。しかし，それは，目先の目標を超えるための「効率的な学習方法」にすぎません。そのやり方は，数

学的思考の鍛錬という点では，「効果的な学習方法」とは必ずしも言えません。逆に，一つの問題をじっくり時間をかけて考え抜くことは，短期的な視点に立てば「学習効率が低い」ように見られがちですが，中長期的な視点で見れば「学習効果が高い」ことがよくあります。

　いずれにしても，学習者は，いわゆる独学によるものも含め，自らの「学習」のために「教育を受けること」を選択しなければ学習しないという存在では決してないのです。よって「学習効果」は，「教育効果」から十分に自立しうる概念であることが明らかです。こうして，「学習成果 "learning outcomes"」という概念は，「学習者基点たること」のキーワードとしてクローズアップしてきます。この「学習成果」を構成する中核には，「学習効率」ではなく「学習効果」を位置づけるべきことになります。

　社会教育分野でも，学習者がボランティア活動などを行って参加するなど，「学習成果の活用」が期待されることが増えてきました。これは，社会側からの期待ですが，学習者自身の成長にも寄与します。

3．自己評価を深める発想

　義務教育の期間を終えている成人の場合は，「自ら育つ」とか「自らを育てる」ための方法として「学習すること」を選択していることが頻繁にあります。その際，独学的なやり方に限界を感じている人は，学習を効果的・効率的にするための方法として，体系的な教育を受け直したり，講座や授業で専門家から教わったりすることを選択するというのが自然な流れです。自覚的か無自覚かはともかく，自らを成長させるために学ぶための方法として，独学を選ぶ人もいれば，教育を受けたり教わったりするという選択肢を取る人もいるというわけです。

　そもそも社会人は，自らの実生活に生かせそうな学習成果を求めてい

ることが多いので，何のために学習するかについて，目的がはっきりしていることが多く，他者評価よりも自己評価が重要なことがあります。もちろん，何らかの資格や免許を取ることを目的とした学習では，その成果を，社会的な基準に照らして客観的に把握すべきであり，そのための検定や試験合格などが求められるときには，まさに他者評価こそが鍵です。しかし，義務教育でない成人は，「ただただ学びたい」といった精神的渇望も含めて，自分自身の内面的要素が始発点となっていることがかなりあります。そこでは，自分で自分を評価するための目安があると，学習活動の指針ができて有益です。そのためには，自らの顕在的・潜在的な欲求と向き合うことが手がかりになります。

　第7章で展開した「学習ニーズ」の観点は，学習者にとっての自己評価はもちろん，学習成果を他者が評価する際にも重要な基準となります。このとき，学習内容的側面と学習形態的側面との両者を見すえておくと，学習そのものや学習成果を評価するポイントが浮かび上がります。

(1)「生きる課題」基準の学習評価

　実際に列挙していけばいくほど，えてして多種多様なものへと拡散しがちな諸々の学習ニーズについて，収束させていく方向で把握するための基軸を設定してみます。これを明確化する際に，人間が「生きるために学ぶ」存在であるという発想を原点に置いて，「生きる課題」が何かを明らかにします。個人個人の欲求に対する考察を深めれば，この課題は，人間が生きていく上での活動目的別に，**図10-1**のように，大きく分けて，①生存確保課題，②生活向上課題，③生きがい課題，といった3つの領域に分かれていると，筆者は整理しています。

　①生存確保課題は，生命維持のために必要な諸条件を少なくとも最低限は確保しようとする欲求や要求であり，「いのち」がキーワードにな

ります。単純な物言いをすれば,「簡単には死んでしまわない」ための
ニーズ,もしくは「生き延びる」ためのニーズです。

　具体的なキーワードとしては,個人個人の「健康」や,個人さらには
地域の「安全」に関わる課題が挙げられます。「健康ニーズ」とは,生
命維持のために,自らの心身に関して,完全無欠とは言わないまでも少
しでも良い方向に維持・向上させようとする志向性です。「安全ニーズ」
とは,予測可能なものか予測困難な不意のものかはともかく,自らの生
命に支障が生じる事態が発生する確率を,少しでも下げようとする志向
性です。生存確保ニーズとは,日常的に普段は無自覚なことが多いもの
であり,それらを失いかけたり,実際に失ったりして初めて,その大切
さを痛感できるものかもしれません。しかし,こうした学習ニーズは,
「生きていく上での潜在的基盤」に常に位置しているのです。

　②生活向上ニーズは,生存が確保された状態を担保として,少しでも
快適な状態を実現し,生活を向上させようとするがゆえに生じてくるニ
ーズであり,「くらし」というキーワードにまとめられます。人間は,
自らの生存さえ確保されれば満足できる存在では決してなく,職業生活
と家庭生活との区別を問わず,少しでも快適な状態が実現することを求
める生き物です。

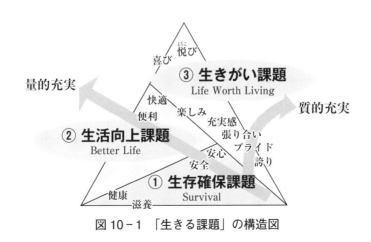

図10-1 「生きる課題」の構造図

こうした欲求は、社会の変化に連動する形で生じてくる傾向にあります。たとえば、情報化が急速に進む社会に生きる現代人は、生活を能率化し快適にする目的で、パソコンやインターネットなどの情報通信技術を少しでも上手に活用できるようにするための知識・教養を身につけようとするかもしれません。

③生きがいニーズは、人間が「自らが生きていることに対する意味づけ」や「自分自身の存在価値」を実感したがることに大いに関係します。これは、受動的な意味合いにおいては「生きづらさから解放される」ことを願うものであり、積極的な意味合いにおいては「生きていることそれ自体に喜びや充実感および張り合いを感じる」ことを求めるニーズです。物質的にはある程度まで満足度の得られている社会では、こうしたニーズを充足させてくれる学習機会を渇望する人が多くなっています。

この類の学習ニーズについて、「自分さがし」や「自己実現」などのテーマに代表される学習内容を求める学習者が多い一方で、内容が直に「生きがい」をテーマとしているわけでもないのに、学習しているプロセスそれ自体の中で、そのニーズを充足させる学習者も多いのです。生涯学習分野として、いわゆる「趣味・娯楽」につながる学習機会に対する人気が高いのも、このことと大いに関係があります。

(2) 学習、学習成果、学習交流

内容がいかなるものであれ、どのような方法によって学習するかは、学習効果や学習効率という面においてはもちろん、学習活動を進めるプロセスを通じて充実感を獲得するという面においても、重要な要件になります。筆者は、学習方法をめぐって、学習活動の実際的な形態について、①入力型活動、②出力型活動、③交流型活動、といった3つのスタイルに類型化しています[3]。それらを図式化したものが、**図10-2**です。

　さらに，こうした活動の類型を，「学習方法ニーズ」として改めて整理し直すと，①「充電−学習」ニーズ（＝入力型活動），②「放電−発揮」ニーズ（＝出力型活動），③「交流−参加」ニーズ（＝交流型活動）といった3種類を抽出できます。

　①入力型の「充電−学習」ニーズとは，学習者自身の中に情報・知識・技能や経験などを蓄積し，自らを豊かにしていきたいというニーズです。具体的には，講義を聞いたり，本を読むなどの方法を通じて知識や教養を獲得したり，反復練習などによって技能を習得したり，数々の経験を積んでいったりしたいというようなニーズです。このニーズは，学習方法という次元で「狭義の学習ニーズ」として位置づきます。

　②出力型の「放電−発揮」ニーズとは，知識・見識・技能・能力や経験など，学習者自身の中に蓄積されている様々な形の学習成果を，外に向かって発揮したいと感じたり考えたりすることです。具体的には，自分が精魂を込めて作った作品の発表機会を得たり，人前で話をしたりするなどの行動を通じて自己表現したり，ボランティア活動などを通じて社会貢献したりしたいというニーズなどが該当します。

　こうしたニーズそれ自体は，学習成果を発揮したいという欲求です。

図 10−2　学習と学習成果発揮との循環

しかし，それは，その域にとどまらず，さらなる学習活動の充実に対する必要性を実感させるきっかけにもなっています。充電が蓄積していけば，放電したいという欲求が高まってきます。逆に，放電しようと試みれば，充電の不十分さを自覚できます。こうして，よりいっそう学習活動を促進させ拡張させていこうとする点で，②「放電－発揮」ニーズは，「学習ニーズの発展形態」と位置づけられるでしょう。

　③交流型の「交流－参加」ニーズとは，雑談や会食などの機会も含めて，人々が相互に交流しあっていったり，グループや社会集団の中に参加していったりしたいというニーズです。このニーズは，人間どうしの交流はもちろんのこと，動植物や自然環境，モノや情報などといった人間以外の存在と交わることによって満たされることもあります。

　いずれにしても，こうしたニーズを満たそうと心がけることにより，情報交換等を通じて互いに多くのことを学びあうことができるので，「活動の目的」というよりも「活動の過程」において，もしくは「活動の結果」として，各人が「学習者」へとおのずと変貌を遂げていることになります。この意味で，「交流－参加」は，学習して何かを身につけようとする強い意志を持っていないにもかかわらず，「気づいてみたら，何かを学んでいた」という結果を先取り的に期待できる活動です。③「交流－参加」ニーズは，決して「直接的な学習ニーズ」ではなく，「間接的な学習ニーズ」にすぎないのですが，あらかじめ一定以上の学習効果が得られることを織り込み済みのニーズです。

　むろん，「入力－出力－交流」といったニーズが現実には複合的に重なりあっていたり，有機的につながっていたりすることが多いのです。それどころか，講座等を企画・実施する際には，これら3つの学習スタイルを効果的に組み合わせることが望ましいのです。ただし，それらをいったんは分けて考えておくほうが整理の便宜としては都合が良いでしょう。

4.　学習成果を発揮し活用する場面

　学習者は，学習成果が蓄えられてくると，それを生かして活躍したくなるものです。それは，生涯学習の文脈では，ボランティア活動や職業活動などの形を取って表出されてきます。いずれにしても，社会教育主事や社会教育士などをはじめとして，生涯学習・社会教育についての知識や見識を持つ人達の活躍場面は，潜在的には増えているはずです。

（1）「生涯学習ボランティア」の意味づけ

　生涯学習の成果を発揮する場面として，ボランティア活動に注目が集まることが増えて，「生涯学習ボランティア」という言葉も一般化しました。しかし，「生涯学習」という言葉と「ボランティア」という言葉との結びつきは，実はそれほど単純なものではありません。ここでも「入力－出力－交流」図式を応用して，ボランティア活動について捉え直すことにします。

　1992（平成 4）年に出された生涯学習審議会答申「今後の社会の動向に対応した生涯学習の振興方策について」で「ボランティア活動は，個人の自由意思に基づき，その技能や時間等を進んで提供し，社会に貢献すること」だと定義されているように，その活動は出力活動そのものです。しかし他方で，この答申は，「ボランティア活動そのものが自己開発，自己実現につながる生涯学習となる」という考え方も提示しています。これは，ボランティア活動それ自体が入力活動として展開する可能性を強調した言い方だと解釈できます。さらに，ボランティアの行動様式は「つながりをつけるプロセス」であり，「ボランティアとはネットワークを作る人である」というような考え方もあります[4]。これを援用すれば，交流活動という要素も重要であることが指摘できます。ここからわかる

ように，ボランティア活動は，出力活動であることを基本としながらも，その実は入力活動および交流活動としての性格を併せ持ったものなのです。

　ところで，実際には，「ボランティア」という言葉に対するイメージは，それぞれ妥当か否かは別として，様々な方向に拡散し多様化してしまっています。たとえば，戦前の勤労奉仕のようなイメージ，いわば受動的で強制的なものとしてボランティアを捉える人がいます。ボランティア活動では自発性が原則とされるのが一般的にもかかわらず，このような人にとってのボランティアは「やらされる」という印象を醸し出します。他方で，ボランティアについて，自分自身の損得を抜きにして相手に対して進んで献身的になり，時に自己犠牲的に尽くすというようなイメージで把握する人もいます。いわば「やらせていただく」という形で行うボランティアです。しかし，そのイメージがゆがんで，かつ押しつけがましくなるならば，「やってあげる」ことこそがボランティアだという観念へと変換されかねないのです。

　特に「やらされる」とか「やってあげる」というような印象でボランティア概念について把握している人たちにとっては，「自らやる」という意識を出発点として，自分の学習成果を生かしたり，自らの自己発見や自己充実を目的としながら，時に楽しみや喜びを得たりすることを理想とする「生涯学習ボランティア」が，全く異質のものに見えてしまうことがあります。ボランティア活動を，喜んで社会貢献することだとみなすという面だけを強調するならば，それに抵抗を感じる人がいても当然です。だから，ボランティアという言葉についた手あかを取るという意味で，この言葉を，社会参加の一つの形態として改めて相対化しておく必要が出てくるのです。

（2）「職業活動」と「ボランティア活動」

　個人が学習成果を発揮し，それを社会的に活用しようとする活動の一つとして，「ボランティア活動」が位置づきます。しかし，生涯学習との関わりで生じてくる個人個人が活躍したいと欲する状況については，必ずしもボランティア活動だけに還元して考えればよいというものではありません。社会生活を根底から支えている「職業活動」も，潜在的には学習成果を活用する実践の一つの形態として捉え返さなければ，決して十分ではありません。

　それでは，「職業活動」と「ボランティア活動」との関係は，どのようになっているのでしょうか。これについて，「入力－出力－交流」図式を応用して捉え直してみましょう。まず何より，それらの共通点とは，どちらもが基本的には出力型活動として位置づけられることです。

　職業活動とは，ある人が自分自身の技能や経験や時間などという形で出力・放電したことに対して，賃金や給料などの経済的報酬を得る活動です。図式的に言えば，自分の中にある無形・有形の財産を出力・放電することの対価として，活動主体に対して金銭を払ってもらう，いわば「入金」してもらう活動です。これらには，定職に就いて働くことは言うまでもなく，パート・アルバイト等で一時的に関わる労働に至るまでの活動が含まれます。

　これに対して，ボランティア活動はどのようなものとして位置づけられるのでしょうか。先の図式に従って言えば，ボランティア活動も出力・放電を主とした活動ですが，対価としての「入金」を求めないことを原則とする活動です。職業活動が，出力に対する「入金」を必要条件とするのに対して，自発性・公共性・無償性を原則とするボランティア活動は，出力に対する「入金」を必要条件としない活動です。

　ここまでのところで，職業活動とボランティア活動との関係を，社会

参加の形の2つのタイプとして整理し直しておくことにします。

　まず，給料や賃金などをもらうことを第一目的とし，時に経済的報酬が多ければ多いほど望ましいとされる形の「営利－有償」の社会との関わり方を「職業活動」として定義できます。これに対して，金銭的代償を求めないことを原則とした「非営利－無償」の社会との関わり方を「ボランティア活動」として定義できます。ボランティア活動は，「相手に経済的な見返りを求めない活動」ですし，理念的にも「相手に対する貢献それ自体を価値だとみなす活動」です。

　とはいえ，実際の職業活動にも，こういった意味でのボランティア精神は，随所に見られますし，生きがいづくりと職業との関係も密接です。また他方で，ボランティア活動の見返りは，「社会に役立っている」という実感など，自らの精神を豊かにするものがあり，その意味では「無報酬」ではありません。表面的な現象のみに目を奪われず，活動の本質を見抜くことも大切です。

（3）学習成果を評価・認証・活用する仕組み

　総じて，学習成果を社会的に評価したり認証したりする仕組みづくりは，まだ試行錯誤の域を出ていません。とはいえ，国や地方自治体などがすでに実施しているシステムには，今後の可能性を見いだせます。

　たとえば，「生涯学習パスポート」は，学習者が多数の講座を受講した成果について，レポートや修了証などを証拠資料として扱い記録・集積・整理して，社会的信用を高める仕組みを模索するものです。また，「生涯学習人材バンク」は，自分の知識や技能等を教えたり，演技・演奏などを披露したりして活躍したいと希望する人材を登録・公開し，講師などを探している人とのマッチングを図る仕組みです。2007（平成19）年に学校教育法が改正されて法制化された「履修証明（Certificate）」

の制度は，大学が学生以外の者を対象とした特別の課程を編成すること
ができるものであり，短いものでは総時間 60 時間程度のプログラムを
修了すれば，修了者に大学独自の資格が認証されることも多く，その社
会的活用が期待されています。

　学習者としては，自分自身の長い人生の観点に立って職業生活を成功
させていくには，いつ何をどのように学び直したり教育を受け直したり
すればよいかを目的志向で決めていくことが有効です。そのため，個々
の生活者が「学業期」と「就業期」とを循環的に繰り返していく「リカ
レント教育（recurrent education）」が十分に実行・実現できるように
社会的整備が進むことが強く求められます*5)。たとえば，厚生労働省
が普及を進めている「ジョブ・カード」制度は，生涯を通じたキャリア・
プランニングや職業能力証明の機能を担うものですが，生涯学習・社会
教育分野との連携を進めていくと，より有効に活用されるだろうと期待
されます。

》》註

*1)　佐々木英和「『教える－学ぶ』関係についての理論的考察―『教える－教わる』
関係から『生きる－学ぶ』関係へ―」，宇都宮大学教育学部附属教育実践総合セン
ター編『宇都宮大学教育学部　教育実践総合センター紀要』第 28 号，2005 年所収，
pp.341-350。

*2)　佐々木英和「『教育効率』と『教育効果』との関係をめぐる理論的考察―『学
習形態論』から把握し直す『教育実践』の意味―」，宇都宮大学教育学部附属教育
実践総合センター編『宇都宮大学教育学部　教育実践総合センター紀要』第 36 号
所収，2013 年，pp.387-394。筆者は，教育概念について「伝達」「教授［行為］」「学
習促進」「学習」「条件整備」「育成」という位相分けをして，おのおのについて「効
率」と「効果」との関係性を問うている（同上）。

*3)　この理論的考察の詳細については，以下を参照。佐々木英和「生涯学習から『生
涯活躍』へ―『活躍』の実践論的定義―」，一般社団法人日本青年館「社会教育」

編集部編『社会教育』2018 年 2 月号所収，pp.36-42。

＊4）　金子郁容『ボランティア―もうひとつの情報社会』，岩波新書，1992 年，pp.115-126。

＊5）　リカレント教育概念を歴史的かつ体系的に理解するには，たとえば以下を参照。佐々木英和「政策としての『リカレント教育』の意義と課題―『教育を受け直す権利』を足がかりとした制度設計にむけて―」，独立行政法人　労働政策研究・研修機構編『日本労働研究雑誌』2020 年 8 月号（No.721），pp.26-40。

参考文献

金子郁容（1992）『ボランティア―もうひとつの情報社会』岩波新書（岩波書店）

フランク・ゴーブル著，小口忠彦監訳（1972，原著は 1970）『マズローの心理学』産能大出版部

学習課題

　学校教育と違って，社会教育において，評価の視点を導入するのは一筋縄でいかないと言われます。その理由について，あなたなりに論点を書き出して，おのおのについて論を展開してください。

11 | 地域人材の活用と養成の在り方

佐藤　晴雄

《目標＆ポイント》　地域人材活用の意義と方法を理解するとともに，今後の
課題について改めて考えることとしたい。
《キーワード》　オープンシステム，コーディネーター，学習ボランティア，
ファシリテーター，学習事業

　社会教育の実践や事業には様々な人材が多様な形態で関わっています。指導的人材のほかに，ボランティアなどの地域人材を活用する場面が目立つようになりました。本章では，地域人材活用の意義，活用形態，人材活用の経営，人材育成，そして今後の課題について取り上げたいと思います。

1.　オープンシステムとしての社会教育事業

　教育活動における人員配置や活用は，社会教育と学校教育で大きく異なります。まず，学校教育は学校に所属する「手持ち」の教員が教育活動を行うのが基本です。そのため，教員が免許外担任など専門以外の授業にも関わることがあります。一方，社会教育の事業は基本的に外部人材を活用して運営されるオープンシステムを採ります。社会教育主事でも直接指導や講義を担当することがまれで，せいぜいオリエンテーション等を行う程度です。なお，学芸員が講座等の講師につくことはあります。

　このように，社会教育においては外部人材の活用が恒常的に取り入れられていますが，近年は特に地域人材の活用がこれまで以上に重視されています。さらに，学習事業に限らず，施設運営に地域人材をボランティアとして活用する例も見られるようになりました。

2. 地域人材活用の意義

（1）　多様な人材参加への期待

　2018（平成 30）年中央教育審議会答申[1]は，「地域の学びと活動を活性化する人材の活躍」に関して，「学びや活動と参加者をつなぎ，地域の学びと活動を活性化する専門性ある人材にスポットライトを当て，その活躍を後押しすることが重要」だと指摘した上で，「地域における様々な学習機会について，全体を俯瞰的にとらえ，関係者間をつないだり，必要な学習の場について調整を行ったりする役割が重要である」と述べています。

　さらに，「多様な人材の幅広い活躍の促進」のために，「新たな地域の担い手が参加しやすいような機運を醸成」するとともに，「社会教育と関わりがなかった幅広い世代の多様な専門性を持つ人材等も巻き込みながら」連携体制を構築する必要があると提言しました。

　以上のように，同答申は，○専門性を有する人材の「後押し」，○学びの機会や関係者をつなぐ人材の重要性，○これまで社会教育との関わりのなかった人の参加とそのための環境醸成を重視したのです。そして，新たな人々の参加を促し，諸条件をコーディネートすることが今後の課題だと主張しているのです。

　なお，同答申は，社会教育主事が今後，コーディネート能力やファシリテート能力を発揮することも期待しています。

（2）　地域人材活用の意義

　それでは，地域人材活用にはどのような意義があるのでしょうか。

　まず，地域づくりに有効なことが指摘できます。地域人材の多くは自らが暮らす地域事情に精通しているため，地域に根づいた社会教育事業や施設の経営に有効な役割を果たし，また学習活動を地域に波及させるロールモデル（role model）として，地域住民の学びを促し，新たな活動のきっかけづくりを担うことにつながります（野島，2020，p.96）。

　次に，教育委員会庁舎や社会教育施設の近隣に居住していることから，住民等の地域人材は機動性が高く，また教育委員会や施設の事情をよく理解して活動してくれることです。専門的な人材も地域に資する活動であれば協力を惜しまないことが少なくありません。

　そして，同時に，職員にとっては，その人材の姿が理解しやすいという意義もあります。地域人材の人柄や資質・能力などが把握できるため，どのような場面で支援を求めたらよいか判断しやすいのです。

3. 地域人材の類型と活動特性

（1）　地域人材の類型

　地域人材はどのようなタイプに分類できるでしょうか。保護者を含む地域住民のほかに，自治会関係者や行政の委嘱指導者・委員，地域内の民間事業所職員，サークルメンバーも地域人材に位置づけられます。

　ただし，それらのうち地域で顕在的に活動している人だけでなく，地域への関わりを求め，自らの力を地域に生かそうとする地域住民などを含む「広義の地域人材」の存在を意識することが大切です。特定の人のみが活動するという「狭隘な地域人材像を描くこと」になると，地域の活性化は望めないことになるからだと言われます（野島，2020，p.94）。この点については前記答申が指摘したことと重なります。

　地域人材の活用方法は，人材の特性を考慮すると，おおよそ以下のように特徴づけられます。

①地域住民…専門性の有無を問わずに，一般的にボランティアとして支援を受けることが多くなります。

②自治会関係者…自治会関係者は地域住民でもありますが，主として自治会など地縁を生かした組織的協力を得るのに有効です。

③行政による委嘱指導者等…青少年育成委員や民生・児童委員などの委嘱指導者・委員からはその活動領域に即した支援が得られます。

④民間事業所関係者…企業などの民間事業所はそれぞれ特定分野の専門性を有することから，専門的な指導を得ることができます。

⑤サークルメンバー…社会教育関係団体などのサークルには活動特性に応じた指導的協力を得るとともに，施設運営全般に関するボランティアとして支援を受けることができます。

　これら人材の活用は，主として学習事業や社会教育施設で行われ，近年は学校の働き方改革の一環としても求められています*2)。

（2）　指導者等としての活用

1）　講師・指導者

　学級・講座等の講師やサークルの指導者として地域人材が活用されます。講師や指導者については説明するまでもありませんが，指導的人材としてファシリテーターの役割が重視されるようになりました。ここでは，グループ討議等による学習の展開を促す学習のファシリテーターについて解説しておきます。

　文部科学省の「別冊　人権教育の指導方法等の在り方について［第三次とりまとめ］実践編」（2008（平成20）年3月）は学習ファシリテーターの役割を以下のように記しています。

・参加者の感情を受け入れる，リラックスした雰囲気を演出する。

・「人の心」に配慮した進行をする（人間理解）。

・参加者の主体性を引き出す。

・体験をより大きな気づきへと導く。

・葛藤の場面を用意し，主体的な発言を促す。問題の解決方法を教えるのではなく，解決は参加者に任せる。

　人権教育の資料ですが，広い分野の学習ファシリテーターにも当てはまる役割になります。学習者が発言しやすい雰囲気をつくり，意見が停滞したときにはヒントを与え，「葛藤の場面」など思考のための課題を提示していくわけです。

2）コーディネーター

　コーディネーターは教育や福祉に限らず随所で用いられるようになりました。もともとは多様な要素を整理してまとめる役割を担う者を意味します。シンポジウムのコーディネーターは多様な意見をまとめる役割を担いますが，ここではボランティアコーディネーターの役割について述べておきます。

　日本ボランティアコーディネーター協会はボランティアコーディネーターの役割を以下の8つに集約しています（同協会編，2002）。

　受け止める…市民・団体からの多様な相談の受け止め

　求める…活動の場やボランティアの募集・開拓

　集める…情報の収集と整理

　つなぐ…調整や紹介

　高める…気づきや学びの機会の提供

　創り出す…新たなネットワークづくりやプログラム開発

　まとめる…記録・統計

　発信する…情報発信，提言，アドボカシー（政策提言）

　ボランティア活動に関する情報や資源などの諸要素を集めて調整を図り，まとめるだけでなく，「高める」「創り出す」「発信する」などの役割も担うことになります。したがって，コーディネーターには一定の資質・能力が求められます。地域学校協働活動（第13章参照）の地域コーディネーターもこれら役割を担うことになります。

　なお，地域人材であっても，これら指導的人材の場合には，有償の人材として活用するのが一般的です。以下では，無償を原則とするボランティアの活用について取り上げることにします。

（3）ボランティアの活用
1）ボランティアとは

　ボランティアを定義づける原則には自発性・無償性・公共性・先駆性という4原則があります[*3)]。自発性とは自らの意思によって活動することを意味し，無償性は活動の対価を目的としないことを表し，また公共性は活動の成果が個人にとどまらず社会にも及ぶことを意味します。先駆性は行政や企業が参入しない新たな分野の活動を行うことを言います。なお今日，交通費等を支払う有償ボランティアの活用も定着しています。

　ボランティアはその動機や捉え方によって以下のように分類されます（入江，1999，pp.11-12）。

①チャリティーのボランティア（他人のための道徳的行為）

②自己実現のボランティア（自分のための文化的行為）

③社会参加のボランティア（社会のための公的な行為）

　このうち社会教育ボランティアは②および③のタイプが当てはまります。これらタイプには活動を通じて学びを深め広げるという相互作用が期待される点に教育的意義が見いだされるからです。

2）社会教育施設ボランティア

「人材活用」という言葉は抵抗感を持たれることもありますが，経営学では定着していることから，ここではその言葉を用いることにします。

最初に，文部科学省「社会教育調査」から社会教育施設におけるボランティア活動の実態を見ておきましょう（図11-1～図11-3）。

活動者数は登録者の活動を表します。公民館（類似施設を除く）の場合，最も多いのが「主催事業（講座等）の運営支援」です。このタイプは指導者・助言者等として期待されます*4)。次いで，「自主企画事業（講座等）の実施」となりますが，これは住民やサークルが講座等を自ら企画・実施するタイプです。そのほか「環境保全」や「託児」など学習に間接的に関わる活動も見られます。

図書館では，「読み聞かせ」が圧倒的に多いことがわかります。「障害者への朗読」などの各種サービスは一定の専門性を有しますが，「配架・書架整理」は専門性をさほど問わないでしょう。

博物館の場合は，「各種講座等教育普及事業の補助・企画」や「提示ガイド」など一定の専門的知識を要する活動が多いようです。

以上のように施設の種類によってボランティア活動の内容が異なることがわかります。

3）学校支援ボランティア

2006（平成8）年の中央教育審議会第一次答申「21世紀を展望した我が国の教育の在り方について（第一次答申）」は，地域人材（地域の教育力）の活用などの一環として「学校ボランティア」を取り上げ，翌2007年の「教育改革プログラム」は「学校支援ボランティア」を以下のように定義しました。

「学校の教育活動について地域の教育力を生かすため，保護者，地域人材や団体，企業等がボランティアとして学校をサポートする活動（学

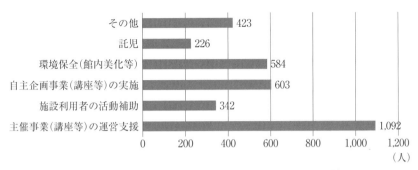

図11-1　公民館におけるボランティア活動の種類

（2018年「文部科学省社会教育調査」より。）

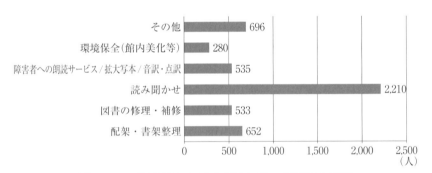

図11-2　図書館におけるボランティア活動の種類

（2018年「文部科学省社会教育調査」より。）

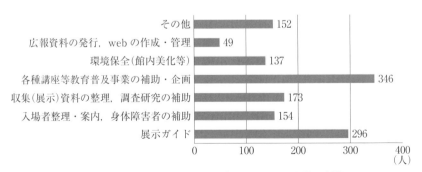

図11-3　博物館におけるボランティア活動の種類

（2018年「文部科学省社会教育調査」より。）

校支援ボランティア活動）を推進する」

　現在，学校支援活動は地域学校協働活動として新たな地域づくり活動を促すことも期待され，社会教育活動にも位置づけられたのです。

4）プロボノ（Pro Bono Publico＝公共善のために）

　社会教育におけるボランティアには，誰でもできるという素人性が強く期待されますが，近年は一定の専門性も求められるようになりました。プロボノ活動などが注目されるようになったのです。

　プロボノ活動とは，「自身の専門性を活用して社会問題の解決にボランタリーに取り組む社会貢献活動」だと定義されます（種村，2017，p.393）。要するに，特定分野のプロとして経験を有するボランティアによる活動のことで，基本的には無償の行為とされます。

　プロボノはもともとアメリカの弁護士による無料サービスに始まりましたが，現在は企画・マーケティング，営業，新規事業開発などで活躍する人が多いようです。また，自治体では地域づくりを目的とした事業も実施されています。たとえば，東京都生活文化局は「地域の課題解決プロボノプロジェクト」によって，町会・自治会に対して企業の社員等の業務経験やスキルを持つプロボノを派遣する支援に取り組んでいます。

4. 地域人材活用の経営

（1）地域人材活用の視点

　前節で述べたように，地域人材は「指導者等としての活用」と「ボランティアとしての活用」に分けられます。そこで，地域人材活動を，専門性の有無（専門的活用／一般的活用）と活動場面（施設運営支援／学習事業支援）の両軸をクロスさせた枠組みによって分類してみます（図11−4）。

　専門的活用は不可欠な専門的要素の取り組みを目的とし，一般的活用

は効率的な業務達成を意図します。この場合の専門的とは必ずしも指導的要素を指すのではなく，一定の知識・技術を要すること意味します。

　図中の「例」はあくまで参考ですが，このような枠組みを用いて，職員は地域人材に「何を・どのような形で・どの程度まで」の支援を得たいのかを明確にしておく必要があります。

（2）　人材バンクの運営

　多くの教育委員会では，地域人材の登録による人材バンクや人材リストを作成し，地域住民の利用に供しています。それぞれの人材の得意分野や具体的な活動に関する情報を掲載し，冊子やウェブ上に公開するのです。しかし，その活用実績を把握しにくいことから，どれだけの成果が得られたかは不明なことが多いようですが，期待ほど広く用いられていない実態にあります。なぜなら，利用者は登録者の専門分野をある程度把握できても人柄や活動レベルが理解しにくいからだと思われます。

　そうした欠点を補うために，ボランティアメッセなどの取り組みも実

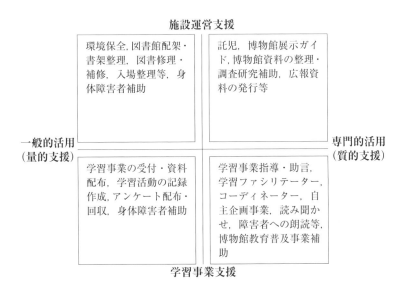

図 11-4　地域人材活用の枠組み

施されています。メッセ（見本市）は，レクリエーションホールなどを会場にして，それぞれのボランティアにパーティション等で仕切られたブースを与え，そこでボランティアによる演示や作品展示を通して，その専門性を直接提示する形で実施されます。参観者は各ブースをめぐり，ボランティアの活動の様子を直接目で把握できるわけです。その場で協力関係が成立することもあります。

　地域人材の情報提供については，人材バンクに頼り過ぎず，メッセや他の仕組みづくりよって利用を促す工夫が求められるのです。

（3）　人事管理の視点

　人事管理論のアプローチには，ベストプラクティス・アプローチとベストフィット・アプローチという二つがあります（佐藤，2012，pp.2-3）。ベストプラクティス・アプローチは，経営戦略にかかわらず，「良好な企業業績の実現に貢献することができる普遍的な人事戦略や人事管理制度」だと説明されます（前掲，p.2）。他方のベストフィット・アプローチは，「経営戦略に応じて企業の競争力に貢献できる人事戦略や人事管理制度」であり，この在り方は多様で異なるものとされます。このアプローチでは戦略ごとに適合する人事を行うことになるのです。

　やや強引な解釈になりますが，以上の考え方を地域人材活用に適用してみると，ベストプラクティス・アプローチは施設運営に関わるボランティア活用が当てはまります。施設が日常的サービスや運営に継続的にボランティアの支援を受けることによって，多くの人に利用されるというベストプラクティス（最良の業務達成）が得られるからです。

　ベストフィット・アプローチとしては，特定の学習プログラムやイベントなど戦略に適切な人材を活用することが当てはまります。その場合，人材には一定の専門性が求められます。

　そして，これら2つのアプローチに基づいて，前述した「地域人材活用の枠組み」を用いることが望まれます。

5. 地域人材の養成

（1）　地域人材養成に求められる「学び」の要素

　地域人材には，一定水準の資質・能力等が期待されます。講師・指導者はそれら資質等をすでに有するでしょうが，ファシリテーターやコーディネーター，地域リーダーなどの人材には養成や研修が必要になります。ここでは，これら人材の養成について取り上げてみます。

　総務省の「地域づくり人育成ハンドブック」は，「地域づくり人が学ぶべきこと」として以下の4点を指摘しています。

①企画・立案に必要な知識・スキル…「地域を把握する力」「活動（事業）を考える力（企画力）」「プランをつくる力（計画力）」

②活動（事業）運営に必要な知識・スキル…「進行管理」「振り返り（自己評価，他者評価）」「改善（検証，対応策の検討，次の一手の検討）」

③巻き込みに必要な知識・スキル…「人材の把握（メンバーのスキル・人脈の把握）」「コミュニケーション力（傾聴力，会話力，調整力）」

④つながりに必要な知識・スキル…「振り返り（自己評価，検証，対応策の検討）」「情報発信力（コンテンツづくり，情報の発信力）」「提案力（情報収集力，想像力，提案力）」

　これら要素はコーディネーターに必要な要素とも重なり，また社会教育に関わる地域リーダーにも十分適用できると思います。

（2）　地域人材養成の事例―ちよだ生涯学習カレッジ―

　地域人材養成の一つの具体例として，「ちよだ生涯学習カレッジ」[*5)]を紹介します。2016（平成28）年に千代田区が開講した同カレッジは，

「学びで人と地域をつなぎ，グローバルとローカル，社会と個人の交流の場となることをめざし，学びを地域に還元し，『これからの千代田』を担う，社会貢献に積極的な人材をサポート」することを目的としています。

　現在開設されている「地域デザインコース」（1 年間）は，「学び」を軸にして，地域を舞台に人やコミュニティに関わり，地域活動につなげていく資質や技能を身に付けた人材の育成を目的としています。前述の総務省の「ハンドブック」に記された「リーダーの役割を果たす様々な人材」を育成する場のようになります。

　カリキュラム（図 11 – 5）は，地域の状況・課題を的確に捉え，それらの解決に向けて必要なことを実践していくデザイン力を養うために，以下の 4 領域で編成されています（必：必修，選必：選択必修）。

【A】千代田区とちよカレ（必）…千代田区に関する理解

【B】SDGs と実践（必・選必）…SDGs（持続可能な開発目標）とボランティア活動の関わりに関する学び

【C】地域にふれる（必・選必）…地域活動に関わる実地体験

【D】生涯学習とちよカレ（必・選必）…生涯学習理論の学びと施設見学

　各回では座学に加えてグループ討議が取り入れられ，特に【C】，【D】領域では体験的な学習が取り入れられています。1 年間の課程とされ，月 2 回程度（19 時〜 21 時）実施されますが，それら講義・演習のほかに入学式・卒業式・自主活動・オープンカレッジなども組まれています。

　このカリキュラムには，前述の総務省「ハンドブック」中の 4 つの知識・スキルを見いだすことができます。すなわち，「企画・立案」（例：ちよだのいいとこ探し，自らがつくる SDGs 地域プログラム），「活動（事業）運営」（例：SDGs への多様なアプローチ），「巻き込み」（例：プロボノの可能性，地域と学校のかかわり），「つながり」（例：人をつなげ

【A】 千代田区とちよカレ（必修選択：5回）

	日付	タイトル	内容
必修選択	11 月 4 日	千代田区行政①	MIW の取り組み
	11 月 18 日	都市計画①＊	ちよだのまちの成り立ち
	11 月 25 日	大丸有の取り組み	働く人にとってのコミュニティ 大手町・丸の内・有楽町エリアでの取り組み
	12 月 23 日	アーツ千代田 3331	現代アートと地域
	2 月 17 日	千代田区行政②	ちよだの防災について考える
	3 月 3 日	歴史・文化財	ちよだの文化財
	3 月 17 日	都市計画②＊	ちよだのいいとこ探し
	4 月 28 日	千代田区行政③	ボランティアセンターの取り組み
	5 月 26 日	持続可能なコミュニティ形成	歴史・文化を育むまちづくり
	6 月 23 日	歴史・近現代	ちよだの歴史

【B】 SDGs と実践（必修6回・選択1回）

	日付	タイトル	内容
必修	10 月 7 日	ボランティア論	今，求められるボランティアとは
	10 月 21 日	SDGs	持続可能な開発目標とは何か
	12 月 9 日	国際協力	人道・開発支援と SDGs 日本の社会とつなぐために
	1 月 13 日	プロボノ	プロボノの可能性
選択必修	1 月 27 日	地域×デザイン①	地域における SDGs
	4 月 14 日	地域×デザイン②	人をつなげる地域活動とは
必修	5 月 12 日	SDGs×実践	SDGs への多様なアプローチ
	6 月 9 日	SDGs×地域実践	自らがつくる SDGs 地域プログラム

【C】 地域にふれる（2回）

	日付	タイトル	内容
必修選択	調整中	ちよだの祭礼	歴史ある祭礼を体験
	適宜 6:25 ～ 6:40	地域活動	ラジオ体操発祥の地で，地域にふれる
	12 月 10 日（木）予定 8:00 ～ 8:30	環境・野鳥観察	ちよだの自然にふれる
	12 月～ 6 月予定	まちあるき	街を歩き，地域性を感じる
必修	7 月 7 日	学校と地域連携	地域と学校のかかわり

【D】 生涯学習とちよカレ（4回）

	日付	タイトル	内容
必修	10 月 28 日	生涯学習①	現代社会と学びあいの意味
	2 月 3 日	生涯学習②	私の生涯学習体験
選択必修	3 月～ 6 月	施設見学	グループでの見学（1 カ所）
必修	7 月 17 日（土） 14:00 ～ 16:30 予定	施設見学の報告 修了式	施設見学の報告と学習の振り返り

図 11-5　ちよだ生涯学習カレッジカリキュラム

る地域活動，学習の振り返り）などが取り上げられています。

6. 地域人材活用をめぐる課題

　地域人材活用の場合，無償ボランティアについてはいくつかの課題が指摘できます。まず，ボランティアなどの地域人材が安価・無償の労働力として活用されかねないことです。単に職員の業務の軽減が意図されることは望ましくないでしょう。特に，量的支援のための一般的活用を図る場合にはその点を改めて認識することが大切です。

　また，そうした認識に基づいて，「自己実現のボランティア」の思いに応える活用の工夫が課題になります。社会教育におけるボランティア活用はボランティア自身の「学び」を豊かにするという側面を忘れてはならないのです。活動を通して学びが豊かになり，豊かな学びがさらなる活動に生かされるという循環の構築が期待されます。

　そして，ボランティアや指導者等の人材から様々な意見やアイデアをくみ取り，実現可能な意見等を反映させるよう努めることです。地域人材が有する地域に関する情報は地域に根づく社会教育の在り方にとって重要な資源になるからです。

〉〉 註

＊1）　答申「人口減少時代の新しい地域づくりに向けた社会教育の振興方策について」（2018 年）。

＊2）　中教審答申「新しい時代の教育に向けた持続可能な学校指導・運営体制の構築のための学校における働き方改革に関する総合的な方策について」（2019 年）は，「学校の業務だが，必ずしも学校が担う必要のない業務」の一部を地域ボランティアにゆだねることも提言した。

＊3）　生涯学習審議会答申「今後の社会の動向に対応した生涯学習の振興方策について」（1992 年）。

＊4)　文部科学省「社会教育調査」は，「『ボランティア活動』とは，学級・講座等における指導・助言，社会教育関係団体が行う諸活動に対する協力などで無償の奉仕活動」だと注記している。

＊5)　ちよだ生涯学習カレッジは，千代田区立九段生涯学習館の指定管理者である（株）小学館集英社プロダクションによって運営されている。なお，同社には社会教育主事有資格者が配置されている。

参考文献

入江幸男（1999）「ボランティアの思想」内海成治・入江幸男・水野義之編（1999）『ボランティア学を学ぶ人のために』世界思想社

佐藤博樹（2012）『人材活用進化論』日本経済新聞出版社

総務省（2013）『地域づくり人育成ハンドブック』

種村文孝（2017）「専門職養成におけるプロボノ活動の導入と実践評価—カーディフロースクールの事例から—」京都大学大学院教育学研究科紀要，第 63 巻

日本ボランティアコーディネーター協会編（2002）『ボランティアコーディネーター』筒井書房

野島正也（2020）「地域課題解決：まちづくりに取り組む人材の育成と活動支援」浅井経子『社会教育経営論』ぎょうせい

学習課題

　ボランティア活動を「学び」につなげ，さらに「学び」の成果を地域づくりに生かす循環的な仕組みをどう構築したらよいでしょうか。具体的に述べてください。

12 | 社会教育経営に資する職員の技法

佐々木　英和

《**目標＆ポイント**》　社会教育法によれば，社会教育主事が「求めに応じる原則」に貫かれた存在であり，個々の学習者の自発性や自律性を尊重していることが明らかである。社会教育に携わる職員には，裏方的な力量を高めることが求められる。そこで実践的に重要視されるファシリテーションについて，「円滑化」をキーワードとみなして，その本質を解明することにより，社会教育行政の向かうべき方向性を再確認する。

《**キーワード**》　社会教育法，社会教育主事，社会教育主事補，社会教育士，ネットワーク構築能力，コーディネーター，ファシリテーター，ファシリテーション，リーダーシップ

1．社会教育職員の役割

　社会教育行政において，職員をはじめとした人材こそが社会教育経営の実質的内容であり要です。まずは，この点に関した制度的位置づけを確認した上で，社会教育行政に携わる基本姿勢を導き出していきます。

（1）　社会教育における専門的教育職員の位置づけ

　教育行政を進めるためには，専門性に富んだ人材が必要であり，「教育公務員特例法」（1949 年制定，2017 年最近改正）で「専門的教育職員」と呼称される職があります。1956（昭和 31）年に施行された「地方教育行政の組織及び運営に関する法律」に明示されている「指導主事」は，

学校教育における専門的教育職員です。これに対して，社会教育における専門的教育職員が「社会教育主事」であり，指導主事と同様に，都道府県および市町村の教育委員会の事務局に籍が置かれます（社会教育法の第9条の2）。

この社会教育主事となる資格を有するための条件は，社会教育法の第9条の4に具体的に書かれていますが，大学において文部科学省令で定める社会教育に関する科目（現行では「生涯学習概論」「社会教育経営論」「生涯学習支援論」「社会教育演習」の4科目）の単位を修得するか，もしくは「社会教育主事講習」（社会教育法の第9条の5）を受講するかなどの必要条件を満たすほか，一定程度の社会教育に関する実務経験を要する場合があります。また，「社会教育主事補」（社会教育法の第9条の3）は，社会教育主事の職務を助ける者ですが，一定の要件を満たして社会教育主事として任用されます。

社会教育法の第9条の3では，「社会教育主事は，社会教育を行う者に専門的技術的な助言と指導を与える」と明記されています。しかし，この条文には，「ただし，命令及び監督をしてはならない」という付帯条件が付けられています。また，同条文では，「社会教育主事は，学校が社会教育関係団体，地域住民その他の関係者の協力を得て教育活動を行う場合には，その求めに応じて，必要な助言を行うことができる」と書かれているように，「求めに応じる」という原則が貫かれています。裏を返せば，社会教育主事は，学校が社会教育関係者と連携・協働して教育活動を行う際に，学校からの求めがなければ，余計な口出しをしないという流れになります。

こうした教育対象者に対する「待ち」とか「受け身」の姿勢が基本原則となっている点が，社会教育主事が，学校教育における教師や指導主事とは異質の専門的な教育職員であることを象徴しています。このよう

に，社会教育行政ならではの「裏方」的な教育理念があり，それに応じた教育手法を用いるべき必然性がクローズアップしてくるのです。

　従来の教育イメージでは，「教え育てる」とか「教え導く」というように，いわゆる「上から下へ」の方向性が徹底していると思われがちでした。しかし，社会教育行政は，それとは違い，人々の自発的・自主的な学習活動を助長・促進・援助するところに主要な任務があります。また，結果的に，社会教育に関わる行政職員は，「教育内容の指導者」というよりも「教育機会の企画者」という役割を担うことが多くなります。こうした職務的必然性に応じて，社会教育に携わる行政職員には，施設運営，講座企画，広報・広聴といった能力が必要とされてくるのです。

（2）「社会教育士」の意義と位置づけ

　社会教育主事の有資格者であっても，都道府県・市町村教育委員会から「社会教育主事」として発令されなければ，その職務に就くことができません。しかし，2020（令和2）年度からは「社会教育士」という称号ができ，社会教育主事養成課程や社会教育主事講習において定められた科目を修了した人は，それを称することができるようになりました。

　社会教育士は，学習活動の支援を通じて，人づくり・つながりづくり・地域づくりに中核的な役割を果たす専門人材の称号です。社会教育士には，公民館などの社会教育施設や教育委員会事務局だけでなく，地方公共団体の各部局や，NPO・企業・学校などのほか，日常的な地域活動やボランティア活動などにおいても，活躍することが期待されています。このように，必ずしも社会教育行政に直に属さなくても，地域社会などで解決が求められる諸問題や，その達成が期待される多様な課題に取り組む際に，その専門的能力を発揮する機会が生まれつつあるのです。

　社会教育士として活躍したいと願う学習者には，生涯学習支援に関す

る専門的技能として、「プレゼンテーション能力」「コーディネート能力」「ファシリテーション能力」などを身につけることが想定されています。戦略的に言えば、これらの能力は、価値観や利害関係などが異なる多様な主体どうしをつなげていく「ネットワーク構築能力」の戦術的側面だとみなせます。これらの能力は、それ自体が専門的な性格を持つというものではありませんが、縦割りの各分野を横断的につないでいくことそれ自体に「専門性」を見出す新しい形を示しています。

2.「ファシリテーション」の要諦

　寺中作雄は、文部省社会教育課長として務める1949（昭和24）年当時においてすでに、社会教育では、「人が人を教える方法」より「人の接する環境が自ら教育効果をもたらすような方法」が適切だという認識を示していました*1)。これは、社会教育施設を質・量ともに充実させて、国民がおのずと学習できる環境を整えることの重要性を述べる中での意見表明ですが、現代的な意味でのファシリテーションにも十分に通じる発想です。逆に考えれば、ファシリテーション的観点こそが、社会教育行政の本質を解明するための最大ポイントとなると言っても決して言いすぎではありません。

　ファシリテーションの個別戦術については、市販化されているノウハウ本などで詳しく学べるはずです。ここでは、ファシリテーションの戦略的発想を学んで、それを日常生活の様々な場面に応用できるような汎用的能力の基礎を身につけましょう。技術的知識を表層的になぞるのでなく、本質的部分を把握しようとするわけです。そのため、ファシリテーションという言葉について、その「要諦」すなわち「そこをしっかりとつかまなければ、そのものの本質が見失われるという、大切な点」（三省堂『新明解国語辞典［第8版]』、2020年）を浮き彫りにすることを

最優先の課題とします。

（1）「なめらかさ」を語源に含むファシリテーション

　人間尊重・人権重視を基本の哲学とする「人間性心理学（Humanistic Psychology）」のリーダー的存在だった心理学者カール・ロジャーズ（Carl Rogers, 1902-1987）は，「グループ内の人間関係が活性化しやすいのは，グループに属する一人ひとりの個人が十分に自己開示できるときだ」と意識しながら，1950 年代初頭に "facilitation" という単語を，その状況を創出するための営みとして強調しました[2]。ここに，ファシリテーションという言葉が，集団療法を用いる立場の臨床心理学を実践的源泉に持つことを確認できます。

　では，そもそもファシリテーションという言葉を，どう理解すべきでしょうか。まずは，英語の動詞 "facilitate" が「促進する」とか「容易にする」と訳されるために，それを名詞化した単語の "facilitation" が半ば機械的に「促進」とか「容易化」と訳されがちだという事実を踏まえておきます。

　しかし，この「促進」がファシリテーションの本質を体現した適切な訳語だと素直に受け入れてしまってよいのかどうかについては，疑問符がつきます。というのは，「促」という漢字に「すみやかの意」があることを受けて，「促進」が「積極的な対策を講じるなどして，目的の実現を早めようとすること」（三省堂『新明解国語辞典［第 8 版］』，2020 年）を意味するからです。この日本語はややもすると「早さ」や「速さ」などの効率性を重視しながら何らかの事柄を前進させるという印象を喚起しがちなのですが，実際に成功したとみなせるファシリテーションは，そのような状態を優先目標に置いていないことのほうが多く，実態と大きくかけ離れてしまう危険性を伴うのです。

　そこで，諸々のファシリテーション実践を横目に見ながらも，筆者は，"facilitate" という動詞の意味が，形容詞の "facile" に相当する状態を創出しようとする点に着眼します。この "facile" には，「楽に理解できる」とか「使いやすい」などの意味があるほかに，「なめらかな」とか「すらすら動く」という意味もあります。よって，"facile" という形容詞が「なめらかさ」を基軸とした意味内容で構成されている側面を強調すれば，ファシリテーションについて，「なめらかにすること」とか「すらすら動くような状態にすること」と言い換えることに無理はありません。

　さらに，"facile" という形容詞が名詞化した "facility" という英単語の日本語訳には，「容易さ」や「便益」と「建造物」および「施設」などがあります。ここで注目しておきたいのは，"facility" という名詞が，建造物や施設に象徴されるような空間的意味合いを持っていることです。これまでの筆者の考察を適用すれば，"facilty" が「なめらかさの充満した活動空間」を意味することもあるという話になります。

　よって，「ファシリテートすること」を，「ファシール＝なめらかな」性質に満ちた「ファシリティ＝活動空間」を創出することだとみなす理解が可能になります。だから，「何らかの機会や場について，〈なめらかさ〉の度合いが増えている状態」を創出したり維持したり発展させたりすることに対して，「促進」とか「容易化」といった日本語が当てられているだけでは決して適切ではありません。ファシリテーションという言葉の表層レベルをなぞる域にとどまらず基盤レベルを掘り起こして，これらの言葉の代わりとして，「円滑」という日本語が，「物事が滞らず，すらすら運ぶこと」（小学館『大辞泉［第2版]』，2012 年）と定義されていることに注目します。以上の語源的な考察を踏まえ，かつファシリテーションの現場を考慮すれば，筆者は，"facilitation" の訳語としては，「円滑化」のほうが「促進」よりもふさわしいと考えています。また，

"facilitator" を「物事や場面などの円滑化を促す人［もの］」と訳し直しておきます。ファシリテーションとは，コミュニケーション環境の円滑化を促すことです。

（2）「ぎこちなさ」を「なめらかさ」へと転換する実践

次に，語源から導き出した「円滑化としてのファシリテーション」の意味について，具体的な現場に反映させる形で考えていきます。

たとえば，公民館主催のファシリテーター養成講座の初回に受講者が集まった場面をイメージしてみましょう。初めて出会う人どうしが同じ空間に居合わせるときには，隣にいる人との間でも互いに緊張しあっています。そのため，講座開始前などには，おのおのが話し始めることに躊躇し，まともに関わりあわないままで時を過ごすことが多いのです。

一般的に，日常的な人間関係の始まりは，「なめらかになりにくい」もしくは「なめらかにすることが望まれる」といった現実状況にあり，「なめらかだ」という形容は決してできないでしょう。こうした状況は，そこに居合わせた人達が互いに十分に慣れていなかったり，もしくは感情などがその場にそぐわなかったりするために，動作や表現がたどたどしくて不自然だという意味で，「ぎこちない」のです。

講座が始まれば，司会担当者として，冗談を言って場を和ませようとする人が多いのは，「ぎこちない」場の雰囲気を少しでも「なめらかな」性質に近づけようと努めているからです。また，ファシリテーターが場の空気を和ませるために行う「アイスブレイク」とは，文字通り「アイス＝氷」を「ブレイクする＝壊す」ことであり，たとえばミニゲームを実施するなどして，会場の雰囲気が「ぎこちなさ」で満たされている状況を解体し，場の空気を流動化させて「なめらかさ」を生まれやすくすることです。

　こうした「なめらかさ」の実現のためには，ある程度の技術や熟練が必要とされます。そもそもファシリテーションを意識していない人は，場が「ぎこちない」状態に陥っていることに対する問題意識を抱いていません。ところが，ファシリテーションを意識し出すと，「ぎこちない」状態を「なめらかな」状態にできるかどうかが極めて重要だとわかってくるので，そのような状態を創出しようと心がけるはずです。上手なファシリテーターほど，場の「なめらかな」状態を実に「なめらかに」実現してしまいます。これに対して，不慣れなファシリテーターが，「なめらかさ」の実現をめざしつつも，そのやり方が「ぎこちない」ために，かえって「ぎこちない」場の雰囲気を広げて「なめらかさ」をいっそう遠ざけてしまうという皮肉な結果に陥ることもあります。

　このように，ファシリテーションという言葉によって意味されることの要諦は，人間関係が織り成す場について，可能な限り「ぎこちなさ」を軽減しながら「なめらかさ」を広く行きわたらせることだとみなすことができます。そのめざす理想状況は，「ぎこちなさ」に支配された場が「なめらかさ」で充満したものへと転換することです。

（3）「一人ひとりがすらすらと動き回れる場」の企画・設計・創造

　人間関係の織りなす場が「なめらか」ということは，その構成員の一人ひとりが，感情や思考および行動の次元で「すらすらと動き回れる」という状態にあるとみなせます。人間関係が展開する場は，物理的というよりも心理的な次元で生じるとみなせます。とはいえ，概念イメージを共有するため，あえて物理的な比喩を用いて説明してみます。

　原子や分子の集合体たる H_2O は，温度上昇に応じて，固体（＝氷）が液体（＝水）に，液体が気体（＝水蒸気）になるにつれて，おのおのが自由に動き回れる度合いが増します。場の責任者としては，全体の統

括者として集団をまとめたい，逆に個々人がバラバラに動き回ってほしいというのなら，人間関係の「温度調整」を行うことになります。人々がまとまりすぎても，バラバラになりすぎてもバランスが悪いと考えれば，それに応じた働きかけをするでしょう。

　このような「すらすら動ける状態」を調整するという意味でのファシリテーションは，別のたとえで表現すれば，スケートリンクを整備して，これまで立ち止まっていた一人ひとりのスケーターが動き始めて，あちこちを自由に滑走し，互いに多様な出会い方ができるような状態をつくりだすことです。ポイントは，リンクの整備の仕方にあります。

　おのおののスケーターが滑りやすいようリンクを整備すれば，各人が自ら動く気になり，そこでの出会いの機会が増えます。リンクそれ自体を小さくすれば，出会いも増えますが，衝突も増えます。リンクを大きくすれば，衝突の危険は減りますが，その分だけ出会いのチャンスは少なくなります。これらのリンクという場の案配を企画して設計し，さらには創造するのが，ファシリテーターの基本的な役割なのです。

　翻って考えれば，たとえば子ども向けの社会教育事業を行う際，「教師が児童・生徒・学生に一方的に語りかける」という伝統的な教育形態にとどまっている限りにおいて，ファシリテーションを進めるには極めて適していない状態です。というのは，そのような教育空間は「一人ひとりがすらすら動きやすい」というのにはほど遠い人間関係空間であり，場として「なめらかさ」が生じにくいからです。

　第1に，双方向性が生まれにくい人間関係に根底から規定された場では，「なめらかさ」が満遍なく行きわたりません。これは，人間関係の織りなすスケートリンクが平坦でなく，高低差がある状態にたとえられます。「上から下へ」は「重力」にまかせて「なめらかに」情報が流れていくでしょうが，「下から上へ」は「重力」に逆らうことになり，そ

もそも情報が流れていきにくいものです。また，上の立場の人に下の立場の人が気遣うばかりの「ぎこちなさ」が，依然として残り続けます。

第2に，人間関係の織りなす場が，多元的な相互作用を伴ってダイナミックに流動化する可能性が低いです。まず，「教える主体」と「教わる客体」との間に相互作用が生じにくいのです。「教える－教わる」の役割分担に基づく教育では，「教える主体」が一方的に強い影響を与え続け，「教わる客体」がもっぱら影響を与えられ続けるという構図が固定します。両者の関係は硬直的で，「教わる客体」が「教える主体」に影響を与えるにしても，その影響力は限定的です。また，「教わる客体」として構成される集団は，互いにコミュニケーションを取る機会が乏しく，相互に作用しあう機会も奪われているので，ファシリテーション環境としては制約が大きすぎます。それは，スケートリンクでスケーターどうしの出会いがほとんど生じてこないという様子にたとえられます。

第3に，「教える主体」と「教わる客体」という役割の固定は，「主役」以外は「その他大勢の一人」にすぎないという感覚を，客体とされる側の人間に植え付けてしまいます。そのため，被教育者には，自ら動こうという能動性や積極性が生まれにくいのです。それは，スケートリンク上に大勢のスケーターがいるのに，自分からは滑りだそうとしない状態にたとえられます。このままでは，個々の学習者は単に「その場に居合わせた人」どうしの域を出ません。こうした傍観者的感覚を脱しない限り，当事者として主体的に関わり始めるきっかけがつかめないのです。

再び裏返して考えれば，双方向的で相互作用に富み，個々が自由かつ主体的に動いていけるような場面を設定することは，ファシリテーションの基盤づくりに相当する重要条件です。教育的文脈においては，ファシリテーターには，「内容の指導者」としてではなく，「場面の企画者」としての力量こそが求められるのです。

3.　ファシリテーション実施によりもたらされる効果

　ファシリテーションが十全に機能すれば，どのような効果が生まれて
くるのでしょうか。ファシリテーションの要諦を見誤らないためにも，
「ファシリテーションそのもの」と「ファシリテーションによってもた
らされる効果」とを区別して考える必要があります。

（1）「可能性を引き出して育む状態」をもたらすファシリテーション

　重要な結論を先に言えば，「ファシリテーションがうまく機能すれば，
エデュケーションがもたらされる」ということです。しかし，ここで細
心の注意を払うべきこととは，「エデュケーション」という言葉で意味
している事柄や事態については，「教える」という意味合いよりも「引
き出す」という意味合いが主だということです。

　英単語"education"の日本語訳は，"教育"です。この日本語に「教」
という漢字が含まれていることもあり，多くの日本人が，「教育」とい
う営為がもっぱら「教えること＝"teach"すること」と同義であるよう
に決めつけがちです。しかし他方で，教育学的常識となっていることで
すが，「エデュケート"educate"」とは，ラテン語の語源"ēdūcere"
にまで立ち返れば，"引き出す"を意味する単語です。日本語で「教育」
と訳される「エデュケーション」は，大本に立ち戻れば「引き出すこと」
を意味することを再確認しておきましょう。

　そもそも，ファシリテーターのことを「ティーチャー"teacher"」す
なわち「教える人」と同一視することには大変な無理がありますし，望
ましくもありません。というのは，ファシリテーターは「エデュケータ
ー"educator"」でもあるという理解は，「引き出す」という意味におい
て「エデュケート"educate"」する役割を果たすという点で，ファシリ

テーションの実態にまさに合致しているからです。「エデュケーション
としてのファシリテーション」とは，「構成員の一人ひとりの可能性を
引き出すこと」もしくは「場に内在している多様な可能性を引き出すこ
と」だとみなしてよいでしょう。ファシリテーションについて，それ自
体ではなく，その効果レベルで把握するのであれば，ファシリテーター
を「引き出す人」と言い換えてよい場面も多いはずです。

(2)「互いに引き出しあって育みあうこと」としての「相互教育」

　では，エデュケーションを「引き出すこと」とみなすのであれば，フ
ァシリテーションという技法を用いることにより，改めて何が引き出さ
れるのが望ましいことなのでしょうか。こうした局面では，誰もが潜在
的に秘めている内発的欲求が一人ひとりから引き出されていくことに大
きなポイントがあると考えられます。一人ひとりの存在がもたらす多元
的な相互作用が，その都度における「いま，ここ」の場面で生じる多彩
な可能性を引き出すのです。このことについて，話しあいや会議に参加
する学習者を例に取って考えてみます。

　まずは，欲求論的観点から，ある一人の個人に焦点を当てて考察して
みましょう。意見が言いやすい雰囲気ができてくれば，その彼および彼
女は，「自分の意見を言いたい」と感じ始め，実際に意見等を「出す」
ことになります。しかし他方で，「（自分のことを）出したい」という欲
求に比して，「（相手のことを）受け止めたい」という欲求が強くなるこ
とは少ないですし，その余裕が持てない人も多いでしょう。そこで，フ
ァシリテーターは，「お互いに」の精神の重要性を実感できるようなワー
クショップを進めていくことになります。いずれにせよ，「出しあい
－受け止めあい」の双方向的かつ相互作用的な人間関係を活性化させる
ことが重要な意味を持ちます。こうして，要所要所に，ファシリテータ

ーの出番があるわけです。

　さらに，「出しあい－受け止めあい」の場が活発化すると，お互いに相手に対する関心が高まります。そのため，ただ相手の話を受け止めるだけでなく，相手の可能性を積極的に引き出そうという気持ちになって，相手にインタビューする人も出てきます。こうして，「（意見等の）出しあい－（意見等の）受け止めあい－（意見等の）引き出しあい」の人間関係が豊穣化すればするほど，話しあいは，参加者の満足度の高いものになっていくのです。

　それでは，「出しあい－受け止めあい－引き出しあい」を，教育関連用語で表記し直せば，どのような展開を意味するのでしょうか。教育的場面でファシリテーションを生かしましょう。

　グループ活動を進めていけば，それぞれの参加者に「学びたい」という欲求が生まれ発展していきます。ここで，「学ぶ」ための方法は，自分の中の知識を総動員して考えたり，相手を観察したりするなど色々あるのですが，当然「教わること」を選択する人が出てきます。たまたま居合わせた相手から「教わりたい」という欲求が喚起されるのは，学びたい内容以外にも，他者に対する関心が喚起されたからでもあります。さらに，「学びあい」の雰囲気が充実してくればくるほど，参加者の中から「たとえ拙くても自分の意見を述べたい」というような欲求が引き出されてきます。その場合，自分の個性が生かせる分野については，単に「（相手に）伝えたい」という域を超えて，「（相手に）教えたい」と欲することもあるでしょう。

　こうして，「（誰かから）教わりたい－（この場で）学びたい－（誰かに）教えたい」という欲求が，循環的関係を構成しながら発露されてきます。ファシリテーションが十全に機能すればするほど，「教わりあい－学びあい－教えあい」の人間関係が豊かになります。

このような状況に対して,「相互教育」という言い方を与えてよいはずです。ただし,この相互教育について,言葉の深層レベルでは,「互いに教えあう」という事態よりも,「互いに引き出しあう」という事態が進行しています*3)。それは,「引き出しあいながら育みあう人間関係」を円滑化させるのです。

だから,こういった意味での「エデュケーション空間」では,老若男女を問わず,一人ひとりの参加者が,「育まれる－育つ－育む」を体験することになります。まず,仮に年配者であっても,「受け止めあい」の人間関係の中で受容されたことによる自己肯定感を伴わせながら,自分がまだ成長し成熟できる余地に気づけるため,出会う相手によって「育まれている」という実感が持てます。また,「育ち直す」というような意味合いも含めて,自らが「(改めて)育っていく」ことを実感できる成人も続出します。だから,こういった空間の中では,参加者自身は十分には自覚しないまま,お互いに相手を「育む」ことを実践しているのです。こうして,全体的な人間関係としては,「育まれあい－育ちあい－育みあい」が相乗的に展開するのです。

補足的ですが,とても重要なこととして,まさに「〈いま,ここ〉での出会い」は,そのときどきに移り変わる多様な感情を体験する空間でもあることに着目しましょう。「いま,ここ」で出会う他者への関心が高まることにより,「喜びあい」とか「悲しみあい」といった感情的次元での相互作用が働くことがあります。また,最良の出来のファシリテーションにおいては,互いが互いの存在を尊重しあおうとする「尊びあい」の人間関係が生まれてきて,そうした状態が持続します。

このように,「エデュケーションとして機能したファシリテーション」によって,「場面場面に内在する可能性」が多元的に引き出されてきて,それらが相互作用をもたらすのです。こうした人間関係の体験では,「一

人ひとりがすらすらと動けるような〈なめらかさ〉」は，決して十分条件にはなりえないのですが，欠かせない必要条件なのです。

（3）　参加者一人ひとりが自らの存在の重要性を実感できる契機の創造

　ファシリテーションという言葉によって意味されることは，人間関係が織り成す場について，可能な限り「ぎこちなさ」を軽減しながら「なめらかさ」を広く行きわたらせることにすぎません。しかし，「エデュケーションとしてのファシリテーション」が十分に機能し，「互いに可能性を引き出しあいながら育みあおうとする人間関係」が生じれば生じるほど，その時々の二次的な結果として，様々な成果が期待できます。

　まず，場の雰囲気の好転として，話しあいの場が和らいだり，議論が活発化し始めたりすることが頻繁に起きてきます。また，創造活動における成果として斬新なアイデアが出やすくなるのは，一人ひとりの多様性の中で，自分の個性がつぶされてしまう心配から解放されたと感じる参加者が増えているからなのです。さらに，合意形成をめざす場合の効果として，会議で意見がまとまりやすくなったり，結論を前向きな方向に持っていこうとする機運が生まれたりするのは，参加者が決して無理に周囲にあわせているからではなく，メンバー相互の信頼関係が深まって個々の多様性を尊重していることが背景になっているからです。

　これらは「ファシリテーションによる成果」であると同時に，「ファシリテーションを機能させるための基盤」でもあります。ファシリテーションは自己組織的もしくは自己増殖的に機能するので，たとえば場の雰囲気の和みや創造性発揮などといった「ファシリテーションの実施により期待される成果」を，あらかじめ「ファシリテーションにより実現したい最終目的」に設定するという実践方法論も成り立ちます。

　とはいえ，最も意義深い波及効果とは，成功したファシリテーション

では，参加者一人ひとりの個性が，多元的な関係の中で重要な意味を帯びてきて，押さえ込まれずに浮かび上がってくることです。一人ひとりの参加者が，自らを「かけがえのない存在」として自覚するとともに，「自他ともにあること」の「かけがえのなさ」を強く実感するのです。ファシリテーションが十分に成功し心理的効果が生まれている空間は，参加者一人ひとりが「個人（individual）」として尊重されていると実感しやすい場になっています。

このような場の実現のためには，ファシリテーターが参加者を積極的に引っ張っていくことは，原則的に望ましくありません。というのは，その状態では，個々の参加者が，リーダー的存在に対する依存心から解放されない分だけ，能動性や主体性を自ら放棄してしまうからです。比喩的に言えば，ファシリテーターには，参加している一人ひとりが「主役」としての感覚を強く実感できるように寄り添える「名脇役」となれることが求められます。これは，ファシリテーションの開始時にはなかなか実行・実現しにくいでしょうが，ファシリテーションの終了時に何とか到達できるとよいという理想状況なのです。

これに関して，まさにファシリテーション実践を普及させた元祖であるカール・ロジャーズが，老荘思想の老子のリーダー論の意義を強調していたという事実を指摘しておきます。

　　最善のリーダーとは，人々がその存在をほとんど気にしないリーダーである。あまりよくないのは，人々が服従・賞賛するリーダーである。最悪なのは，人々が軽蔑するリーダーである。よいリーダーは，多くを語らず，なすべきことをなしたとき，その仕事は終わり，人々は，「自分たちがやった」と言う[4]。

実際には，ファシリテーターのお膳立てがあったからこそ得られた成果であったとしても，その場に居合わせた人たちの誰もが，まさに当事

者としての達成感が得られることが望ましいのです。極めて逆説的に聞こえるでしょうが，ファシリテーターの理想像とは，そのありがたみや必要不可欠性に気づいてもらいにくいという意味で，「空気」のような存在と化すことなのです。

　社会教育行政の助長行政的性格を踏まえると，教育者の役割も，前面に出ることではなくなります。最近の社会教育の現場では，集団を上から引っ張るというイメージの強い「リーダー (leader)」という表現より，「ファシリテーター (facilitator)」という表記のほうが用いられがちです。社会教育場面におけるファシリテーターの重要な役割は，一人ひとりの学習者が自らの学習活動に対する「リーダーシップ (leadership)」を引き出すことを手助けすることなのです。こうした考え方は，社会教育行政を支える根本哲学に通ずるかもしれません。

〉〉 註

＊1）　寺中作雄『社会教育法解説』，社会教育図書株式会社，1949 年，p.11。なお，旧字体は新字体に直した。

＊2）　ロジャーズ自らが，"Dealing With Breakdowns in Communication – Interpersonal and Intergroup" と題した論文について，1951 年の発表当時におけるタイトルが "Communication: its blocking and its facilitation" だったことを明示している (Rogers, C. R, *On Becoming a Person : A therapist's view of psychotherapy*, Constable London, 1967, pp.328-337)。なお，このタイトルの日本語訳は，"コミュニケーション—その妨害と促進—" である（C・R・ロジャーズ『ロジャーズが語る　自己実現の道』［ロジャーズ主要著作集 3］，諸富祥彦・末武康弘・保坂亨訳，岩崎学術出版社，2005 年，p.293）。

＊3）　前出の寺中は，第二次世界大戦後すぐに社会教育法を制定するにあたって，社会教育について，「国民の自己教育であり，相互教育であり，自由と機動性を本質とする」という前提に立って理解していた（寺中，前掲書，p.1）。寺中自身が十分に自覚的であったかどうかは定かではないが，第二次世界大戦後の社会教育実践

には，延々とファシリテーション的発想が流れていた可能性を指摘できる。

*4）　キース・チューダー＆トニー・メリー著『ロジャーズ辞典』，岡村達也監訳，金剛出版，2008年，p.170。傍点は，引用者による強調。なお，この部分は，『老子』第17章に相当する（蜂屋邦夫訳注『老子』，岩波文庫，2008年，pp.78-81）。

参考文献

佐々木英和「地域と大学との協働関係を促進するファシリテーション技法―『話しあいファシリテーション』の意義と手順―」，地域・大学協働研究会編『地域・大学協働実践法―地域と大学の新しい関係構築に向けて―』，悠光堂，2014年所収，pp.87-91。

中田行重（2005）『問題意識性を目標とするファシリテーション―研修型エンカウンター・グループの視点―』関西大学出版部

学習課題

　日々の会議や話しあいを素材として，ファシリテーションの考え方が活用できそうな場面を複数書き出して，その有効性や限界を論じてください。

13 | 地域学校協働活動の組織と経営

佐藤　晴雄

《**目標＆ポイント**》　地域と学校の連携・協働の経緯を理解するとともに協働活動の実態を踏まえて協働システムを成す地域学校協働本部と学校運営協議会の関係の効果的な在り方を考える。

《**キーワード**》　学校支援，放課後子ども教室，地域未来塾，地域の活性化，家庭教育支援，コミュニティ・スクール

　近年，学校支援活動は地域学校協働活動へと発展し，活動の輪を広げてきました。地域学校協働活動は学校支援に加えて，放課後子ども教室や地域未来塾，地域活動，家庭教育支援なども包含する概念として浸透しつつあります。また，その活動を支える地域学校協働本部も全国的に整備されるようになりました。本章では，地域学校協働活動とともにコミュニティ・スクールを取り上げながら，社会教育の視点からその運営の工夫点や課題についても考えていきます。

1. 地域と学校の連携・協働の経緯

　文部科学省の資料「地域と学校の連携・協働の経緯」は 2000（平成12）年度の教育改革国民会議の提案から始まっています（**表 13-1**，文部科学省 HP より）。同会議はコミュニティ・スクールの創設を提案し，この提案を受けて，2004 年度には，コミュニティ・スクールが創設されたほか，地域子ども教室推進事業が開始されています。2007 年度に

表 13-1　地域と学校の連携・協働の経緯

平成 12 年度 (2000 年度)	教育改革国民会議で新しいタイプの学校としてコミュニティ・スクールを提案。
平成 14 年度 (2002 年度)	完全学校週 5 日制の開始。
平成 16 年度 (2004 年度)	・「地域子ども教室推進事業」（地域教育力再生プラン）（委託事業）を開始（平成 18 年度まで） 　（注）地域の大人の教育力を生かし，子供たちの放課後や週末における体験活動や地域住民との交流活動を支援。 ・地方教育行政の組織及び運営に関する法律の一部改正により，「コミュニティ・スクール（学校運営協議会制度）」が制度化される。
平成 19 年度 (2007 年度)	厚生労働省との連携による「放課後子どもプラン」創設（類似の委託事業から補助事業に変更）。 （注）「放課後子供教室」の推進，「放課後児童クラブ」との連携の推進。
平成 20 年度 (2008 年度)	社会教育法改正。学校支援地域本部（委託によるモデル事業）を開始（平成 22 年度まで。23 年度以降は補助事業となり，「学校・家庭・地域連携協力推進事業費」として，国 1／3，都道府県 1／3，市区町村 1／3 の負担とされた）。
平成 21 年度 (2009 年度)	学校・家庭・地域の連携協力推進事業（補助）の創設 （注）「学校支援地域本部」「放課後子供教室」等の様々な事業メニューの組み合わせが可能となる。
平成 25 年度 (2013 年度)	第 2 期教育振興基本計画で公立小・中学校の 1 割（約 3,000 校）へのコミュニティ・スクール導入を目指すことが明記される。
平成 26 年度 (2014 年度)	・「土曜日の教育活動推進プラン」開始。 　（注）平成 25 年 11 月に学校教育法施行規則を改正し，学校における土曜授業に取り組みやすくするとともに，学校と地域・企業間の連携による土曜日の教育活動を推進。 ・「放課後子ども総合プラン」策定。
平成 27 年度 (2015 年度)	・「地域未来塾」による学習支援を開始。 ・中央教育審議会「新しい時代の教育や地方創生の実現に向け学校と地域の連携・協働の在り方と今後の推進方策について（答申）」で，全ての公立学校でコミュニティ・スクール導入を目指すことが明記される。 ・「次世代の学校・地域」創生プラン策定。
平成 28 年度 (2016 年度)	社会教育法改正。「『次世代の学校・地域』創生プラン—学校と地域の一体改革による地域創生—」※コミュニティ・スクール及び地域学校協働活動の推進などを盛り込む。
平成 29 年度 (2017 年度)	・改正社会教育法施行，「地域学校協働活動推進事業」開始。 ・地方教育行政の組織及び運営に関する法律の一部改正により，学校運営協議会の設置が努力義務となる。学校運営協議会委員に地域学校協働推進員を位置づける。 ・「地域学校協働活動の推進に向けたガイドライン」策定。

平成30年度 (2018年度)	・新・放課後子ども総合プラン策定。放課後児童クラブの待機児童の早期解消，放課後児童クラブと放課後子供教室の一体的な実施の推進。5年間を対象とする新たな放課後児童対策プラン。
令和2年度 (2020年度)	同年3月，文部科学省・厚生労働省「『新・放課後子ども総合プラン』の一層の推進について（依頼）」※新型コロナウィルス対応と共に，学校施設の一層の活用促進と様々な地域人材の参画の促進を周知。

（文部科学省HP「学校と地域でつくる学びの未来」（2020年12月27日閲覧）に基づき一部の事項を加除してある。）

は「放課後子どもプラン」が創設され，放課後子供教室と厚生労働省の児童クラブ（学童クラブ）との連携が推進されました。

　そして，2008（平成20）年度に学校支援地域本部が委託事業として開始されますが，2009年度には「学校・家庭・地域の連携協力推進事業」として学校支援地域本部や放課後子供教室などの連携事業の組み合わせが可能になり，地域学校協働活動の原型ができあがったのです。

　そして，2014（平成26）年度に「放課後子ども総合プラン」が策定されて，放課後子供教室と放課後児童クラブとの一体型の実施を中心にした計画的整備を進めるよう促しました。同プランは2019年度までに一体型を1万ヵ所以上実施することを目的としていました。

　しかし，一体型の目標が達成されず，共働き家庭のさらなる増加に伴う放課後児童クラブの待機児童の解消を進めるために，2018（平成30）年度からは「新・放課後子ども総合プラン」が策定されることになりました。新プランは，今後5年間で放課後児童クラブの受け皿を30万人分整備すること（2021年度までは25万人分）と両事業の連携を目標とされたのです。

　年度は遡りますが，2015（平成27）年度には「地域未来塾」が開始され，2016年度の「次世代の学校・地域」創生プランの策定を経て，翌2017年度には「地域学校協働活動」が開始されました。

　文部科学省は，2020（令和2）年度からは「地域学校協働活動推進事業」を「地域と学校の連携・協働体制構築事業」に衣替えし，a）学校における働き方改革」を踏まえた活動，b）地域における学習支援・体験活動に重点化として取り組みを補助することになりました。

2. 地域学校協働活動等の現状

（1）　地域学校協働本部と地域学校協働活動推進員

　以上のような経緯を経て，2017（平成29）年度から開始された地域学校協働活動については，地域学校協働本部[*1)]，地域学校協働活動推進員（以下，単に「推進員」），放課後子供教室，地域未来塾を取り上げることにします。

　これら諸活動をコーディネートする仕組みが地域学校協働本部です。この本部は，「従来の学校支援地域本部等の地域と学校の連携体制を基盤として，より多くのより幅広い層の地域住民，団体等が参画し，緩やかなネットワークを形成することにより，地域学校協働活動を推進する体制」だと定義されています（文部科学省『地域学校協働活動の推進に向けたガイドライン―参考の手引』より）。

　そして，学校と地域の双方向の「連携・協働」を推進するために，①コーディネート機能，②多様な活動（より多くの地域住民等の参画による多様な地域学校協働活動の実施），③継続的な活動（地域学校協働活動の継続的・安定的実施）という3要素を必須とします。従来，個別に実施されていた連携活動の総合化・ネットワーク化を進めて，コーディネート機能を充実させることによって，活動の多様化を図り，活動を継続的に取り組めるようにしようとする仕組みなのです。そのため，教育委員会には統括コーディネーターが設置され，この統括の下に，各本部には地域コーディネーターが配置されて，実際のコーディネートを担う

ことになります。

　それでは，地域学校協働本部と推進員の配置状況を見てみましょう。地域学校協働本部については 2020（令和 2）年度現在，10,878 本部で，これに関わる学校が 17,066 校となります（**表 13 − 2**）。本部が複数校にわたって置かれることもあるので，校数が本部数を上回っています。地域学校協働活動推進員は 7,339 人，地域コーディネーター 21,483 人で，後者のうち約 3 人に 1 人が推進員に委嘱されている実態にあります。

　本部の前身である学校支援地域本部は 2008（平成 20）年度の誕生時点では約 2,000 ヵ所でしたが，2017 年度に地域学校協働本部に衣替えしてから毎年増加傾向にあります。**図 13 − 1** によると，初年度にあたる 2017 年度の約 5,000 ヵ所（5,168 ヵ所）から 2020 年度にはほぼ倍増（10,878 ヵ所）していることがわかります（小・中学校および義務教育学校の合計数）。

　その背景には，2017（平成 29）年 3 月の社会教育法一部改正によって，国と地方公共団体に「学校，家庭及び地域住民その他の関係者相互間の連携及び協力の促進」が求められ，地域学校協働活動および地域学校協働活動推進員が位置づけられたことがあります。ただし，地域学校協働本部に関しては条文化されず，文部科学省による事業としての位置づけにとどまりました。

　また，2017（平成 29）年の学習指導要領の改訂によって「社会に開かれた教育課程」の実現が課題とされたことも影響しています。「社会

表 13 − 2　地域学校協働本部整備率（2020 年度現在）

地域学校協働本部						地域学校協働活動推進員		
本部数	合計学校数	小学校	中学校	義務教育学校	整備率（全体）	合計	地域学校協働活動推進員	地域コーディネーター
10,878	17,066	11,777	5,206	83	60.3%	28,822	7,339	21,483

〈出所〉文部科学省「令和 2 年度地域と学校の連携・協働体制の実施・導入状況」より。

に開かれた教育課程」は，教育目標を社会と共有し，子どもの教育に必要な資質・能力を教育課程で明確化し，そして地域資源の活用や社会教育との連携によって教育目標を実現させようとする考え方だからです。

そのほか，2016（平成28）年に策定された「次世代の学校・地域」創生プラン*2)は「地域とともにある学校」への転換を図り，学校に関する課題としてはコミュニティ・スクールの推進・加速化や社会に開かれた教育課程の推進などを示し，地域の資源を学校教育，社会教育に生かした人材育成や学校を核としたまちづくりなどを課題としていました。

このプランは2015（平成27）年12月の中央教育審議会答申*3)を受けて策定され，以上の課題を達成していくための具体的な進め方を提示しました。

前述した推進員は社会教育法条文に基づいて，地域学校協働活動に関して教育委員会の施策に協力し，地域住民等と学校との間の情報の共有を図り，協働活動を行う地域住民等に対して助言その他の援助を行うものとされました。そして，従来の「地域コーディネーター」のほかに地

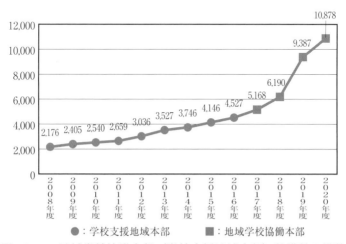

図13-1　地域学校協働本部（学校支援地域本部）整備数の推移
（文部科学省「『地域学校協働活動』実施状況」等を基に筆者が作成。）

域コーディネーター間の連絡調整等を行う「統括コーディネーター」を
新たに委嘱し，PTA 関係者や退職教員，社会教育主事有資格者，地域
団体関係者，NPO・企業関係者なども委嘱対象者として想定されてい
ます。要するに，推進員はコーディネーターのうちから委嘱された者を
指します。

　推進員に期待される役割には以下のことがあります。
　・地域や学校の実情に応じた地域学校協働活動の企画・立案
　・学校や地域住民，企業・団体・機関等の関係者との連絡・調整
　・地域ボランティアの募集・確保
　・地域学校協働本部の事務処理・経費処理
　・地域住民への情報提供・助言・活動促進　等
（文部科学省地域教育推進課『地域学校協働活動推進員の委嘱のための
参考手引』2018 年 11 月より）

　この推進員は地域学校協働本部の構成員として，上記の役割を担うこ
とによって地域学校協働活動を実質的に担当するスタッフ*4)になるわ
けです。

（2）放課後子供教室

　前述したように，放課後子供教室は 2004（平成 16）年度に「地域教
育力再生プラン」の「地域子ども教室推進事業」という居場所づくり事
業としてスタートし，その後，何度かの改変を経てきました。最近の実
施状況を見ると（図 13 − 2），2015 年度の 14,392 教室から徐々に増加し，
2019 年度には 2 万教室近く（19,260 教室）に達しました。

　この事業は，小学生を対象にして放課後や土曜日，夏休みなどに余裕
教室や体育館，公民館等を活用して，学習支援や体験プログラム，スポ
ーツ活動などを実施する教室型事業です。事業費は，国・都道府県・市

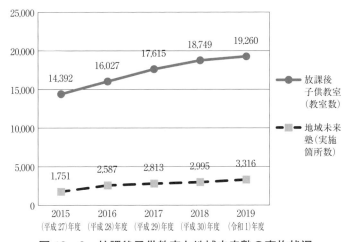

図13-2 放課後子供教室と地域未来塾の実施状況
（文部科学省「『地域学校協働活動推進事業』実施状況」を基に筆者が作成。）

区町村が1／3ずつ負担することとされます。

　放課後子供教室と児童健全育成事業の「一体型」の成果として，「放課後活動が多様化するだけでなく，多くの様々な年齢の子どもどうしの交流が促進され，地域において放課後や休日に子どもが安心して活動できる居場所づくりにつながるなど，様々な面で効果」が確認できたと報告されています（（財）日本システム開発研究所，2008，p.Ⅷ）。いわば相乗効果が得られたことになります。

（3）　地域未来塾

　地域未来塾は，「学習が遅れがちな中学生・高校生等を対象に，退職教員や大学生等の地域住民等の協力により実施する原則無料の学習支援」を目的として（文部科学省HPより），2015（平成27）年度から開

始されました。これは放課後子供教室と同様に放課後や土曜日，夏休み
に学校や公民館等で開催されますが，中学生と高校生を対象にした事業
になります。文部科学省は 2019 年度までに 5,000 中学校区で実施する
ことを目標にしていましたが，同年度は 3,316 ヵ所にとどまりました。
なお，開始当初は中学生対象でしたが，2016 年度からは高校生も対象
とされるようになりました。

　地域未来塾は貧困対策における義務教育段階の就学支援の一環として
もともと実施されましたが，現実には，担当者には貧困対策として意識
されず，低学力生徒の学力向上策や通塾困難なへき地に住む生徒の学習
支援策として認識されている実態もあるようです（大林，2020，
pp.126-128）。

　実施にあたっては，推進員が地域学校協働本部の下で企画立案から事
務処理，広報など一連の手続きを行うことになりますが，本部未整備の
場合には本部を経ずにそれら手続きを直接担うことになります。

3. コミュニティ・スクールと地域学校協働活動

（1）コミュニティ・スクールとは何か

　コミュニティ・スクールは，学校制度改革の一環として，文部科学省
によって推進され，2004（平成 16）年の創設から 16 年を経た 2020 年 7
月には 9,788 校にまで増えました。コミュニティ・スクールに設置され
る学校運営協議会には以下の権限・役割が与えられています。

　①校長が作成する学校運営の基本方針を承認する

　②学校運営について教育委員会または校長に意見を述べることができる

　③教職員の任用に関して，教育委員会規則に定める事項について，教
　　育委員会に意見を述べることができる

　保護者や地域住民等のステークホルダー（利害関係者）や学識経験者

等による学校運営参画の仕組みとして誕生し，創設当初には任意設置と
されていましたが，2017（平成 29）年の法改正によって教育委員会は
コミュニティ・スクールの導入が努力義務とされました。

　コミュニティ・スクールは，前述の権限・役割である①〜③に関する
協議を学校運営協議会で行うことになりますが，制度化以前の実践研究
段階から研究指定校の中には学校支援活動も取り込む例が見られ，制度
化以降も学校支援活動や地域活動などを行う実働組織を学校運営協議会
に設置する学校が目立つようになりました。

　そうした背景の下で，2015（平成 27）年の中央教育審議会答申「新
しい時代の教育や地方創生の実現に向けた学校と地域の連携・協働の在
り方と今後の推進方策について」は，コミュニティ・スクールと地域学
校協働本部との一体的・効果的な推進を提言し，両者による相乗効果を
期待し，コミュニティ・スクールの導入の努力義務化を提言していました。

　その 2 年後の 2017（平成 29）年に地教行法改正によって導入が努力
義務化されましたが，同時に学校運営協議会の役割として，保護者およ
び児童生徒ならびに地域住民に対して，地域協働・連携や学校支援に関
する理解を深め，これに関する協議結果の情報提供の努力義務化が条文
に盛り込まれました。そこには「地域協働・連携」と「学校支援」の文
言が加えられ，地域協働や学校支援に関する協議を行うこともその役割
だとされたのです。また，学校運営協議会委員に「地域学校協働活動推
進員」等の枠組みが加えられました（推進員を設置した教育委員会の場
合）。

　以上のような経緯の下で，地域学校協働活動（本部）とコミュニティ・
スクールとの関係づくりが求められています。コミュニティ・スクール
と地域学校協働本部をともに整備している学校の割合は 2019（平成 31）
年度の 14.1％から翌年度には 23.0％に増えています。この数値は一体型

を表すものではなく，あくまでも両者を整備している学校の割合です。したがって，気になるのは両者をどう関係づけるかということです。

（2）　学校運営協議会と地域本部等の一体的推進の視点

　それでは，どのような形でその一体的推進を図ればよいのでしょうか。筆者らの全国調査[5]では学校支援地域本部（以下「地域本部」）と学校運営協議会の関係について取り上げていますので，その調査結果から一体的推進の在り方を探ってみます（コミュニティ・スクール研究会，2016）。

　まず，コミュニティ・スクールの実態を踏まえると，協議会と地域本部等の関係づけは以下のように類型化できます。

　　①地域本部等を協議会の下部組織に位置づけるタイプ（結合型）
　　②協議会と地域本部等を連携させるタイプ（連携型）
　　③両者の関係づけがなされていないタイプ（分立型）

　筆者らの全国調査によると，地域本部等を設置するコミュニティ・ス

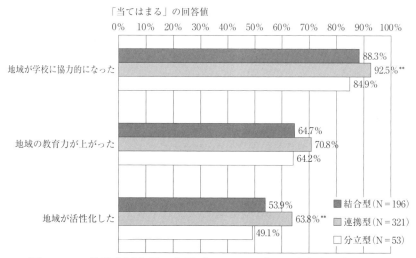

図13-3　学校支援本部の位置づけ3タイプと地域変容の成果認識
(**p<.01)

クールは 41.0%（594 校）であり，このうち，①「結合型」34.1%，②「連携型」56.3%，③「分立型」9.6% となり，②「連携型」が半数を上回りました。これら 3 タイプ別に，地域変容に関する以下の 3 項目に対する校長の肯定的回答を探ってみます（**図 13-3** はその「当てはまる」の回答値を表します）。

「地域が学校に協力的になった」は「連携型」が 92.5%（有意差あり **p<.01）と最も高く，次いで「結合型」88.3%，「分立型」84.9% となります。「地域の教育力が上がった」は，やはり「連携型」が 70.8% と最高値を示し，以下，「結合型」64.7% と「分立型」64.2% がほぼ並びます。「地域が活性化した」は「連携型」が 63.8%（**p<.01）と最も高く，他と同様に「結合型」53.9%，「分立型」49.1% が続きます。

以上の結果から，地域変容に関して「連携型」が最も高い数値になり，その意味で地域変容に対する寄与率が高いと言えます。「分立型」は最低値を示し，相乗効果が見いだせないようでした。「結合型」は両タイプの中間に位置づいています。ちなみに，地域変容以外の成果認識もほぼ同様の結果が得られました（佐藤，2018，p.128-134）。

以上の調査結果を地域学校協働本部に適用すると，単に両者を置くだけの「分立型」には大きな成果が期待できそうもありません。

それでは，「結合型」よりも「連携型」の方がよい結果だったのはなぜでしょうか。ある学校運営協議会委員の話がヒントになります。その委員は，「本部が学校運営協議会の下部に位置づくと，意思決定が協議会で勝手になされ，その下請けのようになってしまうからよくない」と言うのでした。おそらく，そうした本部スタッフの意識が活動意欲に影響しているのだと考えられます。組織の在り方については次節で述べますが，「連携型」で本部が整備されれば，学校運営協議会の「協議」と協働活動の「実働」がすみ分けしながら効果を発揮することになります。

4.　地域学校協働活動における経営課題

（1）　経営組織論の応用

　今更ながらですが，古典的な経営理論を提唱したことで知られる C.I. バーナード（Chester I. Barnard, 1886-1961）は「組織」の要素を以下のように説明しています（バーナード，山本・田杉・飯野訳，1968, pp.85-86）。

　①組織に意思を伝達できる人々がおり（コミュニケーション），

　②それらの人々は行為を貢献しようとする意欲を持って（貢献意欲），

　③共通目的の達成をめざすときに（共通目標），組織が成立する。

　この理論は 1938 年に公表されましたが，今も経営学では取り上げられることが多い基本的な考え方です。

　地域学校協働本部は人材や活動をコーディネートするためのネットワークとされ，その構成員は地域学校協働活動推進員を中心に，他の関係者からなり，コーディネーターとして活動します。多くの場合は，以上の 3 要素に関わる資質を備えた人材が委嘱されるでしょうが，検討すべきは組織経営の在り方です。一般的には，本部事務局を公民館や学校に設置し，その事務局に運営委員会や協議会を設置しています。また，活動別実働組織を置く例は珍しくありません。

　そこで，経営管理論の知見に学ぶことにしましょう。複数の人が共通目的を達成させようとするときに自然に役割分担を決めて分業によって対処しようとすることを「機能別組織」と称します（塩次ほか，1999, pp.64-65）。技術・営業・経理・管理などの質的に異なる機能ごとに分業が成立するのです。これに対して，事業部制組織は事業規模の拡大によって導入され，各種の事業部（A 事業部，B 事業部など）を配置し，各部の専門性を生かすことができるので，本部と区別して機能すること

になると言われます（前掲，1999，p.71）

（2）協働システムとしての経営組織の在り方

　地域学校協働活動を経営的に考える上で重要なことは，協働システムをどう捉えるかということです。最大規模は，協働本部を教育委員会に置いた場合の市町村規模になり，最小規模であれば単位学校と推進員とのユニットになるでしょう。

　ただし，ここでは協働本部（または協働活動）と学校運営協議会および学校という3者間の規模で捉えて，前述の二つの「組織」の特性に注目してみましょう。

　まず，機能別組織を導入するなら，学校運営協議会の下部に，総務部，評価部，サポート部，地域活動部などの分業的機能の組織を設置することになります（前記の「結合型」）。この場合，意思決定などを行う最高経営会議が学校運営協議会になりますが，指示系統がトップダウンになりがちなので，小規模校や協働本部未整備校に適すると考えられます。

　ところが，協働活動を多様かつ多量に展開する場合には事業別組織の導入が適しているでしょう。学校運営協議会を本部に位置づけ，協働本部が事業部になります。事業部には，部活サポート，学習支援サポート（放課後子供教室），見守りサポート，地域未来塾，家庭支援部などの具体的なセクションを設置します。学校運営協議会は協働本部である事業部を統括する「本部」として，基本経営方針の決定や会計，広報を担当し，各事業の企画・会計・広報については「協働本部」下の各事業部門に委ねるのが現実的だと思われます。これは「連携型」になりますが，学校運営協議会と協働本部をつなぐ「階層組織における『架け橋』（塩次ほか，1999，p.68）」となるのが推進員や地域連携担当教員だと言えます。

　いずれの場合も，学校は教育課程上の活動に関してニーズを持つ顧客に位置づき，地域人材は活動のスタッフや顧客になりうるのです。

　「分立型」は学校運営協議会が協議組織に特化し，協働本部が実働組織として事業実施に専念することになります。学校（校長）にとって2つの組織が独立して活動していれば，何らかの負担になるでしょう。

　地域学校協働活動は多様な活動に取り組むことが期待される以上，組織的に推進する必要があります。どのような組織が適しているかは地域や学校の実情によって異なるでしょうが，ここで提案的に述べたように経営組織の在り方が吟味されてよいと思われます。

　また，学校運営協議会と協働本部の一体的推進は，校長による地域変容認識の点では協議会が協働本部に対して一定の距離を保って関わる「連携型」が最も優れることが明らかになりました。協議会が協働本部と隔絶されていると，成果が低下する可能性があります。そこで，「一定の距離を保った連携」による経営が地域づくりに大きく寄与する可能性があると考えられるのです。

》》註

＊1）　2015年中教審答申の原案を審議した生涯学習分科会「学校地域協働部会」では，当時の文科省社会教育課長が「現在の学校支援地域本部というのが，「支援」という言葉が少し，要するに学校をお手伝いするということにやや重きが置かれやしないか。そこを，いや，そうではなく，正に学校と地域が「協働」していくための本部であるというメッセージを伝える」ことを重視する発言を行っていた（生涯学習分科会第8回議事録，2015年10月5日）。

＊2）　当時の馳浩文部科学大臣の名前から「馳プラン」と称される（2016年）。

＊3）　中央教育審議会の答申「新しい時代の教育や地方創生の実現に向けた学校と地域の連携・協働の在り方と今後の推進方策について」などの3つの答申。

＊4）　文部科学省地域学習推進課の『地域学校協働活動推進員の委嘱のための参考

手引』（2018 年 11 月版）は，「推進員として委嘱されることのみをもって，公務員になるというものではなく，職務の性質や報酬の有無等を踏まえて判断していただくことになります」と解説している（2018，p.5）。

＊5）　コミュニティ・スクール研究会編（代表：佐藤晴雄）（2016）『総合マネジメント強化に向けたコミュニティ・スクールの在り方に関する調査研究報告書』日本大学文理学部。

参考文献

大林正史（2020）「A 県における子どもの貧困対策としての学習支援の現状と課題」『鳴門教育大学紀要』第 35 巻

（財）日本システム開発研究所（2008）『平成 19 年度文部科学省委託調査—放課後子どもプラン実施状況調査報告書—』

佐藤晴雄（2018）「コミュニティ・スクール構想と地域学校協働本部の経営」日本教育経営学会編『現代の教育課題と教育経営』学文社

塩次喜代明・高橋伸夫・小林敏雄（1999）『経営管理』有斐閣アルマ

バーナード（Chester I. Barnard）著，山本安次郎・田杉競・飯野春樹訳（1968）『新訳・経営者の役割』ダイヤモンド社

学習課題

　あなたの属する，あるいは勤務する学校または生活している地域の実情に応じて，望ましい協働システムとしての経営組織を設計してください。その場合，できるだけ具体的な組織を描くこととします。

14 │ NPO・企業等との連携・協働

佐藤　晴雄

《目標＆ポイント》　企業や NPO など社会教育行政の外部に置かれた機関や組織と連携・協働する意義を理解しつつ，地域協働の新たな視点を探るとともに今後の課題について考える。
《キーワード》　NPO，企業，指定管理者制度，中間支援組織，連携の三段階

　近年，社会教育活動に多様な組織・団体が関わることによって，豊かな学習活動が展開されるようになりました。社会教育行政と NPO や企業等と連携・協働を促す傾向が進んでいるのです。本章では，その連携・協働の意義とその取り組み視点を取り上げるとともに，NPO と企業の取り組みの実態にも触れておくことにします。そして，最後に，連携・協働をめぐる課題について述べてみたいと思います。

1. 連携・協働が求められる背景

　戦後の社会教育は主として行政主導によって展開されてきました。確かに民間団体等による社会教育活動も行われ，現在も活発に取り組まれていますが，社会教育行政は何らかの形，たとえば社会教育関係団体への登録・届出などによって民間活動にも影響を与えています。

　しかし，1990 年代後半頃からの日本では，公共空間が「官」の独占物ではなく，広く社会全体がその機能を分担するという価値観の転換が提起されるようになりました。その後，次第に「官」に多様なアクター

の参画を重視する傾向が強まり，2010（平成22）年の鳩山内閣で「新しい公共」の概念が用いられるようになったのです（石割，2013，pp.26-27）*1)。

内閣府「新しい公共支援事業の実施に関するガイドライン」（2011年）は，「新しい公共」を次のように定義しています。

「『官』だけではなく，市民の参加と選択のもとで，NPOや企業等が積極的に公共的な財・サービスの提案及び提供主体となり，医療・福祉，教育，子育て，まちづくり，学術・文化，環境，雇用，国際協力等の身近な分野において共助の精神で行う仕組み，体制，活動など」

要するに，行政（官）が行う意思決定過程や施策などに，NPOや企業を含む多様な民間のアクターも参加・参画すべきだという考え方に変化してきたのです。そうした経過の下で，行政が独占しがちであった社会教育でもNPOや企業との連携が課題とされるようになったのです。

さらに，近年はダイバーシティの考え方を社会教育・生涯学習施策に適用する動きも見られるようになりました*2)。ダイバーシティはもともとマイノリティを含む多様な属性を持つ人々を「官」に限らず多くの場面に巻き込む考え方として提唱されました。

また，2018（平成30）年の中央教育審議会答申「人口減少時代の新しい地域づくりに向けた社会教育の振興方策について」は，社会教育におけるNPOや企業等との連携・協働の重要性を指摘しています。同答申は，「今後はこれまで以上に，学習者のニーズに応えるとともに，多様かつ複合的な地域課題により効果的に対応するため，社会教育行政担当部局と首長部局との連携を強化することはもとより，社会教育関係団体，企業，NPO，学校等の多様な主体との連携を強化することが求められる」と述べています。そして，これらの連携によって新たな社会教育の担い手を巻き込むことによって，「これまでになかった新たなアイ

デアや価値が生まれ，新しい地域づくりにつながることが期待される」
と言うのです。

　そのための一例として，「各地方公共団体において，地域づくりに関
係する NPO 等の団体や大学等を含む学校，企業等と行政関係者が一堂
に会し，意見交換や協議を行う場を設ける」よう提案しています。

2.　NPO・企業と連携・協働する意義

　社会教育行政と NPO・企業等が連携・協働する意義にはどのような
ことが考えられるでしょうか。社会教育関係団体やその他行政以外の関
係者が NPO・企業と連携・協働を図ることも重要ですが，ここでは社
会教育行政（公的社会教育施設を含む）を軸にしてその意義を整理して
みます。

（1）　新たなアイデアや価値―共創的発想―

　まず，前出の中教審答申が指摘したように，「新たなアイデアや価値」
の創発が期待されます。近年の経営学ではコ・クリエーション（共創）
という概念が注目されています。コ・クリエーションとは，「企業本位
に価値を創造するのでなく，顧客やそのコミュニティ，サプライヤー，
パートナー，従業員と企業との交流，あるいはこれらの関係者相互の交
流により価値を創造していく」ことだとされます（ベンカト・ラマスワ
ミほか著，山田訳，2011，p.15）。

　コ・クリエーションが求められるようになった背景には，消費者が単
なる受け身に徹するのではなく，積極的に企業等に関わるようになった
ことが指摘されています。消費者は，多くの関連情報を入手し，グロー
バルな視点から製品・サービスを厳しく見極め，インターネットなどを
通して消費者間にネットワークが築かれると，消費者は企業に対して声

をあげるなどして積極的になったと言うのです（C.K. プラハラードほか，2013，pp.37-41）。この消費者行動は社会教育の学習者にも当てはまるでしょうから，社会教育経営にもコ・クリエーションの考え方を取り入れることが課題になりそうです。

　従来の社会教育では社会教育委員や公民館運営審議会などの住民参画制度は取り入れられていましたが，これらの参画者は「関係者」に限られる嫌いがありました。そこで，NPO や企業などのアクターとの連携・協働によって，新たなアイデアや価値の創発が期待されるのです。いわゆる「三人寄れば文殊の知恵」が生まれる可能性が高いからです。

（2）　新たな地域づくり

　NPO には地域に根づいた活動を展開しているケースが多く，また，企業はメセナ（芸術文化を通じた社会創造活動）やフィランソロピー（社会貢献活動）の一環として地域づくりにも目を向けるようになりました。

　後述するように，NPO のうち「まちづくりの推進を図る活動」を行う法人の割合は 4 割以上（後掲の表 14-1）を占め，また，近年は企業もまちづくりや地域活性化に強い関心を示すようになりました。

（3）　公益・公平性の担保―拒否点の設定―

　行政には公共性（公益性・公平性）が求められるのは言うまでもありませんが，行政判断が偏ることもあり，行政が常に公共性を維持できる保障はありません。

　そこで，公共性を担保するためには，「拒否点」の存在が重要な役割を果たします。「拒否点」とは意思決定に至るまでの障害となる機能であり，議会や各種委員会，選考会，審議会などを意味します。連携・協働の対象である NPO や企業等も行政行為に対して「拒否点」の役割を

果たし，その意味で行政施策の公共性担保に資することができます。

（4）　資源交換

　連携・協働は，人的・物的・情報的資源の交換・共有がなされて効果的に運用されます。その場合，資源の一時的贈与（貸与）がなされ，「貸し借り」が等価的であることが連携・協働の持続につながります。「等価」はその資源自体の価値に関わるというよりも，資源交換の偏りを少なくするという意味を表します。

　人的資源としては，特に専門的スタッフのほかに，その他のメンバーも量的な支援を行う要員になります。人的資源の貸与は相乗効果（シナジー効果）をもたらすことも期待されます。情報に関しては，前記の中教審答申が述べているように，「意見交換や協議を行う場を設ける」ことが必要になります。そのためには，社会教育委員の会議や生涯学習推進会議等の効果的活用も選択肢の一つになります。

（5）　ニーズ反映

　社会教育行政の観点からは，NPO や企業を通じて，「学び」をめぐるニーズを聴取し，これを反映させるという意義もあります。NPO や企業との連携・協働によってさらに裾野を広げてニーズをくみ取り，社会教育施策に反映させる工夫を図ることが大切です。

　以上のように，社会教育行政にとって NPO や企業と連携する意義は同時に NPO や企業にとっての意義でもありますが，ここで述べた意義はむしろ取り組みの目標に位置づけられます。換言すれば，これらの意義が得られるような連携・協働の在り方の工夫が必要になるのです。

3. 連携・協働の在り方

（1）「連携」の段階

　それでは，連携・協働をどう進めればよいでしょうか。筆者は「連携」を図14-1に示したような3段階に分けて捉えてみました。

　「連携」の第1段階は会合などを通じて，各主体間で「相互理解・情報交換」を行うことになります。「連携」のアクターが相互に固有の役割や活動実績等を理解しあう段階です。そのために情報交換を行います。人間どうしのレベルでは自己紹介や交流に相当します。

　次に，その段階を経た第2段階では，他者の目的達成のために，その不足する部分を資源等の貸与によって補うことになります。その結果，相乗効果（シナジー効果）とアイデア・価値の創発が得られることが期待されるのです。社会的交換理論はこの段階で適用されるでしょう。

　そして，第3段階は，これまでの段階を経て，お互いに目的を共有し，資源を供出する協働段階になるでしょう。イベントで言えば，実質的な「共催」に該当します。筆者は，このうち第1段階と第2段階を「連携」とし，第3段階を「協働」と位置づけています。

　ここで留意すべきは，第1段階を経ずに第2段階に進むことが難しく，第2段階を経ずに第3段階に至ることが難しいということです。お互い

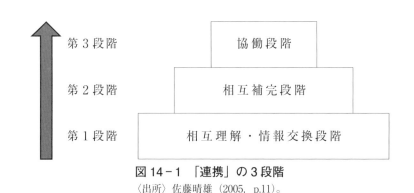

図14-1　「連携」の3段階
〈出所〉佐藤晴雄（2005, p.11）。

のことを知らずに他者に資源を提供したり，一緒に活動したりするのは
あまり現実的ではないからです。

（2）　地域協働の新たな視点

　「協働」に関する解釈は論者によって異なりますが，筆者は前述した
ように「相互補完」を超えた上位の「連携」の形態だと捉えています。
したがって，「協働」は相互理解や相互補完などの機能を内包すること
になります。そして，「地域協働」については，地域課題解決を目的と
して，地域で展開される協働だと定義しておくことにします。

　その地域協働を進めるための視点として，佐々木利廣は以下の 4 点を
提示しています（佐々木，2018，pp.23-25）。

①相互理解・協創…相互に理解しあいながら地域全体の価値を創り上げ
　ることです。この視点は筆者の「協働」観と意味が重なります。

②マルチセクター・コラボレーション…1 対 1 の関係にとどまらず，特
　定のセクターを超えたコラボレーションが求められることです。

③ノットワーキング（knot working）…特定の主体どうしのタイトな
　つながりよりも，穏やかな連結（knot）による協働が有意だとされます。

④マルチコア（multi-core）協働…地域活性化は様々な課題解決の総和
　としてなされることから，特定の主体がリーダーシップを発揮するよ
　りも，課題ごとにリードの主体が変化するような協働形態のことです。

　社会教育行政が特定の課題に絞り込み，特定の対象と協働を図る場合
はともかく，地域づくりなどの地域協働に取り組む場合には，以上の視
点が有益な示唆を与えてくれます。相互理解を踏まえて，多様な NPO
や企業，そして学校などの主体を交えた穏やかな連結を築き，各課題に
対しては関係する主体がリードしながら活動を進めることが望まれるで
しょう。特に，地域学校協働活動を展開する際の重要な視点になります。

（3） 中間支援組織としての協働本部（地域教育協議会）

　連携・協働に取り組む場合に，その契機を見出すことが第一歩になることから，それに取り組む各主体間を介在する中間支援組織の役割が重要になります。

　内閣府の「新しい公共支援事業の実施に関するガイドライン」（2011（平成23）年2月）によると，中間支援組織とは，「市民，NPO，企業，行政等の間に立って様々な活動を支援する組織であり，市民等の主体で設立された，NPO等へのコンサルテーションや情報提供などの支援や資源の仲介，政策提言等を行う組織」だと定義されています。

　NPO自体が中間支援組織として活動することもありますが，社会教育の場合には，地域学校協働本部や統括コーディネーター，学校運営協議会が現実的な中間支援組織の役割を果たすことが求められ，また社会教育委員の会議や公民館運営審議会，図書館協議会，博物館協議会などの既存組織の活用も期待されます。これらメンバーにNPOや企業関係者を加えることによって，中間支援組織的な機能が発揮されるよう工夫することが考えられます。また，社会教育主事が中間支援組織との関係を築くことや自身が中間支援的役割を果たすことも期待されるところです。

（4） 企画員制度

　連携・協働の具体的な実現方法の一つに学習事業の「企画員制度」があります。企画員制度とは，市民が学級・講座のテーマ設定からプログラム編成までを企画し，教育委員会等による選考を経て，運営にも関わる学習事業の在り方です。たとえば，大阪市総合生涯学習センターは，「NPO・市民活動・企画助成事業」を実施し，NPOや市民が企画する学習活動・講座・交流会などを助成し，また，さいたま市民大学は市民企画コースの企画を広く団体対象に募集しています。

　企画員制度には，○審査で採否が決まるタイプ，○企画員を募集して，企画員と職員の協議によって講座を創るタイプという二つがあります（赤尾，2002，p.6）。大阪市とさいたま市の例は前者になり，また，NPO が関わるとすればこれも前者になるでしょう。

　企画員制度は「地域による地域のための地域の学習事業」に取り組むための有力な仕掛けになると思われます。

4. NPO 活動の実態

　現在，いろいろな場面で NPO の存在が注目されています。NPO は収益事業も認められていますが，営利活動を目的としないので（Non-Profit）非営利団体に位置づけられます。1998（平成 10）年施行の特定非営利活動促進法によって導入され，2001 年 10 月からは認定制度が創設されました。この認証を受けた団体を「特定非営利活動法人（NPO 法人）」と称します。

　活動は様々な分野に及びますが，内閣府 NPO ホームページによると，NPO の活動内容が 20 種類に分類されています。そのうち社会教育に関わるのは，「社会教育の推進を図る活動」のほかにも「まちづくりの推進を図る活動」「学術，文化，芸術又はスポーツの振興を図る活動」「男女共同参画社会の形成の促進を図る活動」「子どもの健全育成を図る活動」などが該当するでしょう。

　2020（令和 1）年 9 月現在で認証された法人数は 51,030 法人ですが，このうち，「社会教育の推進」は全体比 48.5％と多く，「子どもの健全育成」（46.1％）「まちづくりの推進」（44.3％）が続きます（**表 14−1**）。表にない活動を含む全 20 種類中の最多は「保健，医療又は福祉の増進」（58.6％）ですが，「社会教育の推進」はこれに次ぎ，また全体的にその他の社会教育関係活動も多くを占めています。その意味で，社会教育と

表14-1　NPOの活動の種類（法人数）　　─2020年9月現在─

N＝51,030法人

号数	活動種	法人数	全体比
第 2 号	社会教育の推進を図る活動	24,743	48.5%
第 3 号	まちづくりの推進を図る活動	22,627	44.3%
第 6 号	学術，文化，芸術又はスポーツの振興を図る活動	17,855	35.0%
第12号	男女共同参画社会の形成の促進を図る活動	4,729	9.3%
第13号	子どもの健全育成を図る活動	23,517	46.1%

（1法人が複数分野の活動を行う場合があるので，法人数合計は51,030以上になる。）
〈出所〉内閣府NPOホームページ。

NPOは密接な関係にあると言えます。特に，地域協働活動に関わるNPOは「社会教育の推進」「まちづくりの推進」「子どもの健全育成」など複数の分野に位置づけられていることになります。

　地域課題の解決をミッションにするNPOには，自然・歴史・建造物・人材などの地域資源を活用する例が多く見られます。社会教育においては学習事業とNPOとの連携等，なかでも指定管理者の導入によって予算削減効果も期待されますが，社会教育においては「non-profit（非営利）ということが重要なのではなく，民間の団体であること，さらにその団体が，ある目的を共有する人々によって自発的に結成されたということのほうがより重要」だと認識すべきだとされます（鈴木，2016，p.169）。つまり，予算削減よりもNPOの自主性に価値を置くべきだと言うのです。

5. 企業等による教育プログラムの実態

　企業にはメセナやフィランソロピーというコンセプトで教育・文化事業に取り組むところが目立つようになりました。教育関係のNPOは教

育・文化事業を主目的としますが，企業はそれらを社会還元の一環として副次的に取り組むことになります。

　前述したように，企業もまちづくりや地域活性化，次世代育成・社会教育に関わる活動に多くが取り組んでいます。（公社）企業メセナ協議会の調査によれば，「芸術・文化による社会課題解決のために重視した点」として，「まちづくり・地域活性化」を指摘した企業は 62.4％で，「次世代育成・社会教育」（62.4％）と並んで最も高い回答値になっています（同（公社），2020，p.9）。

　また，最近は文部科学省が企業を巻き込む社会教育事業を実施するようになるなど企業の取り組みが重要課題とされるようになりました。たとえば，文部科学省は「土曜日学習応援団」の教育プログラムを民間企業・団体・大学等から募り，これらを集約した上で学校や教育委員会等に提供して実施を促す事業を推進しています。

　また，地域学校協働活動をはじめとする地域づくり関係の社会教育事業には，もはや NPO や企業の関わりが欠かせなくなりつつあります。企業の活力やノウハウをいかに活用するかが，特にまちづくりや地域活性化に関する社会教育施策にとって求められてきているのです。

6. 指定管理者制度の導入

　近年，社会教育施設にも指定管理者制度の導入が進んでいます。指定管理者制度とは，以下の目的達成のために，公の施設の管理主体を民間事業者や NPO 法人等に広く開放する制度のことです。

　①民間事業者の活力を活用した住民サービスの向上
　②施設管理における費用対効果の向上
　③管理主体の選定手続きの透明化
　④出資法人（外郭団体）の経営の効率化

（総務省自治行政局『「公の施設の指定管理者制度の導入状況に関する調査結果」の概要』2007年1月より）

法的には，地方自治法第二四四条の二の条文が指定管理者制度を以下のように定義しています。

「普通地方公共団体は，公の施設の設置の目的を効果的に達成するため必要があると認めるときは，条例の定めるところにより，法人その他の団体であつて当該普通地方公共団体が指定するものに，当該公の施設の管理を行わせることができる。」

この制度は2003（平成15）年度に開始され，教育施設を含む多様な「公の施設」で導入されるようになりました。社会教育施設の指定管理者導入状況は，**図14-2**に示したように，三大施設の中では博物館が最多で（2018年度30.2%），公民館が最少になりますが（同9.9%），その推移を見ると，図書館は2005年度の1.8%から2018年度には18.9%まで増加しています。公民館の導入率が10%程度にとどまっているのは，学習事業等の存在が重いため，その運営を担える指定管理者が多くないからだと考えられます。これに対して，学習事業の比重が重くない「劇場・

図14-2　指定管理者制度導入率の推移
（文部科学省「2018年社会教育調査」に基づいて作成。）

音楽堂等」（2018 年度 58.8％）や宿泊型の「青少年教育施設」（同 42.5％），「社会体育施設」（同 40.7％）などの貸館要素の強い施設の導入率が高い傾向にあります。

　また，業務委託と指定管理者制度との違いは**表 14 - 2**に記されているとおりです。受託主体は業務委託では限定されませんが，指定管理者制度では法人，その他の団体とされ，NPO や企業も含まれ，個人でなければ団体の種類を問われないのです。法的性格は業務委託では私法上の契約関係とされ，清掃や施設警備など施設運営の一部について契約を結ぶことになります。指定管理者制度では「管理代行」とされ，施設運営全般にわたって代行するので，学習事業の実施も業務内容に含まれることがあります。

　施設管理権限は，業務委託では地方公共団体が有したままであるのに対して，指定管理者制度では指定管理者が行うこととされ，予算や人的

表 14 - 2　業務委託と指定管理者制度との比較

	業務委託	指定管理者制度
①受託主体	限定はない。 ※議員，長等についての兼業禁止規定あり（地方自治法第 92 条の 2，142 条等）。	法人その他の団体 ※法人格は必ずしも必要ではない。ただし，個人は不可。
②法的性格	「私法上の契約関係」 契約に基づく個別の事務または業務の執行の委託。	「管理代行」 「指定」（行政処分の一種）により，公の施設の管理権限を，指定を受けた者に委任するもの ※委任：その事務が受任者の職務権限となり，その事務については，受任者がもっぱら自己の責任で処理することになる。
③施設の管理権限	設置者である地方自治体が有する。 施設の使用許可を受託者は行うことができない。	指定管理者が有する。 施設の使用許可を指定管理者が行うことができる。 ※「管理の基準」「業務の範囲」は条例で定めることを要する。
④利用料金制（※）	採ることはできない。	採ることができる。

※利用料金制…施設の利用料金を直接指定管理者の収入とし，施設の管理経費に充てる制度。
〈出所〉練馬区「指定管理者制度の適用に係る基本方針」2021 年 4 月改訂版より。

配置もその権限に含まれます。館長や職員の配置は公営施設の場合に教育委員会等が行いますが，指定管理者制度では指定管理者が適所適材の配置を効率的な手続きで行うことが可能です。

　有料施設の場合，指定管理者は利用料金等の徴収が可能とされ，実際には物品の販売も営利にならない範囲で認められます。

　なお，指定管理者制度が実施される以前から，第3セクター等を対象に実施されていた管理委託制度は2006（平成18）年9月までに廃止されました。

　しかしながら，いくつかの問題点も指摘できますが，そのうち大きな点は，予算不足，指定継続の不確実性，教育サービスの格差という3点に集約できます。目的の一つにあるように，「②施設管理における費用対効果の向上」のためには公営よりも少ない予算で運営せざるをえないという問題があります。また，3年〜4年ごとの契約期間が定められていることから，契約更新が保障されないことが管理者の懸念事項になるという問題もあります。さらに，受託管理者間で教育サービス格差が発生することも指摘できます。

　予算や契約に関する問題はともかく，社会教育主事としては，このうちサービス格差を是正するための指定管理者に属する職員の研修などに取り組むことが課題になるでしょう。

7．連携・協働をめぐる課題

　章末に，NPOや企業との連携・協働をめぐる課題として，2点を取り上げることとします。

（1）　ボランタリーの失敗

　アメリカのNPO研究者として著名なレスター・サラモン（Lester M.

Salamon, 1943-2021）は，ボランタリーセクターには固有の限界があると指摘し，このことを「ボランタリーの失敗」と称しました。ボランタリーの失敗とは，NPO 活動等（＝フィランソロピー）は諸問題に対処するだけの財源を自ら生み出せず（フィランソロピーの不足），また特定の課題に傾斜するため支援の適用範囲に格差や重複が生じたり重要な問題を見逃したりする可能性があると言うのです（フィランソロピーの専門主義）。さらに，援助によって相手に依存傾向が強まってしまい（フィランソロピーの父権主義），対処法が素人的で道徳的説教として行われる傾向（フィランソロピーのアマチュア主義）があると言うのです（サラモン著，大野ほか訳，2007，pp.52-57）。

　アメリカの歴史をたどると，もともとは中央政府の役割が小さいことから，ボランタリーセクターの役割が大きかったので（岡部，1999，pp.263-278），NPO を取り巻く状況は日本とは異なるでしょう。しかし，今日の日本では，支援を受ける側ではなく，むしろ財源不足を抱える行政による NPO 等に対する依存傾向が強まっているため，前述したように，NPO 等の財源不足が深刻になり，そのサービスにむらや重複（収益のあることのみ実施）が発生することがあります。これらの問題はすでにいくつかの指定管理者で発現しているようです。

　そこで，社会教育行政としては，NPO 等（企業も含む）への安易な依存を改め，共創を軸にした連携を重視すると共に，NPO に対する研修等の充実に努めることが課題になると考えられます。

（2）　拒否点の増加

　拒否点についてすでに述べましたが，これは社会教育行政（施設を含む）の公共性担保に重要な役割を果たしますが，その数が増えると新しい政策の採用や抜本的変革を妨げる可能性があります（松田，2008，

p.45）。実際，NPO や企業など外部機関等との連携・協働を進める過程
では異論も現れるなど，行政単独の決裁よりも手続きが煩雑になりがち
です。

　拒否点をいたずらに増やすことは避けるべきですが，初めて連携・協
働に取り組む場合にはどうしても初発の労力を要します。しかし，
NPO や企業等も連携・協働に関わる一定の経験を積むことによって手
続きの過程が効率よく行われるようになるはずです。行政としては，連
携・協働の手続きに関するノウハウを蓄積させ，マニュアル等に集約す
るよう工夫することが求められるでしょう。少し話はずれますが，筆者
は学校支援ボランティアのルールづくりに協力したことがありますが，
このようなルールのマニュアル化は関係者の負担軽減につながります。
そうした工夫を図るところに社会教育主事の出番があるでしょう。

》 註

＊1）　もともとは 1980 年代からイギリスやアメリカで「小さな政府」の延長上で
提起され，イギリスの概念が他国にまで影響を与えた。
＊2）　たとえば，千代田区生涯学習推進委員会議は「ダイバーシティの推進と学習
都市づくり」と題する報告書をまとめている（2020 年 3 月）。

参考文献

赤尾勝己（2002）「社会教育施設における市民企画講座プログラムの形成過程に関
　する一考察」關西大學文學論集，第 51 巻第 3 号
石割信雄（2013）「『新しい公共』と The New Public Service（NPS）」大阪市大『創
　造都市研究 J 第 9 巻第 1 号
岡部一明（1999）「アメリカのボランティア活動」内海成治・入江幸男・水野義之
　編『ボランティア学を学ぶ人のために』世界思想社
（公社）企業メセナ協議会（2020）「2019 年度メセナ活動実態調査［報告書］」

佐々木利廣編著（2018）『地域協働のマネジメント』中央経済社

佐藤晴雄（2005）「なぜ，家庭・地域連携による『学力づくり』なのか」佐藤晴雄
　編集『学校・家庭・地域がともに進める学力づくり』教育開発研究所

サラモン著，江上哲・大野哲明・上田健作・吉村純一訳（2007）『NPO と公共サー
　ビス―政府と民間のパートナーシップ』ミネルヴァ書房

（社）企業メセナ協議会（2000）『企業はなぜメセナをするのか？』同協議会

鈴木真理（2016）「社会教育の制度と社会教育の論理」鈴木真理・稲葉隆・藤原文
　雄編著『社会教育の公共性』学文社

地域協働型マネジメント研究会編（2004）『指定管理者制度ハンドブック』ぎょう
　せい

内閣府 NPO の HP（https://www.npo-homepage.go.jp/about/toukei-info/ninshou-b
　unyabetsu）※2021 年 2 月 1 日閲覧

ベンカト・ラマスワミ＆フランシス・グイヤール著，山田美明訳（2011）『生き残
　る企業のコ・クリエーション戦略』徳間書店

松田憲忠（2008）「市民参加の可能性とガバナンス」山本啓編『ローカル・ガバメ
　ントとローカル・ガバナンス』法政大学出版局

C.K. プラハラード＆ベンカト・ラマスワミ著，有賀裕子訳（2013）『コ・イノベー
　ション経営』東洋経済新報社

学習課題

　NPO や企業に対して連携・協働の取り組みを求めるためには中間支援組織の存在が鍵になります。そこで，どのような中間支援組織を用いるか，また新たにそれを設定する場合にはどのような仕組みが効果的でしょうか。具体的に述べてください。

15 | 社会教育の「経営」をめぐる今後の展望

佐藤 晴雄

《目標＆ポイント》 運営と経営の違いを理解するとともに，社会教育において「経営」の視点が求められるようになった背景とその意義を理解し，社会教育経営をめぐる課題について考えを深めることをねらいとする。
《キーワード》 ネットワーク型行政，内在的価値，手段的価値，危機管理，ロジックモデル

　本テキストを閉じるにあたって，社会教育の学習事業や施設の経営の在り方を再考するとともに，新たに「経営」が重視されるようになった背景を探っていきます。そして，今後の社会教育経営の課題として，危機管理や新たな経営モデルを取り上げて論じることにします。

1．社会教育経営の再考

（1）「運営」から「経営」への移行

　「教育」を経営の視点で捉える発想ないしは手法は戦後になって登場しました。学校教育では学校経営の概念が用いられるようになり，社会教育では戦後から公民館，博物館，図書館などの施設経営や事業経営，団体経営として個別に論じられるようになりました[*1)]。

　1958（昭和33）年に日本教育経営学会が創設されましたが，この頃から「教育経営」の概念が学校教育中心に用いられるようになります。

同学会は社会教育経営に対する関心が弱かったのですが，同学会編のシリーズ『講座　日本の教育経営』の『第 5 巻　地域教育経営の展開』（1987（昭和 62）年刊行）の中で，岸本幸次郎は社会教育経営を，「社会教育の条件整備を図り，適切な学習プログラムを編成したり，あるいは団体やグループや個人などによる自発的な学習活動を奨励し，育成や助長を図るなどの諸方策を計画し，効果的にそれを推進していく営みである」と定義しました（岸本，1987，p.203）。また，それ以前に，塚本哲人は社会教育経営を「何を意義や目的として，どのような内容を，いかなる方法・形態において，特定の社会教育活動を計画しそれを実施していくかを問題にする」行為だと述べました（塚本，1979，p.83）。

　これらの定義は社会教育の「運営」についての解説ではあっても，「経営」の視点が明確に見いだされないように思われます。時代的背景も影響していたためか，「経営」と「運営」が峻別されないまま定義されているようなのです。しかし，今日においては，経営学の知見に学んで，その両者の違いを踏まえて社会教育経営を論じることが求められます。

（2）　社会教育における「経営」の解釈

　それでは，「経営」と「運営」はどう違うのでしょうか。ホテル経営の例で説明すると，「ホテル経営は，ホテルへの投下資本に対するリターンという視点から，ホテルを事業として考えることである。しかし，一方，ホテル運営は，日常のホテル顧客の満足を達成することに重きが置かれ，ホテルの円滑な運営が望まれ，効率的な運営による営業利益については副次的なものとして扱われた」と言われます（梅原，2013，p.4）。つまり，「経営」は利益などのリターンを目的にした営為であるのに対して，「運営」は顧客満足等を得るなど円滑に事業を進めることを意味するので，リターンは副次的位置づけになります。類語辞典でも，

「運営」は「組織を動かして仕事をすること」,「経営」は「利潤を上げるために事業を営むこと」と定義されています(角川書店『類語新辞典』,1981年)。

公的予算によって展開される公的社会教育は,利潤としてのリターン追求を目的としないことから,「経営」と「運営」が混同される嫌いがあったと考えられます。「経営」を広く捉えれば,近年「マネジメント」という言い方で重視されているPDCAサイクルによる効率的な「運営」機能も含むことになりますが,社会教育においてもリターンを求めることが重要な課題になってきたと言えます。

そのリターンは利潤でなく,学級・講座の受講者数や施設の利用者数等の「集客」,さらに修了者等のボランティア活動率などが該当するでしょう。また,間接的なリターンとしては地域づくりや家庭教育力の向上,非行数等の減少などが考えられます。ただし,私立博物館経営や指定管理者制度下の公民館経営などにおいては利潤追求もありえます。また,青年の家などの施設では稼働率が評価されることが珍しくありません。これら施設では定員に達しているか否かが問われる員数主義がベースにあるからです。

ちなみに,学校教育の場合には進学率等はリターンになりうるので,特に私立学校では古くから「私学経営」の概念が用いられていました。賛否はありますが,公立でも学力がリターンとして認識されつつあります。

(3)「経営」が重視される背景

本章の冒頭で述べましたが,社会教育経営の概念は比較的古くから見られましたが,新たに「経営」的手法が求められるようになった背景にはどのようなことが考えられるでしょうか。

1）ネットワーク型行政の重視

本科目の目的は「多様な主体と連携・協働を図りながら，学習成果を地域課題解決や地域学校協働活動等につなげていくための知識および技能の習得を図る」ことにあります。この科目が創設された背景には「第6期中央教育審議会生涯学習分科会における議論の整理（2013（平成25）年）」があります。そこでは，民間企業，NPO，一般行政など多様な主体との連携・協働によるネットワーク型行政を構築することが課題だと述べられています。そのネットワークを用いて，人的・物的資源の相互利用や共有をどう進めるかが課題になってくるのです。

2）評価の努力義務

2008（平成20）年の関係法改正によって，公民館，図書館，博物館は運営状況に関する評価と改善，そして地域住民等に対する情報提供を行うことが努力義務化されました。特に，PDCAサイクルにおける「C」（評価）から「A」（改善）につなげるよう努めることが求められたのです。

3）民間や首長部局による類似学習事業の存在

多様な主体との連携・協働が課題になったと同時に，これら主体の類似事業との差別化も必要になったのです。

昭和50年代からカルチャーセンターをはじめとする民間学習事業所が著名人講師を起用した学習講座を展開し，また一般行政も「行政の文化化」の一環として各種学習事業を盛んに実施するようになりました。その結果，公的社会教育はその存在意義が問われるようになり，なかには社会教育不要論を唱える学識者も現れました[2]。しかし，地域づくりや人権教育などの現代的課題を扱い，また学習やスポーツによる余暇活用を支援する公的社会教育の意義は脆弱（ぜいじゃく）になったわけではありません。

その意義は本来揺るがないはずですが，ともすると学級・講座等の受講者数が定員に満たないと事業の縮小を招く可能性があります。その意

味で「経営」的手法を取り入れることによって，よい意味での競争戦略
を立てることが課題になります。

4） 予算削減に伴う行政効率の影響

　行政の効率化や予算削減に伴い，事業効率が要請されると，学習事業
等には受講者数などが評価対象とされるようになってきました。そこで，
所定の予算でいかに効果的な事業展開を図るかが課題になります。言う
までもなく，過度の員数主義に陥るべきではありませんが，受講者が予
想外に少ない学級・講座等は廃止される可能性があります。したがって，
PDCA サイクルを生かした学習事業経営が求められるのです。

　社会教育施設では利用者数や稼働率が評価対象とされることがありま
す。公民館の学習室利用者数や図書館の図書貸出数，博物館来館者数な
どは施設存続を左右する要素にもなりかねません。したがって，いかに
利用者を引きつけるかという事業戦略が不可欠になります。

5） 電子媒体学習の普及

　オンライン講座の普及や資格取得をめざす通信教育の増加は，対面式
のリアルな学習事業を圧迫しつつあります。しかし，リアルな学びには
オンラインや通信による学びにはない魅力や意義があります。すなわち
体感で学べるという魅力や学びの成果を地域づくりに生かすという意義
があるわけです。社会教育の学習事業を経営感覚で捉えて，そうした魅
力や意義を住民にどう訴求するかの工夫が重要になります。

　以上の 1）と 3）は対立するように思われますが，社会教育としては一
般行政との連携・協働を図りつつも，独自の存在意義を訴求し，学習事
業の差別化に努めなければ，いずれは一般行政に吸収される可能性があ
ります。したがって，何らかのリターンを求める「経営」の在り方も不
可欠になると考えられるのです。

2.　社会教育の内在的価値と手段的価値

　近年，社会教育や生涯学習の事業に地域づくりなどの課題が要請され，またボランティアの活用が様々な分野で求められています。確かに，社会教育にとってそれらの課題や活用は重要な役割になるのはもちろんで，いわば手段的価値を有しますが，人々が学ぶこと自体に価値を見いだす内在的価値が軽視されてはなりません。

　文化経済学では，文化が有する価値を内在的価値と手段的価値という対立する二つの側面で捉えています（渡部，2004，p.40）。経済学の視点から説明すれば，手段的価値は「経済活動における利益の獲得を目的」とし，外的目的の手段としての価値のことです。これに対して，「内在的価値は人間の持っている創造的な能力を開放し，外的な目的にとらわれずに，自由に発揮させることを志向させるもの」だとされます（前掲，p.50）。結局，内在的価値は自己実現を追求することになります。

　この考え方は「教育」にも当てはまります。地域づくりや学校支援活動は手段的価値を有しますが，これらの活動過程で活動者が自らの「学び」を見いだして自己実現を図るような内在的価値に関わる意識形成と仕組みづくりを忘れてはならないでしょう。

　学習課題に引きつけて考えると，要求課題は内在的価値に比重を置き，必要課題は手段的価値に比重を置くことになります。むろん，必要課題でも内在的価値を求める人もいるはずです。教育委員会の中には，学級・講座の受講料は必要課題を無料とし，要求課題に限っては有料とする例もありますが，要求課題に重い内在的価値があることを認識すべきだと思います。

　かの著名な哲学者のJ.デューイ（John Dewey，1859-1952）は教育目的を教育の外部に据えるのではなく，その内部に求めるべきだと説き

ました。教育は手段的価値に引きずられることなく，内在的価値を重視しなければならないということだと解されます。経営的手法によって学習者自身に内在的価値に関わるリターン，たとえば，生きがいや自己啓発をもたらすような工夫が課題になるでしょう。

3. 社会教育の「経営」をめぐる諸問題

（1）社会教育における危機管理

　社会教育にとっても危機管理は重要事項になります。学習事業の受講者や施設来館者に一定のサービスを提供する際，以下のような危機が発生することがあります。

1）利用者と職員の安全

　利用者の転倒などによるけがや主催事業中の事故など身体的リスクだけでなく，利用者や近隣住民からの苦情，不審者の来館，利用者同士のトラブルなどの心理的リスクもあります。

2）施設・設備の破損事故

　実際，緞帳（どんちょう）の落下や屋根板の破損などによる事故は物理的リスクになります。特に，古い施設ではリスクが高まります。

3）運営に関わる問題

　個人情報流失や利用申し込みの重複などの社会的リスクがあります。また，公民館で利用者を残して職員が帰宅した事件も発生しました。

4）災害その他

　火災や震災などの物理的リスクのほかに，学級・講座の講師が事情により来所できないという危機もあります。その場合を想定して，社会教育主事等が代替講話を準備したり，テーマに関わる映画等を用意したりする配慮も必要です。

　危機管理は，リスクマネジメントとクライシスマネジメントに分けら

れます。リスクマネジメントは危機の未然防止を目的とし，クライシスマネジメントは危機発生時および事後処理を目的としています。

　社会教育施設においては，上記の危機はもちろん，今後発生しうる危機も想定して，2つのマネジメントに努める必要があります。そのためには，危機を起こす3つの原因である「『多分大丈夫だろう』という甘い認識」「『前からやっていることだから』という前例からの判断」「『見ざる言わざる聞かざる』の三猿主義の態度」（田中・佐藤，2013，pp.144-149）を見直すことが大切になります。そうした見直しには「知識＋意識＋経験」を生かして複眼的に事象を捉えることが必要です。

（2）　事業「経営」の失敗

　事故とは別に，「経営」上の失敗も広い意味での危機管理対象になります。たとえば，以下のような失敗が考えられ，また実際に発生しています。

1）　受講者・参加者数等の少なさ

　学級・講座の受講者や公民館祭等のイベント参加者，施設利用者数の減少などが指摘できます。しばしば学級・講座の申込者数が定員に達しなくとも，担当者は「学習内容は良いのにおかしい」と疑問視したり，「少人数だからかえって中身の濃い学びになった」と自己評価を行ったりすることがあります。

　しかし，これでは学級・講座の継続が困難になる可能性があります。その場合，企画や実施過程に何らかの問題があったと捉えるべきです。その原因としては，学習課題と学習ニーズのズレや事業PRの工夫不足，実施時期の問題などが考えられます。また，学習プログラムの重複も原因になることがあります。他の類似施設や部局が実施する事業の内容と時期が重複すれば申込者は減少する傾向にあります。特に，PDCAの「P」のうち学習課題，開催時期，PRなどの再検討が求められます。

2） 企画倒れ

　これも「P」段階の失敗になりますが，実例には，企画に合う講師が見つからないこと，企画に合う会場が確保できないこと，上司の決裁が得られないことなどがあります。

　講師の問題事例としては，身体障害者対象の訪問学級（講師派遣タイプの学習事業）で学習者がメイクアップ・アートを希望したところ，目新しい内容であったために講師がなかなか見つからないことがありました。また，英会話による料理教室の指導可能な講師が見いだせないことや適任講師がいても報償費が低額（定額）なために依頼できなかったという例もあります。

　学習課題や講師の変更など「P」段階の再検討が必要になります。

3） 事業実施の困難

　学習プログラム担当者が一番心配なのは，開始当日に講師が予定通りに来場してくれるかということです。めったにないことですが，予定していた講師が交通事情や体調不良などによって遅刻したり，来場しなかったりすることがあります。PDCAの「D」段階の問題です。

　講師の来場困難なことが事前にわかっている場合は，当該講師の紹介や担当者の再検討によって解決できますが，当日それが発生したときには，テーマに合う映画・ビデオの上映などで代替したり，講師の提出資料を配付して討論型の学習に切り替えたりします。そこに社会教育主事の重要な役割があります。

　また，野外活動などでは雨天になったためにキャンプファイヤーを中止する場合があります。その場合に備えて，室内のキャンドル・サービスで代替することやキャンプファイヤー（2泊3日以上のプログラム）を初日に計画するなどの備えが必要になります（初日が雨なら翌日に変更。両日が雨なら参加者は諦めます）。

4）　学習事業の低評価

　学級・講座の実施後のアンケート調査の結果，満足度や理解度が低いなどの評価を得ることがあります。この原因には学習課題の設定，講師の指導力，実施時期，職員の対応，学習環境の在り方などが指摘できます。

　そうしたプログラムの在り方という次元とは別に，受講者の在り方が影響することもあります。講師は受講者の様子を事前に把握困難なために，指導レベルが学習者の期待やレベルにマッチしない指導を行うことがあります。また，特定の受講者の存在が評価を下げることもあります。ある野外活動プログラムには，講習中に教室を頻繁に出入りし，キャンプ中には炊事場で米を研いでいる参加者の隣で土の付いた足を平気で洗う参加者がいました。こうした行為が他の参加者に不愉快さをもたらし，事業評価を下げてしまうのです。

　いずれにしても，PDCA の「C」（評価）をどう「A」（改善）に生かすかを十分に検討することが課題になります。

（3）　ロジックモデルを生かす

　近年，企業経営の世界では，G-D ロジック（グッズ・ドミナント・ロジック）から S-D ロジック（サービス・ドミナント・ロジック）という考え方に転換していると言われます。従来，モノ（グッズ）とサービスに分けて捉える考え方が支配的でしたが，その二分法では製品等を捉えるのが困難になったことから，経済活動をすべてサービスと捉えて，これを「モノを伴うサービス」と「モノを伴わないサービス」に分ける S-D ロジックが浸透してきています。

　社会教育の場合は，S-D ロジックの観点に立つことが適当だと思われます。社会教育行政と社会教育施設はモノを生産・販売することがほと

んどなく，「モノを伴うサービス」として会議室や図書などを貸し，「モノを伴わないサービス」として学習事業を実施しているからです。

　S-Dロジックの特徴は，まず企業（施設）と顧客（利用者）は相互作用によって価値を作り出すパートナーに位置づきます（寺本・中西，2017，pp.14-15）。次に，製品（モノ）の価値は価格と購入の等価交換によるのではなく，利用者が利用することによって生まれる価値だというのです。そして，企業と顧客もサービスを通して新たな能力を習得し，さらに価値の新たな活用方法も学習することになります。この考え方はまさに社会教育にぴったり当てはまります。

　学習プログラムなどの事業に参加する人や社会教育施設を利用する人は様々な動機や目的を持っています。それにもかかわらず，行政や施設が一方的に計画するタイプの事業はもはや時代や学習ニーズに合わない事態に陥りがちです。したがって，社会教育行政・施設と受講者等との共創が行われれば，新たな事業展開が可能になり，また前述した「社会教育の失敗」のいくつかは解決できるようになるでしょう。

　そこで，社会教育職員には受講者や利用者との連携・協働を進め，新たな価値を共に創ることが求められます。その際，地域学校協働本部や学校運営協議会，そして施設の協議会や利用者懇談会のフル活用が現実的になります。

〉〉 註

＊1）　1955年（昭和30）年には，公民館研究会編『公民館の経営』（全日本社会教育連合会・刊）が刊行されている。ただし，本文では「経営」ではなく，「運営」の用語が多用されている。

＊2）　政治学者の松下圭一は，社会教育行政が成人を「オシエ・ソダテル」教育はもはや終わりを告げ，自主的な市民文化活動が行政から解放されるべきだと論じた（松下圭一，1981）。

参考文献

伊藤宗彦・高室裕史編著（2010）『1 からのサービス経営』碩学社

梅原一剛（2013）「ホテル経営に関する一試論」城西国際大学紀要（観光学部），第 21 巻第 7 号

岸本幸次郎（1987）「地域における社会教育の経営」『地域教育経営の展開』ぎょうせい

佐藤晴雄（2001）「社会教育経営」日本教育経営学会編『教育経営研究の理論と軌跡』玉川大学出版部

佐藤晴雄（1986）「公的社会教育経営の現代的課題」日本教育経営学会紀要，第 28 号

田中正博・佐藤晴雄（2013）『教育のリスクマネジメント』時事通信社）

塚本哲人（1979）「社会教育経営と地域社会」塚本哲人・古野有隣編『社会教育の経営』第一法規

寺本義也・中西晶編著（2017）『サービス経営学入門』同文館

松下圭一（1981）『社会教育の終焉』筑摩書房

渡部薫（2004）「『経済の文化化』と生産における価値の変容」文化経済学会『文化経済学』4 巻 2 号

学習課題

　社会教育における「経営」と「運営」の違いについて具体例を示しながら述べてください。

索引

●配列は五十音順．＊は人名を示す．

著者紹介

佐藤　晴雄(さとう・はるお)

・執筆章→ 4・7・8・11・13 ～ 15

1957 年	東京都に生まれる
1982 年	東京学芸大学大学院教育学研究科修士課程修了
2016 年	大阪大学大学院人間科学研究科博士後期課程修了,博士（人間科学）
1982 年	東京都大田区教育委員会社会教育主事職
1992 年	帝京大学専任講師・助教授
2006 年	日本大学文理学部教授
現在	日本大学文理学部特任教授，早稲田大学講師
	日本学習社会学会会長（現 顧問，常任理事），横浜市・千代田区・足立区・藤沢市の社会教育委員会議議長等を歴任
専攻	社会教育，生涯学習，教育経営学
主な著書	『生涯学習概論―第 2 次改訂版』（単著，学陽書房，2020 年）
	『コミュニティ・スクール―増補改訂版』（単著，エイデル研究所，2019 年）
	『コミュニティ・スクールの成果と展望』（単著，ミネルヴァ書房，2017 年）
	『学習事業成功の秘訣！研修・講座のつくりかた』（単著，東洋館出版社，2013 年）
	『生涯学習と学習社会の創造』（望月・柴田と共著,学事出版，2013 年）
	『クリエイティブな学習空間をつくる』（共編，ぎょうせい，2001 年）
	『学校支援ボランティア』（編著，教育出版，2005 年）
	『生涯学習と社会教育のゆくえ』（単著，成文堂，1998 年）

佐々木　英和 (ささき・ひでかず)

・執筆章 → 1 ～ 3・5・6・9・10・12

1966 年	福井県に生まれる
1991 年	東京大学教育学部教育行政学科卒業
1993 年	東京大学大学院教育学研究科修士課程修了
1997 年	東京大学大学院教育学研究科博士課程単位取得満期退学
1997 年	宇都宮大学生涯学習教育研究センター専任講師
1999 年	同上，助教授
2007 年	同上，准教授
2013 年	宇都宮大学地域連携教育研究センター准教授
2017 年	同上，教授
現在	宇都宮大学地域創生推進機構教授，東京大学教養学部非常勤講師（2009 年～現在）
	元文部科学省生涯学習政策局生涯学習調査官（2012 ～ 2014 年）
	鶴見大学，東洋大学，国際医療福祉大学，作新学院大学，上智大学，立教大学大学院などで非常勤講師を歴任
専攻	教育学，社会教育学，生涯学習論
主な著書	『人間教育の基本原理―「ひと」を教え育てることを問う』（共著，ミネルヴァ書房，2020 年）
	『大学開放論―センター・オブ・コミュニティ（COC）としての大学―』（共著，大学教育出版，2014 年）
	『イギリス理想主義の展開と河合栄治郎』（共著，世界思想社，2014 年）
	『社会教育と学校』（共編著，学文社，2003 年）

放送大学教材　1529617-1-2211（テレビ※）

社会教育経営実践論

発　行　　2022 年 3 月 20 日　第 1 刷

著　者　　佐藤晴雄・佐々木英和

発行所　　一般財団法人　放送大学教育振興会
　　　　　〒 105-0001　東京都港区虎ノ門 1-14-1　郵政福祉琴平ビル
　　　　　電話　03（3502）2750

※テレビによる放送は行わず，インターネット配信限定で視聴する科目です。
市販用は放送大学教材と同じ内容です。定価はカバーに表示してあります。
落丁本・乱丁本はお取り替えいたします。

Printed in Japan　ISBN978-4-595-32315-7　C1337